JN450600

단국대학교 현대문학연구소 학술총서 3

해방기 작가의 탄생과 문학의 새 시대

김미지 김도언 김한진 유상희
이명준 장동숙 정하늬 조윤정 공저

지식과교양

책머리에

한국의 현대를 결정지은 가장 중요한 변곡점이라고 한다면 해방기의 몇 년간을 첫손에 꼽을 수 있을 것이다. 한 세대가 넘게 이어진 식민지의 잔재를 청산하고 지금껏 없었던 새로운 국가를 수립하는 과제가 동시에 주어지면서 한국인들과 한국 사회는 격동의 소용돌이 속으로 빨려 들어갔고, 이는 결국 분단, 전쟁, 냉전으로 이어지며 한반도의 운명을 좌우하게 되었기 때문이다. 식민 권력이었던 일본을 대신하게 된 미소 군정기를 거쳐 그를 등에 업은 남북한 단독 정부의 수립과 한국 전쟁의 비극으로 인해, 이후 20세기 후반 내내 그리고 어쩌면 지금까지도 청산하지 못한 과거와 미완의 과제로 진통을 겪고 있다고 해도 과언이 아니다. 따라서 해방기의 역사, 사회, 문화 그리고 문학 연구는 바로 어느 역사적 한 순간에 대한 조명인 것만이 아니라, 한국 사회의 성격과 체질 자체에 대한 점검이자 끝나지 않은 과제에 대한 문제제기의 성격을 내포하고 있다. 해방 80주년을 맞은 올해 그러한 질문들과 논의들이 더없이 활발하게 진행된 가운데, 이 책 또한 해방기의 문학적 성과들을 하나씩 찬찬히

되짚어보며 작가와 작품 그리고 문학적 실천에 대해 새롭게 조명하고자 하는 시도로 기획되었다.

우선 이 책에 실린 여덟 편의 글 가운데 네 편은 2023년~2024년 단국대학교 국어국문학과 대학원 수업에서 이루어진 해방기 소설 강독이 낳은 결과물이라는 남다른 의미를 가지고 있다. 두 학기에 걸쳐 해방기 작품들을 모은 각종 선집들과 연구서들을 선별해 함께 읽으면서 그 시대가 낳은 좌충우돌의 기록들과 급박한 현실이 빚어낸 문학적 상상의 현장들을 들여다보고 각자 문제의식을 발전시켜 개별적인 작가론 또는 작품론을 완성한 것이다. 특히 여성작가들의 작품들을 모아 펴낸 『해방기 여성 단편소설』 선집(구명숙 외, 역락, 2011)에 힘입어 여성 작가들에 대한 연구를 제1부 '여성작가의 탄생과 일상의 혁명'으로 묶을 수 있었다. 이 자리를 빌려 선집 출간에 애쓰신 연구자들께 감사를 전한다. 그리고 2부는 '해방의 전망과 소설의 정치'라는 테마로 해방기 문학의 정치성을 새로이 조명한 세 편의 논문과 연구사 검토를 수록하였고 부록으로 그간의 해방기 소설 연구 목록과 단편소설의 주요 키워드를 정리하였다.

1부에는 각각 강신재, 장덕조, 손소희와 윤금숙, 박노경을 집중적으로 조명한 유상희, 장동숙, 김도언, 김미지의 네 편의 글이 수록되었다. 먼저 유상희의 「강신재 해방기 소설에 나타난 '분노'의 목소리와 여성 창작자의 딜레마」는 해방기에 소설가로서 뚜렷하게 스스로를 각인시킨 강신재의 초기작들을 검토하여 억눌렸던 여성의 목소리가 가시화되기 시작한 현장으로서 강신재 소설을 자리매김하였다. 여성의 글쓰기가 공적 영역으로 진입한 이후에도 공적 노동과 사적 노동의 이분법 아래에서 어떻게 이중의 질곡과 딜레마에 놓이는지를 섬세하게 살폈다는 데 큰 의의가 있다.

장동숙의 「해방기 장덕조 소설의 발화 욕망과 뒤집힌 주체」는 역시 여성 작가로서 해방기를 돌파해 나아간 장덕조의 소설들을 통해 그 시대가 정치적 변혁과 혼란의 시대였을 뿐만 아니라 일상의 재편과 욕망의 각축장이었음을 효과적으로 드러내고 있다. 특히 장덕조 소설에서 가정 내 권력관계와 젠더 역학을 비트는 여성의 주도적 목소리와 시선을 포착하고 있다는 점은 해방기 연구뿐만 아니라 장덕조 연구에서도 중요한 시사점을 준다.

이어 김도언의 「해방기 소설이 포착한 도시의 얼굴들 – 손소희 · 윤금숙 소설을 중심으로」는 함경도 출신으로 일제 말기 만주에서 기자로 활동하다가 귀환한 공통점을 가진 두 작가 손소희와 윤금숙의 소설을 함께 살펴 이들이 해방기의 도시 풍경과 도시민들의 삶을 어떻게 문학적으로 포착했는지 조명한 연구이다. 환락과 욕망 그리고 배신과 복수 등 내밀한 인간사가 도사린 공간으로서 도시를 그려낸 이들의 소설을 통해 해방기 그리고 해방기 문학이 가진 또 다른 역동성을 확인할 수 있다.

1부의 마지막 글인 김미지의 「해방기 여성 연출가 박노경과 '여인소극장'의 번역극 실험」은 그동안 연극운동사에서 파편적으로 거론될 뿐 거의 조명된 적이 없는 여성연출가 박노경과 소극단 '여인소극장'의 해방기 활동을 '번역극 실험'이라는 관점에서 살핀 연구이다. 박노경의 문학적 글쓰기와 행적 그리고 여인소극장을 둘러싼 해방기 담론을 검토하여 최초의 그리고 미완의 실험이 갖는 문학사적 의의를 밝히고 해방기 연구의 과제를 제시하고 있다.

2부에는 김남천의 해방기 소설을 해방 이전 소설들과의 관련성 속에서 검토한 정하늬의 논문, 1946년 10월 항쟁을 다룬 소설들을 집중 조명한 조윤정의 논문 그리고 해방기 단편소설들을 경제 주체들의 교체 및 교차와 몫의 분배 문제로 접근한 이명준의 논문이 실렸고 마지막으로 해방기 문학(주로 소설)을 대상으로 한 그간의 연구 논문들을 검토한 김한진의 글을 수록하였다.

먼저 정하늬의 「해방기 김남천 문학의 연속성」은 김남천의 소설쓰기와 문학관이 해방 이후 어떻게 연속 또는 확장되었는지를 살핀 의미 있는 연구이다. 일제 말기에 창작방법론을 치열하게 고민했던 김남천이 해방 이후 창작과 소설론을 통해 이를 지속해 나아가는 과정 그리고 청년세대의 과제와 연결시키고 있는 지점들을 확인할 수 있는 소중한 기회가 될 것이다.

조윤정의 「1946년 10월 항쟁과 해방기의 소설」은 철도 파업에서 시작하여 노동자 농민 항생으로 번진 '10월 항쟁'을 다룬 소설들을 다각도로 조망하여, 이 사건을 대하는 작가들의 태도와 반응 그리고 서사화와 담론 형성의 문제를 밝히고 있다. 『문학』을 포함한 당대의 여러 매체들과 좌우익 작가들을 망라하면서 이념과 진영 논리를 넘어 문학의 정치성을 다시 묻고 있다는 데에 중요한 의의가 있다.

이명준의 「해방기 소설에 나타난 '몫'과 분배의 정치 연구」는 해방기 소설들이 시공간의 재편이라는 새로운 시대성 안에서 물질적 자원 및 공간을 둘러싼 헤게모니 투쟁을 어떻게 포착하고 그려냈는지를 다루었다. 특히 미군정 전후 적산의 소유권이나 귀환 동포들의 점유권 및 성원권 문제를 '몫'의 투쟁이라는 관점에서 살펴 해방기 연구의 새로운 시사점을 주고 있다. 2부의 마지막 글인 김한진의 「해방기 소설 연구를 돌아보며 - 해방기 연구의 흐름과 경향」은 그간 이루어진 연구들의 주요한 테마나 쟁점 그리고 시대적 특징이나 변화를 종합적으로 살피고 통계화한 것으로, 해방기 연구사를 파악하는 데에 좋은 길잡이가 될 것이다.

부록에 실린 연구서지 목록과 해방기 단편소설의 키워드는 비록 완벽

하지는 않으나 최선을 다해 자료를 조사하여 마련한 작은 성과이다. 자료 조사와 검토 과정에서 누락된 서지나 작품에 대해서는 동료 연구자들과 독자들의 질정을 바란다.

해방기의 문학 연구는 2000년대 이후 특히 활발해졌고 근래에도 다양한 자료의 발굴과 새로운 시선의 조명으로 활기를 잃지 않고 있다. 이 책은 그간의 연구 성과들의 토양 위에서 해방기의 문학을 낯설게 바라보고 새로운 빛을 던지고자 한 작은 시도이다. 해방 80주년을 맞은 올해 단국대 국어국문학과의 대학원생들이 주축이 되어 이 소중한 성과를 단국대 한국현대문학연구소의 세 번째 총서로서 발간하게 되어 매우 기쁘게 생각하며, 귀한 글로써 큰 힘을 보태준 정하늬, 조윤정 두 분 선생님께 깊은 감사의 말씀을 전한다. 연구소의 김옥성 소장님과 대학원의 학문 후속세대 연구자들 그리고 총서 발간에 애써주신 지식과 교양 출판사에도 감사드린다. 이 책을 발판 삼아 우리 연구 공동체가 한국 현대문학 연구에 기여할 수 있는 길을 계속 모색해 나갈 것을 다짐해 본다.

2025년 12월 필자들을 대표하여 김미지 씀

| 목차 |

제1부

여성작가의 탄생과 일상의 혁명

강신재 해방기 소설에 나타난 '분노'의 목소리와 여성 창작자의 딜레마

유상희

1. 해방기 여성 신세대 작가의 등단

강신재는 해방기[1]에 등단하여 본격적으로 글쓰기를 시작한 여성 작가 가운데 한 명으로, 김동리의 추천에 의해 1949년 『문예』에 단편소설 「얼굴」과 「정순이」를 게재하며 문단에 등단하였다. 강신재는 추천인 김동리로부터 '가장 단편다운 단편의 구성'[2]과 '주제의 고도성'[3]을 보여주는 소

1) 해방기를 일제에서 해방된 시점부터 대한민국정부가 수립되기 전까지(1945.8~1948.8)로 보는 견해와 일제에서 해방된 시점부터 한국전쟁 직전까지(1945.8~1950.6)로 보는 시각, 그리고 한국전쟁이 끝난 1953년까지도 해방기로 보는 관점도 있다. 이 글에서는 한국전쟁 직전까지를 해방기로 보고자 한다.

2) 김동리는 천후에 강신재의 단편소설 「얼굴」이 "작가 모씨로부터 나에게 건너온 작품"으로 읽어본 결과 원고지 삼십 매에 "가장 단편다운 단편의 구성"을 보여 주며, "인생을 보는 눈"이 좋아 문장이 부족함에도 추천하였다고 밝혔다. 이후 김동리는 다음 10월호에서도 신인 추천 작품의 주제 박약을 언급하면서 다시 한번 뛰어난 주제 의식을 가진 작품으로 강신재의 「얼굴」을 내세웠다. 김동리 「소설천후」, 『문예』 제1권 2호, 문예사, 1949. 9, 131면. ; 김동리, 같은 책, 1949. 10, 105면.

3) 11월호 「정순이」의 천후에서도 강신재의 작품 두 편을 읽고 「정순이」이외에 한 편도

설로 극찬받을 정도로 등단부터 실력을 인정받은 드문 여성 작가이기도 했다. 당시의 대표적인 평론가였던 조연현도 '실력 있는 신진'[4]으로 등단부터 강신재를 주목하였으며 '가장 여류적인 여류 작가'[5]라는 타이틀을 부여했다.

강신재가 등단한 해방기는 미 · 소 군정의 주둔과 함께 시작된 사상적 대립과 분열로 인해 사회의 불안과 혼란이 지속되었으며, 미군정의 실정과 구조적 모순으로 인해 사람들의 삶은 해방 전과 크게 다르지 않았다. 이러한 혼란 속에 문단에서는 식민지 문화 잔재 청산과 새로운 민족 문학을 확립하고자 하였다. 이 가운데 친일 청산의 문제는 반민법의 공소 시효와 반민특위 해체로 거의 실효를 거두지 못했으며, 새로운 민족 문학 건설은 좌 · 우익 문학단체들의 대립으로 난항을 겪었지만 대체로 민족 문학의 모색으로 수렴되었다. 이러한 상황은 소설에 투영되어 전후 현실에 대한 사실적 묘사, 식민지 체험에 대한 속죄, 해방기의 혼란과 불

한꺼번에 넣고 싶었지만 "도무지 마땅치가" 않아서 한 편만 수록하였으며 강신재의 「정순이」에는 '확호(確乎)한 문학의식'과 '주제의 고도성'이 있다고 고평하였다. 김동리, 위의 책, 1949. 11, 121면.

강신재는 「얼굴」과 「정순이」 두 편을 게재 완료하면서 『문예』의 추천제를 통해 첫 번째로 등단한 신인 작가가 되었다. 『문예』에서는 창간호 다음호 9월부터 '추천작품모집'을 공고하기 시작했는데, 소설의 분량은 이백자 원고지 60매 이내로 규정하였으며 두 번 추천을 원칙으로 명시하였다.

4) 조연현, 「구호에서 실천으로 下」, 『경향신문』, 1949. 12. 28

5) 조연현은 강신재의 두 번째 창작집 『여정』에 관해 논하면서 강신재의 소설에서 여성이 주인공이나 남성이 주인공인 경우에도 여성을 통해 남성 인물이 해석되고 있음을 지적한다. 그는 "작가는 여성이라는 감정과 생활을 떠나서는 인생이나 현실을 생각할 수 없는 까닭에서 일까. 어쨌든 이것은 이 작가가 가장 여류작가적인 여류작가임을 말하는 것이 될지도 모른다." 평가하였다. 여기서 여류작가는 여성의 감정과 생활을 통해 인생이나 현실을 이야기로 엮는 작가를 뜻한 것으로 볼 수 있다. 조연현, 「강신재단상-그의 제2창작집 「여정」을 중심으로」, 『현대문학』제6권 2호, 1960, 94면.

안에 대한 풍자, 순수문학, 계급문학 등으로 서사화되었다.[6] 문단의 좌우 대립은 1947년 전후로 좌익 작가들의 월북과 남한 단독정부의 수립, 그리고 1949년에 『문예』의 창간과 「한국문학가협회」의 결성으로 종결되었다.[7]

한편 해방은 식민지와 가부장제라는 이중 구속 상태의 여성들에게 새로운 기회로 다가왔다. 그러나 미군정기에 실시된 여러 정책은 여성의 권익을 보장하는 것처럼 보였지만 여성의 법적 지위는 일제강점기에 비해 크게 달라지지 않았다. 오히려 당시 여성들은 새로운 진보 의식과 전통 의식과의 혼재 속에서 많은 갈등을 겪어야 했으며 국가건설이라는 시대적 과제와 가부장제의 전통 관념의 현모양처 사이에서 이중적 부담을 안고 살아야 했다.[8] 해방기 여성 작가는 남성 작가들과 달리 전재민의 이야기, 생활난, 일제 잔재의 청산, 해방 직후 및 일제 말의 습속과 풍속, 인간 욕망의 근본적 풍경이나 일상의 진실, 진보적 지식인의 진지한 자기 성찰과 같은 서사에 집중하였다.[9]

---

6) 김상태, 「해방공간의 소설」, 김윤식 외, 『한국현대문학사』, 현대문학, 2014.

7) 해방기 문학에 관한 논의는 다음 참고. 권영민, 『해방직후의 민족문학운동연구』, 한국문화연구회, 1986. ; 신형기, 『해방직후의 문학운동론』, 화다, 1988. ; 한국문인협회, 『해방문학 20년』, 정음사, 1966. ; 김윤식 외, 앞의 책, ; 권영민, 『한국현대문학사2 』, 민음사, 2020.

8) 이배용, 「미군정기, 여성생활의 변모와 여성의식, 1945~1948」, 『역사학보』150, 역사학회, 1996.

9) 김경수, 「해방기 여성문학의 생생한 증언」, 구명숙 외, 『해방기 여성 단편소설 Ⅰ』, 역락, 2011. ; 권성우, 「풍속 · 욕망 · 성찰 」, 구명숙 외, 『해방기 여성 단편소설 Ⅱ』, 역락, 2011. 여성 작가들은 '공창제 폐지'와 '축첩제 폐지'와 같은 여성의 자유와 권리에 관해 서사화하기도 했지만 좌우의 진영론으로 인해 위축되면서 북한의 토지개혁 문제와 사회주의자의 정체성, 강제 징용의 문제와 남한의 토지개혁와 같은 사회문제를 다루었다. 해방기 여성 작가에 관한 논의는 다음 참조. 김은하, 「한국 여성문학의 형성과 성장-해방과 전쟁을 중심으로」, 『개념과 소통』26. 한림과학원, 2020. ; 권보드래 외, 『문학을 부수

이렇게 '다난한 재건기'이자 여성들에게 열악한 조건의 해방기에 등단하여 활동을 시작한 여성 '신세대 작가'[10]들은 여성 문학의 지속성과 새로운 세대의 문학적 방향을 보여주는 작가로 평가되는데,[11] 대표적인 신세대 작가 중 한 사람이 강신재였다.[12] 강신재에게 해방기는 『문예』를 통해 작가의 말석을 차지할 수 있었던 기회의 장이었지만 남성 중심의 문단에서 여성 작가로 자리매김하는 것은 쉬운 일이 아니었다. 여성 작가가 직면한 문제는 강신재가 해방기에 발표한 작품 속에서도 찾아볼 수 있다. 강신재가 해방기에 발표한 작품은 「분노」(1949.6)를 시작으로 「안개」(1950.6)까지 10편의 단편소설[13]이 있다. 이 소설들은 여성 주인공을 기준으로 세 가지의 유형으로 나눌 수 있다. 우선 「분노」와 「성근네」는 하위 계층의 여성인 정노파와 성근네를 내세워 그들의 고단한 삶을 통해 삼팔선이 고착되기 전 해방기의 풍경을 담고 있다. 두 번째 유형으로는 엘리트 여성 창작자가 주인공인 「안개」, 「정순이」, 「눈이 나리는 날」, 「병아리」 등을 들 수 있는데, 여성 창작자들은 여러 가지 이유로 창작에 어

는 문학들』, 민음사, 2021.

10) 김윤식은 6.25를 기점으로 구세대와 전후세대로 구분하고 다시 전후세대를 문단 등단의 시기에 따라 오영수, 김성한, 손창섭, 장용학, 한무숙, 유주현, 정한숙, 강신재, 박연희, 손소희 등 6.25 이전에 『예술조선』, 『백민』, 『신천지』, 『문예』 등의 잡지를 통해 등단한 문인과 6.25 이후 『사상계』, 『문화예술』, 『현대문학』 및 신춘문예를 통해 등단한 작가로 구별하고 있다. 김윤식, 「6.25전쟁문학」, 『1950년대 문학연구』, 예하, 1991, 26면.

11) 김경수, 「해방기 여성문학의 생생한 증언」, 구명숙 외, 『해방기 여성 단편소설 I』, 역락, 2011, 576면.

12) 백철, 「문화십년 문학 이제부터가 창조기-다난한 재건기를 회고」, 『경향신문』, 1955.8.16.

13) 강신재가 해방기에 발표한 작품은 「분노」(1949.6)를 시작으로, 「얼굴」(1949.9), 「정순이」(1949.11), 「눈이 나린 날」(1950.1), 「성근네」(1950.1), 「진나(眞那)의 결혼식」(1950.3), 「백조의 호수」(1950.3), 「병아리」(1950.6), 「안개」(1950.6), 등이 있다. 이 가운데 『혜성』에 수록된 것으로 알려진 「진나의 결혼식」의 원문을 확인할 수 없었다.

려움을 겪고 있다. 세 번째 유형으로 지식인 여성이 등장하여 현실과 이상의 부조화를 드러낸 「얼굴」, 「백조의 호수」[14]를 들 수 있다. 이처럼 해방기 강신재 작품에는 하위 계층의 여성과 지식인 여성, 특히 여성 창작자가 주된 유형으로 한국전쟁 이후에 강신재 소설에서 주로 등장하는 '사회규범을 어지럽히는 여성들'과 선명한 차이를 드러낼 뿐만 아니라 해방기에 활동했던 여타 작가들과도 구별된다.

강신재 소설에 관한 논의는 초기의 단평에서 시작되어 1990년대 중반 여성주의 시각에 이르러서야 본격화되었다. 김미현은 강신재 문학의 특성을 서정성으로 보았으며 이러한 서정성이 여성적 글쓰기 양상과 맞닿아 있음을 밝혀 강신재 문학을 새롭게 조명하였다.[15] 남성 비평가에 의해 강신재에게 부여된 "여류작가"라는 타이틀은 2000년 이후 새로운 방법론으로 제기되었다. 김복순은 '역사 속 타자'였던 여성의 특수한 경험으로 인해 여성은 남성과 역사인식, 사회인식이 다르다는 점에 착안하여 '여류 작가'라는 타이틀을 새로운 '인식방법의 특징'으로 규정하는 것으로 젠더 연구의 새로운 전망을 제시하였다. 그에 따르면 강신재 초기 단편에서 전쟁 체험은 '사건' 중심이 아니라 개인-가족-일상 중심으로 인식된다.[16]

강신재의 해방기 소설 가운데 일부 작품을 다룬 연구는 주로 기법적인

14) 「얼굴」은 가정의 신성함을 신봉하는 여성이 남편의 장례식에서 그의 부정을 알게 되자, 스스로 집에 갇혀 변태적 생활을 한다는 내용이고 「백조의 호수」는 발레 공연을 관람한 여학생이 구걸하는 소년의 모습에 죄의식을 느낀다는 이야기로 콩트에 가깝다.

15) 김미현, 「강신재론-서정성, 여성성, 감각성」, 『페미니즘과 소설비평:현대편』, 한길사, 1997.

16) 김복순, 「1950년대 여성소설의 전쟁인식과 '기억의 정치학'-강신재의 초기단편을 중심으로」, 『여성문학연구』 10, 한국여성문학학회, 2003.

측면과 젠더 측면에서 이루어졌다. 기법적 측면에서는 '총괄하는 화자의 부재'[17], '서술거리의 확보'[18], '비극성'[19]을 중심으로 논의가 전개되었다. 젠더 측면에서는 '50년대 문인의 양분된 초상'[20] '전후 여성의 정체성 혼란'[21], '여성성과 근대성'[22] '규수 작가의 배반과 훼손'[23], '여성의 몸과 섹슈얼리티'[24], '여성주의 문학'[25] '여성적 글쓰기의 전복성'[26], '여성 숭고'[27] '여성과 전쟁의 문제'[28], '이데올로기에 대항하는 전복적 글쓰기'[29] '나쁜 여자와 히스테리'[30], '유미주의자'[31] 등과 같은 연구가 진행되었으며 이

17) 이다영, 「1950년대 강신재 소설 연구」, 연세대 석사논문, 1994.
18) 김영옥, 「강신재 소설에 나타난 서정적 서술기법」, 『우리문학연구』 15, 우리문학회, 2002.
19) 고재연, 「강신재 소설 연구- 초기 단편에 나타난 비극성을 중심으로」, 성균관대 석사논문, 2003.
20) 임금복, 『현대여성소설의 페미니즘 정신사』, 새미, 2000.
21) 이수미, 「강신재의 『회화』고찰-여성인물의 정체성을 중심으로」, 동국대 석사논문, 2007.
22) 김정화, 「1950년대 강신재 소설에 나타난 여성성과 근대성의 관련 양상 고찰」, 선문대 석사논문, 2008,
23) 박정애, 「규수작가의 타협과 배반-한무숙과 강신재의 50~60년대 작품을 중심으로」, 『어문학』 93, 한국어문학회, 2006.
24) 최수완, 「강신재 소설의 여성 섹슈얼리티 연구」, 이화여대 석사논문, 2006.
25) 최미란, 「강신재의 초기 단편소설 연구-『회화』,『여정』을 중심으로」, 충남대 석사논문, 2008.
26) 강지윤, 「원한과 내면-탈식민 주체와 젠더 역학의 불안들」, 『상허학보』 50, 상허학회, 2017,
27) 최선영, 「강신재 소설에 나타난 여성적 글쓰기 양상 연구」, 『한국문학과 예술』 28, 숭실대 한국문학과예술연구소, 2018.
28) 나보령, 「강신재 문학 연구-여성과 전쟁의 문제를 중심으로」, 서울대 석사논문, 2013.
29) 강유정, 「1950~60년대 강신재 소설의 여성 인물 연구」, 강남대 석사논문, 2017.
30) 허수빈, 「강신재 소설의 여성 주체 형성-히스테리와 현실전복, 서랑 서사를 중심으로」, 성균관대 석사논문, 2021.
31) 김은하, 「1950년대와 나쁜 여자의 젠더 정치학」, 『여성문학연구』 50, 한국여성문학학회, 2020.

를 통해 강신재의 글쓰기가 전복적 상상력으로 드러내는 지점을 포착하고자 하였다. 이 외에도 배신의 모티브와 그로테스크한 인물이 빈번하게 등장하는 1950~60년대 단편소설의 원천으로 작가의 유년기의 원체험을 논의하는 연구[32], 그리고 강신재의 자전적인 체험이 담긴 『파도』에 주목하여 '청진'의 로컬리티와 이야기 공동체, 그리고 젠더 인식에 관해 살펴본 최근의 연구[33] 성과도 주목된다.

이와 같은 풍성한 연구의 성과에도 불구하고 그동안 강신재의 해방기 소설은 전후 소설이나, 초기 작품, 혹은 1950년대 단편소설의 일부로 다뤄졌으며 본격적인 논의로 나아가지 못했다. 그마저도 대부분의 선행 연구에서는 「얼굴」이나 「정순이」, 그리고 「안개」와 같은 특정 작품을 연구 대상으로 삼고 있는데 비해 강신재의 첫 단편 소설인 「분노」에 관한 연구는 거의 전무하다. 이에 이 글에서는 선행 연구에서 공통적으로 제시하고 있는 가부장제 사회에 대한 전복적 상상력이라는 연구 성과를 수용하여 그동안 파편적으로 다뤄졌던 강신재의 해방기 소설을 재검토해 보고자 한다.

이를 위해 이 글에서는 해방기에 발표된 강신재의 단편소설 가운데 첫 번째 작품인 「분노」를 비롯하여 작가의 내면 의식이 가장 잘 드러나는 「정순이」, 「안개」, 「병아리」, 「눈이 나리는 날」 등 모두 5편을 연구 대상으로 삼아 강신재 문학의 출발선에 대해 고찰하고자 한다. 강신재의 첫 작품인 「분노」를 제외하고 작품 모두 여성 예술가들의 이야기로 당시 가부

32) 손유경, 「유년의 그로테스크-1950~60년대 강신재 단편소설의 한 원천」, 『국제한인문학연구』 39, 국제한인문학회, 2024.
33) 백지연, 「강신재 소설의 지역성과 젠더 인식-『파도』를 중심으로-」, 『우리말글』 102, 우리말글학회, 2024.

장제 사회에서 여성 창작자의 욕망과 갈등, 현실 인식, 창작 환경을 보여주는 동시에 약 50년 동안에 작가 활동을 한 강신재의 초기적 형태의 내면 의식을 잘 담고 있다고 판단하기 때문이다. 2장에서는 가부장제 질서에 의해 침묵 당한 하위계층의 여성이 부당한 현실에 대한 '분노'의 각성을 거쳐 침묵에서 벗어나는 과정을 살펴보고, 3장에서는 당시 가부장제, 법과 도덕의 목소리에 따라 복종하고 침묵하던 현모양처에 가까운 엘리트 여성들이 가부장제의 허위성을 향해 발화 혹은 복화술로 자신의 목소리를 내는 과정을 고찰할 것이며, 4장에서는 창작과 가사노동 사이에서 딜레마에 빠진 여성 창작자들의 모습을 분석할 것이다. 이렇게 강신재의 해방기 소설을 집중적으로 고찰하는 것은 강신재 문학 세계의 시작점을 살필 수 있을 뿐만 아니라 해방기 신세대의 문학과 여성 문학의 방향성을 가늠하는 데에도 도움이 될 수 있을 것이다. 이를 통해 궁극적으로 여성과 글쓰기(창작)의 결합이 갖는 의의 그리고 해방기 여성의 시대 인식이 갖는 역사적 의미를 재구하는 데에 기여할 수 있기를 기대한다.

2. 침묵 당한 여성과 각성된 '분노'

이 장에서 살펴볼 단편소설 「분노」는 강신재의 등단작으로 알려진 「얼굴」 이전 1949년 6월 『민성』에 게재된 작품으로 강신재의 첫 단편소설이다.[34] 「분노」는 일제강점기부터 해방기를 배경으로 불행한 삶을 산 '정

34) 손소희와 강신재의 글에 따르면 강신재는 대학 동창생의 주선으로 「분노」를 손소희에게 전달하였으며 이는 다시 『민성』의 주간인 박영준에게 건네져 가필된 상태로 『민성』에 게재되었다. 강신재는 당선의 기쁨보다 그의 가필에 대한 불쾌함을 드러내었

노파'의 기구한 삶을 담고 있다. 「분노」의 주인공인 '정노파'는 간호인으로 경멸의 대상이 될 정도로 유순한 성격의 소유자이다. 험상궂은 외모와 달리 '쥐구녕만 찾'는 소극적인 인물로 등장하지만 그는 원래 활발하고 수선스런 예편네로 남편을 휘어잡고 탄광 마을과 항구를 오가며 밀주를 거래할 정도로 배포가 큰 여장부였다. 그런 그가 자신의 목소리를 잃은 채 침묵하게 된 것은 사고와 그 여파로 가족을 모두 잃은 뒤로부터이다.[35] 홀로 된 정노파는 가엾을 만큼 유순한 간호인으로 병자들을 돌보며 간신히 삶의 자락을 붙들고 있다. 그는 집도 없는 가난한 늙은이지만 '그런 주제에 병자의 일을 자기 일처럼 본다는 것이 도리어 경멸을 사고' 있다.[36] 그러나 정노파는 자신의 불운과 불행을 혜라라는 어린 소녀를 헌신적으로 돌보는 것으로 갚는 돌봄의 수행자를 자처한다.

> 생김새도 나이도 비슷한 일곱 살, 그것도 똑같은 바른 편 무릎 밑……. 뼉다구를 긁어내어 피고름이 질국거리는 웅덩이는 정 노파의 가슴에서 쓰라린 기억을 휘집어 내는 것이었다.[37]

다. 이와 관련된 내용은 다음 수필 참조. 손소희, 「바람과 햇빛의 불협화음」,『한국문단 인간사』, 행림출판사, 1980, 77면. ; 강신재 외, 「포도주를 만드는 데는 시간이 필요하다」,『좋은 글, 잘된 문장은 이렇게 쓴다』, 문학사상사, 1993, 12~19면.

35) 어느 날 탄광 붕괴로 '정노파'의 남편이 탄광에 갇혔지만 구조 작업이 이루지지 않아 '정노파'가 항의를 하지만 오히려 그는 경찰서에 끌려가 매를 맞고 감금까지 당한다. 며칠 뒤 '정노파'는 풀려나지만 정신줄을 놓고 헤매던 사이에 다리를 앓던 딸마저도 객사한다.

36) 길리건에 따르면 착한 여성은 돌봄의 주체로 사람들의 목소리에 귀를 기울였으며, 그들의 요구와 걱정에 반응한다. 이러한 여성적 선의 윤리는 평범한 일상적인 일로 당연시되었을 뿐만 아니라 경멸의 대상이었다. 캐롤 길리건, 김문주 역, 『담대한 목소리』, 생각정원, 2018, 41면.

37) 강신재, 「분노」, 구명숙 외,『해방기 여성 단편소설 I 』, 역락, 2011, 16면.

딸을 잃은 정노파에게 혜라는 삶의 원동력을 제공하는 특별한 존재가 된다. 혜라는 길에서 객사한 자신의 딸과 나이도 생김새도 비슷했으며 아픈 곳도 '바른 편 무릎 밑'으로 같았기 때문이다. 정노파는 살아서 돌아온 딸을 돌보듯이 혜라를 무조건적인 돌봄으로 대한다. 혜라에 대한 그의 집착과 돌봄은 간호인이라는 직업을 넘어서 광적인 수준이었다. 이에 혜라도 자신의 엄마보다도 정노파를 더 따르게 된다.

이와 달리 혜라 엄마는 자신의 욕망에 충실한 여성이다. 평소 불행하게 보이는 그의 얼굴에 웃음기가 생길 때는 옆방 남자 환자와 함께 있을 때뿐으로, 그는 이런 자신의 감정을 감추지 않는다. 그는 옆방 남자 환자와 연애라도 하는 듯 그의 방에 수시로 드나들며 '머리 매무시를 고치'며 단장을 한다. 혜라 엄마의 이런 행동은 당시 사회에서 강요하는 현모양처나 모성이데올로기에서 비껴난 것처럼 보인다. 이는 정 노파의 '그리고 어마시는 와 저리키……특별나게 만났드노?'라는 발언에서도 확인된다.

소극적인 정노파와 적극적인 혜라 엄마라는 상반된 두 여성 인물 유형은 「분노」 이후의 강신재 작품에서 자주 등장한다. 「정순이」의 소심한 정순이나 자유분방한 정옥이, 「눈이 나리는 날」의 초라한 영숙과 싱싱한 젊은 잉어인 명자, 그리고 「해결책」의 전통적인 여성상인 덕순과 양공주 미라, 「제단」의 명덕과 감각적인 순정, 중편소설 『감상지대』의 감정적인 민희와 이성적인 민영 등이 이에 속한다고 볼 수 있다. 이들은 순응과 일탈, 전통과 근대, 감정과 이성 등을 상징하는 여성상으로 여성의 불온성을 드러내고 있다.

무엇을 오래 기다리며 살아온 사람이 마침내 그것을 찾아낸 듯이 그는 그 일종의 신비스런 무표정을 영 내버린 모양이었다. 그는 맵시 있게 골라

입던 기인 치마와 저고리를 버리고 현란한 양장으로 나타났다.[38)]

> 한 대의 자동차가 찬바람을 일으키며 그의 옆을 미끄러져 내려갔다. 안에는 손끝과 입술이 새빨간, 그리고 귀고리를 하고 젖가슴이 튀어나온 양장의 여자가 담배를 물고 기대앉아 있었다.
>
> "혜라 어마시 아니라?"
>
> 정 노파의 눈에는 그렇게 비쳤다.[39)]

병실이라는 가정-돌봄 공간[40)]의 테두리에서 떠난 혜라 엄마의 표정과 옷차림은 '무엇을 오래 기다리며 살아온 사람이 마침내 그것을 찾아낸 듯', '대단 쾌활해지고 수선스'러워진다. 그는 치마와 저고리 대신 현란한 양장[41)]을 입고 빨간 매니큐어를 바른 손으로 양과자를 들고 찾아온다. 혜라를 향하던 매정한 눈초리는 사라지고, 오랫동안 기다려왔던 행복을 찾은 것처럼 보이던 혜라 엄마는 이후 병실에 모습을 나타내지 않는다.

오랜 시간이 지나 혜라 엄마는 우연히 정노파에 의해 목격되는데, 새빨간 립스틱과 메니큐어를 바르고 귀걸이를 한 젖가슴이 튀어나온 양장

38) 앞의 책, 24~25면.

39) 위의 책, 26면.

40) 병실은 공적인 공간이지만 돌봄과 양육이 이루어진다는 점과 가족 구성원이 모두 함께 지내고 있다는 점에서 사적인 가정 공간으로 볼 수 있을 것이다. 즉, 혜라 엄마는 병실이라는 사적 공간에서 병실 밖이라는 공적 공간으로 이동한 것이다.

41) 양장을 착용하는 여성은 미군을 상대하는 성매매 여성과 동일시되었고, 사치와 허영을 상징하는 것으로 취급되었다. 이임화, 『계집은 어떻게 여성이 되었나』, 서해문집, 2004, 91~92면.
이와 함께 식민화와 가정주부화가 긴밀하게 연결되어 있다는 마리아 미즈의 논의를 살펴보면 양장 착용은 여성을 사치품과 부의 소비자와 과시자로 만들고 있다. 마리아 미즈, 최재인 역, 『가부장제와 자본주의』, 갈무리, 2014, 227면.

의 여자가 담배를 물고 자동차 좌석에 기대어 앉아 있는 모습으로 등장하면서 그녀가 혜라 엄마로 암시되는 것이다. 자동차에 탄 화려한 양장 차림으로 담배를 물고 있는 미끈한 여성의 이미지는 '아프레걸'[42]의 출현과 미군정 시대가 시작되었음을 상기시킨다. 반면 혜라 엄마와 연락이 끊긴 정노파는 병원비를 감당할 수 없게 되자 혜라와 병원 밖에서 지내게 된다. 엄마를 대신해서 혜라를 돌보는 정노파는 대행부모이며, 이들은 피 한 방울 섞이지 않은 비혈연 가족 공동체이다.[43] 가부장제의 전형적인 가족의 형태에서 벗어난 유사 가족은 그 존재 자체가 가부장제의 부정이자 균열을 상징한다. 그러나 정노파의 헌신적인 돌봄에도 불구하고 혜라가 정노파의 품에서 숨을 거두면서 새로운 가족 공동체의 가능성은 무참히 부서진다.

> 정노파는 코눈물을 같이 들이키면서 자기를 압박하는 이 크나큰 부당에 처음으로 짜증을 일으켰다.
>
> "고약해라. 아이고, 세상은 고약도 해라."
>
> 무어라고 저도 모르는 소리가 버럭! 목에서 터져 나왔다. 오랫동안 잠

---

42) '아프레걸(Apres-girl)'은 전후(戰後)라는 뜻의 프랑스어 '아프레 게르(apres-guerre)'와 영어의 '걸(girl)'이 합쳐진 조어로 전후에 등장한 전통적인 젠더 이데올로기에서 벗어난 여성을 지칭한다. '아프레걸'은 현대 여성의 육체에 온갖 부정적인 기표들을 덧붙여지는 과정에서 탄생한 담론적 구성물이며, 프랑스의 실존주의의 통속적 판본이자 미국의 대중문화로 치장한 자유주의 산물이기도 하다. 김은하, 「전후 국가 근대화와 "아프레 걸(전후 여성)" 표상의 의미」, 『여성문학연구』 16, 한국여성문학학회, 2006. ; 권보드래 외, 『아프레걸 사상계를 읽다』, 동대 출판부, 2009.

43) 길리건은 대행부모와 그 사례를 언급하며 가부장제가 전통적인 가족 모델이 아님을 주장하였다. 이를 토대로 대행부모가 전통적인 가족에서 벗어났다는 점에서 가부장제 사회의 부정성을 드러내는 것으로 볼 수 있다. 캐롤 길리건, 앞의 책, 97~98면.

> 자던 분노의 불길이 산불처럼 피어오르고 피어올랐다. 그는 지팡이를 치켜들고 쏜살처럼 달려 내리기 시작했다.[44]

혜라의 죽음이라는 '크나큰 부당'한 현실에서의 부조리와 새로운 가족의 붕괴에 정노파는 분노를 느낀다. 분노로 인해 어찌할 바를 모르던 그는 '우짜라고'나 '고약하다'는 말을 반복하며 자신의 목소리에 힘을 강화하기 시작한다.[45] 정 노파는 '무슨 불덩이 같은 것이 가슴으로 올라 온 것', 즉 분노를 느끼며 '무어라고 저도 모르는 소리가 버럭!' 발화된 것이다. 그의 발화된 목소리는 거리를 향해 울리기 시작하는데, 침묵해야만 하는 이들의 목소리는 부당한 현실에 대한 각성, 그리고 '분노'[46]의 과정을 거치면서 터져나오게 된다.

이처럼 「분노」는 해방기라는 시대적 상황 속에서 유순한 정노파와 자신의 욕망을 숨기지 않는 혜라 엄마라는 상반된 두 여성을 내세워 해방기의 혼란한 상황을 조명하고 있다. 이들은 1950년대 이후 전후소설에서 등장하는 '전통적인 여성인물과 새로운 유형의 여성인물'의 원형[47]으로 볼 수 있을 것이다. 또한 화려한 양장 차림으로 자동차에 타고 담배를 물고 있는 혜라 엄마의 이미지는 「해방촌 가는 길」의 '앞가슴만을 조금 가

---

44) 강신재, 「분노」, 구명숙 외, 앞의 책, 26~27면.

45) 앞에서 나온 단어를 다시 반복 사용하는 두어반복은 정노파의 목소리를 강화시켜 준다. 두어반복에 관한 설명은 다음 논문 참조. 김미지, 「박태원 소설의 담론 구성방식과 수사학 연구」, 서울대 박사논문, 2008, 28면.

46) '분노'는 돌봄 윤리에서 중요한 감정이다. 화(분노)는 사람들이 부정의하거나 비인간적인 대우를 받을 때 느껴야 하는 도덕적 공분의 하나이기 때문이다. 또한 그것은 도덕적으로 잘못된 것을 바르고 적절하게 해석하도록 일조한다. 버지니아 헬드, 김희강 · 나성원 역, 『돌봄:돌봄 윤리』, 박영사, 2024, 30~31면.

47) 곽승숙, 「강신재 소설의 여성성 연구」, 『어문논집』64, 민족어문학회, 2011.

린 선드레스'를 입은 기애의 모습[48]과도 닮아 있다. 하지만 이는 이미지에 한정된 것으로 가부장제의 미덕에서 벗어나 자신의 욕망을 숨기지 않고 자신의 열정이나 욕망을 추구하는 그의 모습은 「향연의 기록」의 '언니'나 「제단」의 '순정'의 모습에서 발견되는 아프레걸[49]에 더 가까워 보인다. 이처럼 「분노」는 강신재의 소설 세계에서 빈번하게 등장하는 여성들의 원형적 모습을 담고 있으며, 부당함에 대한 자각인 '분노'는 강신재의 전복적 상상력이 시작되는 지점이 될 것이다. 「분노」가 일제강점기라는 시대적 상황 속에서 침묵을 강요받고 있었다면 다음 장에서는 해방기 가부장제의 목소리를 따라 침묵을 강요받는 여성들의 모습을 목격할 수 있다.

3. '우열한 삐에로'를 향한 복화술

이 장에서 살펴볼 단편소설 「정순이」와 「안개」는 「분노」의 연장선상에 놓인 작품들이다. 하지만 「분노」의 정노파가 하층 계급의 여성으로 현모양처와 거리가 먼 인물이라면 「정순이」와 「안개」의 주인공은 가부장제 사회에서 요구되는 현모양처[50]의 모습에서 크게 벗어나지 않은 엘리

48) 「분노」를 유일하게 논의한 김경수는 「분노」에 관해 미군 주둔과 더불어 양공주가 태어나는 과정을 그리고 있다고 지적하였다. 이와 달리 이 글에서는 혜라의 엄마가 자신의 욕망에 충실한 현대 여성으로 양공주보다는 '아프레걸'에 가깝다고 보았다. 김경수, 앞의 글, 577면.

49) 서재원, 「1950년대 강신재 소설의 여성 정체성 연구」, 『한국문학이론과 비평』 54, 한국문학이론과 비평학회, 2012.

50) 일제강점기의 현모양처 교육은 '합리적인' 가사설계사의 양성을 목표로 삼으면서도 '순종적인 부덕'과 같은 재래의 여성 덕목을 강조하는 모순을 보였다. 해방 후 이런 교

트 여성들이다. 또한 「분노」에서는 정노파를 침묵하게 하는 대상이 구체적으로 드러나지 않았다면 「정순이」와 「안개」에서는 현모양처를 신봉하거나 강요하는 가부장제의 시선을 담지하고 있는 남성이 등장한다. 특히 「정순이」와 「안개」의 주인공들이 글 쓰는 여성이라는 점에서 가부장제 사회에서 현모양처이자 글 쓰는 여성의 목소리가 소설로서 또는 소설을 통해 어떻게 소거에 대응하는가 살펴볼 필요가 있는데, 강신재 초기 소설은 이렇게 여성의 침묵 또는 침묵 당한 여성의 문제를 집중적으로 다루고 있어 특히 주목을 요한다.

「정순이」는 한여름 밤의 꿈과 같은 정순의 연애 감정에 관한 서사로, 정순이는 근대 교육을 받은 여학생이면서도 「분노」의 정노파처럼 소극적이다.[51] 그는 아름다운 외모의 소유자로 평소 글쓰기와 독서를 즐겨 하지만 매사에 자신감을 갖지 못하고 '고장 난 전화기처럼 말이 도중에 자꾸만 끊어지고 어느 틈엔지 더듬는 버릇까지' 갖고 있다. 정순이는 소심한 성격 때문에 얼떨결에 상급학교 진학 대신에 집에 눌러앉아 집안일을 도맡게 된다.[52] 이런 고요하고 조신한 모습에 반한 B는 정순에게 러브레

육과정은 삭제되었지만 여전히 '근대적' 성별 분업에 다른 역할 분담으로서 현모양처는 강조되었으며, 여성에게 가사 관리자뿐 아니라 생계 담당자로서의 역할도 부과하였다. 해방 이후의 현모양처론은 근대적인 주부상과 전통적 규범을 내재한 여성상을 접목한 것이었다. 김은경, 「1950년대 여학교 교육을 통해 본 '현모양처'론의 특징」, 『한국가정과교육학회지』 19, 한국가정과교육학회, 2007.

51) 페데리치에 의하면 어린 시절부터 순종적이고 의존적인 상태가 되도록 훈련을 받고, 거기서 기쁨을 얻도록 훈련받았다면 자유를 만끽하기란 불가능하다고 말한다. 이때 자유란 자유롭게 자신의 의사를 표현한 것도 포함될 것이다. 실비아 페데리치, 황성원 역, 『혁명의 영점』, 갈무리, 2013, 40면.

52) 4년제 여학교를 졸업한 정순이는 간호부 학교 진학을 생각하고 있었지만, 어느 날 어머니가 정옥의 친구들이 지켜보는데 갑자기 진학에 관한 질문을 하자 창피한 생각에 정순이는 그냥 집에 있는다고 대답하면서 자연스레 부엌데기가 되었다. 이에 관해 정순이는 "어머니가 하필 이런 때에 그런 질문을 한 어머니를 잠깐 원망"했다고 생각한

터를 보내는데, 얼핏 본 정순의 '부엌에서 아른아른하는 치맛자락'에 반한 B의 시선은 당시 현모양처를 신봉하는 가부장제 사회의 시선이기도 하다. B의 편지에 감동한 정순이는 그에게 걸맞은 답장을 쓰려고 하지만 식구들의 시선과 집안일로 인해 그의 편지 쓰기는 더디기만 할 뿐 진척되지 못한다.[53]

반면 정순의 동생 정옥은 여대생으로 자유분방한 성격의 소유자로 대비되어 등장한다. 그는 무슨 여대를 들어가 '카아르한 머리를 휘날리며 하루는 양복으로, 하로는 치마저고리로 등교를 한다느니' 수선을 떤다. 정옥은 정순에게 연정을 품은 B에게도 적극적으로 다가가며 급기야 B의 마음을 빼앗아 그에게 러브레터를 받는 지경에 이른다. 이 일로 정순이의 편지쓰기도 중단되고 실연의 상처로 괴로워하지만 그뿐이다. 정순은 오히려 B의 연애편지보다 달라진 정옥의 태도에 더 많은 관심을 갖는다.[54]

다. 이와 같은 어머니의 태도나 동생 정옥이의 대도에서 정순이는 가성에서조차 존중받지 못하고 있는 것을 알 수 있다.

53) 정순이의 편지쓰기는 늦은 겨울에 시작되어 다음 해 여름에 중단된다. 이렇게 오랜 시간 동안 정성껏 편지를 쓰는 행위는 소설 쓰기와 크게 다르지 않다. 그의 편지쓰기를 소설 창작으로 본다면 B의 편지에 걸맞는 답장을 쓰는 것은 가부장제의 이법에 따라 여성의 글쓰기가 진행되고 있음을 알 수 있다.

54) 정옥에서 쓴 B의 연애편지에서 정순이는 아름다운 외모의 소유자이며 자신의 이상형이었다고 쓰여있다. 하지만 곧이어 그는 "외협"을 갖추고 있더라도 "활발한 감정"을 갖지 못한 인형, "백치에 가까운 얼빠진 정신의 소유자""저능아"를 사랑한 것은 아니라고 말한다. 아른아른 한 치맛자락만 보고 동경의 여인, 순결의 화신으로 찬양하던 정순이를 얼빠진 저능아로 매도하는 B의 평가는 허상에 불과하다고 볼 수 있다. 실연의 아픔으로 정순이는 눈물로 밤을 지새지만 정순이의 연애 감정도 신기루에 가까운 것이었다. 오히려 그의 각성은 자신을 어려워하고 눈치를 보는 동생 정옥의 태도에서 비롯되었다.

정순이 무를 담은 소쿠리를 나르다가 하나 떨어트린 것을 그가 주워 담아 주기까지 하였을 때, 정순의 가슴에는 여태껏 맛본 일이 없는 어떤 만족감이 흘렀다. 그것은 여지없이 분쇄된 정순의 가슴을 이제 다시 어떻게 한다는 것은 아니었으나 뜨뜻읏한 물처럼 전신으로 스며들어 감미한 도취감을 가져다 주는 것이었다.

정순은 이 전혀 새로운 경험에 놀라움과 동시에 당황함을 그리고 또 동시에 기꺼움에 가까운 것을 느꼈다.

'나를 형이라구…… 그래두 저게 내 눈치를 보구…….'[55]

정순은 평소와 다르게 자신을 어려워하는 정옥의 모습을 목격한다. 정옥은 죄의식 때문인지 정순을 피하고, 부자연스러워 보일 정도로 정순의 눈치까지 살핀다. 자신을 조심스럽게 대하는 동생의 태도에 정순은 일찍이 맛본 일이 없는 만족감, 놀라움, 당황함, 기꺼움, 심지어 '뜨뜨읏한 물처럼 전신에 스며들어 감미한 도취감'까지 느끼게 된다.[56] 비록 자신이 B의 연애편지를 읽은 것을 알아챘다고 하더라도 이것은 전례에 없는 일이었기 때문이다. 평소와 다르게 잔소리는커녕 자신을 언니로 대하며 어려워하는 동생의 태도는 놀라운 새로운 경험이었다. 이는 동생과 언니라는 친밀한 관계가 회복되고 있음을 보여주는 것이다.

55) 강신재, 「정순이」, 구명숙 외, 앞의 책, 41면.

56) 강지윤에 의하면 친밀한 존재들의 '낯섦'이 포착되는데, "친밀성 영역 내부에 맹목은 배신의 순간을 기다리고 있으며 힘의 논리에 의해 서열화와 균형이 존재한다." 즉 친밀한 존재인 동생 정옥이 정순을 어려워하고 눈치를 보는 '낯섦'은 정순이에게 힘의 우위를 갖게 하는 것이다. 이 글에서는 정순이 힘의 우위를 갖기보다는 동생과의 관계를 회복하는 것으로 보고자 한다. 강지윤, 「원한과 내면-탈식민 주체와 젠더 역학의 불안들」, 『상허학보』 50, 상허학회, 2017, 12~16면.

> 정순의 음성에는 제법 언니다운 위엄이 담겨져 있었다. 그가 이처럼 크게 목소리를 낸 것도 희귀한 일이었다. 정옥은 너무도 뜻밖이어서 약간 얼떨떨했던 모양이다. 아무 소리도 하지 않고 팔을 내밀어 옷을 꿰어 입었다.
>
> "아이구, 잘 맞는구나. 그 널따란 회색 스카–트에가다 받쳐 입어라 좋은데."
>
> 정순은 중얼중얼하였다.(중략)
>
> "아무래도 좀 넓다. 한 센티씩만 양옆을 줄여……이렇게……. 지금 벗어, 내 줄여줄께……. 정말 바늘이 저 방에 있지. 바루 이 자리에서 고쳐버려야지……. 그런데 저 괭이가 왜 저렇게 남의 석류 열매를 곧장 못살게 굴어…… 엣! 쉿! 이놈의 괭이! 쉿!……."[57]

이제 정순이는 언니 음성으로 동생을 대한다. 어떤 일에도 자신감을 갖지 못하고 위축되었던 정순이 이제는 제법 큰 목소리로 동생에게 지시까지 하는 것이다. 동생이 달라고 할까 봐 노심초사하던 블라우스마저도 스스로 내어주며 정옥에게 블라우스를 입히는 정순의 목소리에는 '제법 언니다운 위엄'이 담겨 있다. '이처럼 크게 목소리를 낸 것도 희귀한 일'이어서 그런지 정옥도 순순히 언니의 지시에 따른다. 하지만 아직 정순의 목소리는 중얼거림에 지나지 않았다.

정순이의 목소리가 높아진 것은 앞집 고양이가 석류 열매를 가지고 장난치는 모습을 보고 난 뒤이다. "저 괭이가 왜 저렇게 남의 석류 열매를 저렇게 곧장 못 살게 굴어……. 엣! 쉿! 이놈의 괭이! 쉿……" 고양이를 쫓아내는 정순이의 힘 있는 목소리는 두어 반복을 통해 한층 강조된다.

---

57) 앞의 책, 42면.

이 대목은 가부장제의 시선으로 자매를 동시에 희롱하며 그들의 사이에 균열을 불러온 B에 대한 분노를 환기시킨다. 즉 그에게 미처 표출되지 못했던 분노와 거부의 목소리가 비로소 그녀 내부로부터 감지되고 발화되고 있음을 상징적으로 보여주는 것으로 읽을 수 있다.

여성 소설가의 내면을 따라가는 소설 「안개」의 주인공 성혜 역시 정노파나 정순이처럼 법과 도덕의 남성 목소리 앞에서 발화의 욕망을 억누르는 여성이라는 공통점이 있다. 앞에서 살펴본 「분노」의 정노파가 하위 계층의 여성이고 「정순이」의 정순이가 글을 쓸 줄 아는 배운 여성이었다면 「안개」에 이르러 여성 작가가 등장한 것이다. 「안개」는 현진건의 단편소설 「빈처」의 후일담[58]이나 강경애의 「원고지 이백원」보다는 진일보되었지만 한말숙의 「신과의 약속」에는 못 미치는 작품[59]으로 평가되기도 했다.

> 성혜는 자기의 소설이 실린 푸른 표지의 신간 잡지와 빨각빨각하는 백원짜리 아흔 장을 고스란히 포개어서 책상 위에 놓고는 언제까지나 우두커니 그 앞에 마주앉아 있다.
>
> 그리고 시간이 갈수록 차츰 우울해져 가는 것을 어쩌는 수가 없었다.[60]

「안개」의 주인공 성혜는 막 문단에 등단한 신인 작가로 「안개」는 해방기 여성 작가의 등단 환경을 잘 보여준다.[61] 성혜는 자신의 첫 소설이 신

58) 김경수, 앞의 책, 579~580면.
59) 임금복, 앞의 책, 198~203면.
60) 강신재, 「안개」, 구명숙 외, 앞의 책, 79면.
61) 「안개」의 성혜가 잡지를 통해 신인 작가로 등단한 사실이나 같은 잡지에 연이어 두 번

간 잡지에 실리고 그 대가로 '빨각빨각하는' 아흔 장의 지폐까지 받았지만 당선의 기쁨보다 당혹스러움에 돈과 잡지를 책상 위에 두고 우두커니 앉아 있다. 그것은 집에서는 가부장적이지만 밖에서 대단한 자유주의

째 작품을 게재하였다는 서술에서 강신재의 등단 과정과 매우 유사함을 알 수 있다. 이를 통해 여성 작가들이 남성 비평가나 남성 작가의 추천을 통하여 비로소 등단할 수 있었던 당시 문단의 풍경과 등단 과정에서 가해지는 가필에서 남성 위주의 문단 권력의 폭력성을 엿볼 수 있다. 해방기에 활동한 여성 작가들은 대부분 남성 평론가의 추천을 받거나 신춘문예로 등단하기도 하였지만 유학으로 인한 공백 기간이 생기면 재등단을 해야 했다.
해방기 여성 작가들 등단은 다음 표 참조.

이름	등단 년도	등단 작품	등단지	참조
박화성	1925	「추석전야」	『조선문단』	이광수의 추천
	1932	「하수도공사」,『백화』	『동광』, 『동아일보』	일본유학 후 재등단
최정희	1931	「정당한 스파이」	『삼천리』10월호	
김말봉	1932	「망명녀」	『중앙일보』	신춘문예 당선
장덕조	1932	「저회」	『제일선』8월호	이태준의 추천
이선희	1934	「가등」	『중앙』	여성기자
조경희	1938	수필「측간단상」	『한글』	당선
임옥인	1939~40	「봉선화」(1939), 「고영」(1940),「후처기」(1940)	『문장』	추천
지하련	1940	「결별」	『문장』	백철추천, 남편임화
손소희	1946	「맥에의 결별」	『백민』	남편 김동리
한무숙	1942	「등불드는 여인」	『신세대』	당선
	1948	장편소설『역사는 흐른다』	『국제신보』	당선 재등단
윤금숙	1949.7	「파탄」	『대조』	확인불가
	1949.10	「얼굴」	『민성』5권20호	남편 김송
강신재	1949.9	「얼굴」,「정순이」	『문예』	김동리의 추천

자로 문화계 주변을 기웃거리는 남편 형식 때문인데, 형식은 문화계에 대해서 동경과 반감, 찬양과 경멸을 동시에 느끼는 무능력한 한량일 뿐이다. 이런 형식에게 자신의 소설이 당선되었다는 사실을 설명하고 이에 관해 변명하고 용서를 빌어야 한다는 생각이 성혜를 우울하게 만든 것이다. 성혜는 그동안 가부장적인 형식의 목소리에 따라 그가 원하는 '아내의 타입'에 맞추려고 애쓰며 심지어 거기에는 '무엇과도 바꿀 수 없이 귀중한 아름다움이 숨어 있을지도' 모른다고 여겨 왔다. 즉 도덕과 법의 목소리인 남성에 복종하고 침묵하는 여성의 위치를 받아들이고 있는 것이다.

> "그 둘째 번의 작품은 형식의 눈을 거쳐서 잡지사로 넘어갔다. 그때 형식이 빼어 버리기를 맹렬히 주장한 어떤 장면으로 하여 성혜는 지금도 다소 마음에 걸리는 일이 있다.[62]
>
> "그때 그것 말씀입니다. 원고대로 넣었는데요."[63]
>
> "그야 첫 번 것버덤 낫지요. 낫고 말구요. 얼마나 더 공을 들였게요. 제가 좀 코오치를 하기도 했지만."[64]
>
> 성혜의 가슴으로 날카로운 고통이 스치고 지나갔다. 그 아픔은 처참한 비명이 되어서 일순 잔잔한 거리를 진동하게 하였다.
>
> "싫어! 소설도, 공부도, 남편도, 사는 것도 다 싫어! 싫어!"

---

62) 앞의 책, 88면.
63) 위의 책, 94면.
64) 위의 책, 95면.

그는 이렇게 울음 섞인 목소리로 마음 속에 웨쳤다.[65]

문단 진입에 실패한 형식[66]은 성혜의 글쓰기에 적극적으로 관여하기 시작한다. 그는 '붉은 잉크로 주(註)를 달아서 고치게 하고, 때로는 새로인 긴 구절을 삽입하기도' 하며 '시대성을 반영시켜야' 한다고 지도한다. 이런 그의 주필과 가필을 넘나드는 행위는 당시 여성 작가들에게 가해지는 남성 문인과 비평가들의 폭력적인 행태를 우회적으로 보여준다고 짐작할 수 있다.[67] 우여곡절 끝에 성혜의 두 번째 작품은 형식의 눈을 거쳐서 잡지사로 넘어가는데, 형식은 마지막까지 한 장면을 빼도록 강요하지만 동의할 수 없었던 성혜는 해당 장면을 '저명한 작가'의 처분에 맡긴다. 어느 날 형식은 갑자기 성혜를 몰아쳐 헙수룩한 댄스홀을 거쳐 다방으로 향한다. 그는 다방에서 성혜의 소설을 잡지에 실은 최씨를 만나자 자신이 성혜의 소설을 코치했다고 거들먹거린다. 하지만 뒤늦게 최씨의 대화에서 무엇인가 이상함을 감지한 그는 성혜가 자신의 지시에 따랐는지 미친 듯이 잡지를 뒤적거린다. 이때 성혜는 '기괴'하고 '우열한 삐에로'와 같은 남편의 모습에서 '참을 수 없는 수치, 분격, 그리고 어떻게 할 바를 모르는 초려, 이런 것이 뒤섞인' 감정을 느끼고 언제나 하듯 그대로 생각밖에 흘려 버릴 수 없음을 깨닫는다. 그동안 외면하고자 애써왔던 형식의

65) 앞의 책, 98면.

66) 성혜가 저명한 작가의 추천으로 등단한 것이나 형식이 평론가 윤씨를 통해 문단에 진입하려는 것에서 당시 해방기의 등단이 개인적인 경로를 통해 이루어지기도 하며, 이 때문에 추천인의 권한이 컸음을 짐작할 수 있게 한다. 해방기의 신인 등단 제도를 살펴보면 추천제를 도입한 잡지는『백민』과『문예』였지만『문예』만 제도로 자리 잡았으며,『문예』에서 추천제와 함께 시도하려던 응모제도는『문학예술』에 의해 계승되었다. 김준현,「전후문학 장의 형성과 문예지」, 고려대 석사논문, 2008, 123~137면.

67) 강신재, 앞의 책, 87면.

허위성을 자각하는 순간 성혜는 자신의 몸을 관통하는 날카로운 고통을 느끼는데, 그것은 가부장제의 허위성이자 거짓된 실체와 마주한 그러나 이에 즉각적으로 맞설 수 없는 여성의 고통인 것이다. 따를 수도 없고 거부할 수도 없는 딜레마에 빠진 성혜가 할 수 있는 것은 고통스러운 순간을 직면하는 것이었다.

또한 성혜가 느끼는 고통은 형식이 원하는 아내 타입에 맞추고 체념에 가까운 반성에 늘 사로잡히면서 남편을 따르며 언제나 침묵했던 성혜 자신에 관한 각성과도 관련된 것이다. 성혜는 자신의 '처참한 비명 소리'[68]가 거리를 진동케 하였다고 느끼지만 그것은 성혜의 착각에 지나지 않았다. 그러나 발화되지 않은 성혜의 비명은 침묵해야 하는 여성의 목소리를 발화시키는 복화술 즉 '말하지 않았으나 말한' 것으로 볼 수 있으며 이는 변화의 가능성을 내포한 파열의 소리이다. 리베카 솔닛에 의하면 모든 혁명이 생각에서 시작되었으며, 혁명은 파열을 통해서 새로운 사상과 제도가 탄생하고 그 충격이 퍼지는 사건이다.[69] 즉, '우열한 삐에로'[70]와 같은 남편의 모습에 대한 성혜의 자각은 새로운 변화를 주도하여 견고한 가부장제 사회에서 균열을 내고 '우열한' 가부장제의 거짓을 고발하는 소리가 될 것이다.

---

68) 김은하에 따르면 "자기 표현이 좌절된 현실에서 웃음, 침묵, 비명 등이 여성의 언어"가 된다. 김은하, 「유미주의자의 글쓰기와 여성 하위 주체들의 욕망-강신재의 초기 단편을 중심으로」, 『여성문학연구』 20, 한국여성문학학회, 198면. 이 글에서는 "처참한 비명 소리"를 복화술로 보고자 하는데, 이때 복화술은 여성이 목소리를 내고자 하지만 그 소리가 울리지 않는 상태, 말했으나 들리지 않는 것, 혹은 말하지 않았으나 말한 것을 의미한다.

69) 레베카 솔닛, 김명남 역, 『남자들은 자꾸 나를 가르치려든다』, 창비, 2014, 212~214면.

70) 이때 '우열한 삐에로'는 가부장제 허위성을 담지한 남성의 모순성을 상징하는 것으로 형식과 B의 모습이 이에 해당한다.

지금까지 「정순이」의 정순이, 「안개」의 성혜 등이 가부장제의 목소리를 담지하고 있는 남성의 목소리에 따라 침묵하였던 여성이 그 허위성을 깨닫고 감정의 변화를 겪으면서 분노의 각성을 통해 발화, 혹은 발화되지 않는 복화술을 구사하는 것을 살펴보았다. 마지막으로 다음 장에서는 예술가 또는 글 쓰는 여성들의 이중 구속 상태를 구현한 작품들을 통해 여성의 목소리가 복화술에 그칠 수밖에 없는 연원과 딜레마를 고찰해 볼 것이다.

4. 창작 세계와 '잡용' 사이- 펜과 칼을 든 여성

이 장에서 살펴볼 강신재의 단편소설 「병아리」, 「눈이 나린 날」은 앞의 「안개」와 함께 예술가 소설로 봐도 무방한 작품들이다.[71] 해방기의 여성 예술가 소설은 해방기의 문단 현실[72]을 보여줄 뿐만 아니라 주류 문학

71) 예술가 소설은 "소설가 혹은 다른 예술가가 주인공으로 등장하여 예술가로서의 운명에 대한 인식과 예술적 기법의 습득을 통한 성숙의 단계로의 성장을 그리는" 소설로서 "주로 예술가의 고유한 사명과 사회에 대한 태도의 문제를 제시하며, 창작의 본질에 대한 물음을 제기"하는 소설이다. 이강은 · 이형숙, 「'예술가 소설'의 개념과 접근 방법-문학과 인간의 해체를 넘어서」, 『러시아어문학연구논집』 8, 한국러시아문학회, 2000, 65~67면.

72) 권영민의 목록에 따르면 해방 직후에 발간된 소설집은 이광수의 『浪流』(1945년 9월)를 시작으로 엄흥변의 『인간사막』(1948년 10월)까지 57권이 발간되었다. 이 가운데 여성 작가의 소설집은 두 권으로 박화성의 『고향없는 사람들』(중앙문화보급사, 1948.1)과 최정희의 『천맥』(수선사, 1948.3)이다. 또한 신문과 잡지에 연재된 소설 목록을 살펴보면 김남천의 「8 · 15」(『자유신문』, 45. 10. 15.)를 시작으로 박계주의 「어머니」(『새살림』, 49. 12.)까지 373편이 발표되었다. 이 가운데 여성 작가의 작품은 48편이다. 권영민, 앞의 책, 부록 해방기 신문, 잡지 목록 참조
이와 함께 김동석의 해방기 작품 목록을 보면 1945년 8월부터 1950년 6월까지 약 191

으로 여겨지는 남성 문학과 변별되는 여성 작가들의 현실 인식과 전망을 보여준다는 점에서 주목된다. 1920년대 현진건의 「빈처」, 염상섭의 「암야」, 김동인의 「광염소타나」 등과 같은 한국(남성) 예술가 소설은 해방기에 이르러서는 죄지은 문사의 참회와 변명을 서사화한 채만식의 「민족의 죄인」[73]과 존재론적 자아 탐구 여정의 기록인 허준의 「속습작실에서」, 「잔등」[74] 으로 이어진다. 이는 여성의 각성이나 여성 작가의 내면 의식, 여성 창작자의 환경에 관해 다루는 강신재의 그것과는 선명한 차이가 있다. 강신재의 여성 예술가 소설은 민족 문학 건설이라는 이상 아래에서 재편성되고 있던 남성 중심의 해방기 문단에서 말석을 차지한 신인 여성 작가의 생존 기록이 될 것이다.

「병아리」의 관용과 「눈이 나린 날」의 영숙은 모두 결혼해 자녀가 있는 예술가로 「정순이」의 정순이처럼 미혼이거나 「안개」의 성혜처럼 자녀가 없는 기혼 여성과 달리 자신의 창작 활동에 몰두하지 못하고 온종일 가사 노동, '잡용'[75] 으로 바쁜 하루를 보내고 있다. 이들처럼 여성 작가들은 남성 작가들과 달리 문단이라는 공적 영역에서의 창작 활동과 함께 사적 영역[76]인 가정에서 가사노동을 병행해야만 했다. 이들이 수행하는 가사

명의 작가가 795편의 작품을 발표하였고 이중 여성 작가의 작품은 130편이다. 김동석, 『한국현대소설의 비판적 언술 양상』, 소명출판, 2008.
이처럼 일제강점기에 비해 많은 여성 작가들이 등단했다는 평가가 있지만 여전히 남성 작가에 비해 여성 작가의 수는 극소수에 불과했다.

73) 장양수, 『한국예술가소설론고』, 한울, 1998.
74) 황경, 『한국예술가소설의 지형』, 파란, 2019.
75) 강신재의 해방기 소설에서는 여성의 가사 노동을 '잡용'으로 명명하고 있다. 이때 '잡용'은 일상의 자질구레한 씀씀이와 같은 사전적인 의미가 아니다. '잡용'은 청소, 요리, 빨래, 양육과 같이 가족을 위해 여성들이 꼭 해야 하는 가사 노동, 집안일이었다. '잡용'은 강신재의 소설이나 그의 수필에서 자주 등장하는 용어이다.
76) 마리아 미즈에 따르면 여성은 남성에 의해 공적인 영역에서 밀려 소비와 '사랑'의 사

노동은 가부장제 사회에서는 남성의 노동을 보좌하는[77] '비생산노동'[78]에 불과하며 그 가치를 인정받지 못하는 '부불노동(unpaid labor)'이었다. 해방기의 여성들은 가난한 살림살이와 양육, 남편의 뒷바라지, 그리고 시댁의 식구들까지도 돌봐야 하며, 심지어는 생계까지도 책임져야 하는 삼중고에 시달려야 했다.

「눈이 나린 날」은 결혼한 여성 예술가의 삶을 잘 보여주는 작품이다. 성악과를 졸업한 영숙은 성악에 대한 애정과 실력을 갖춘 여성 예술가로 제대 출신인 명호와 결혼하였다. 하지만 영숙은 창작자가 아니라 가난한 살림살이와 더불어 가장의 아내, 자녀들의 어머니, 그리고 며느리로 자신에게 할당된 노동을 소화해야만 했다. 고된 결혼 생활로 말미암아 그는 창작의 세계에서 점점 멀어지고 있었다.

> 영숙이의 눈은 그 칼날같은 빛나는 곳에 머무른 채 절망과 고통으로 흐리어져 갔다.

> 영숙이는 못 쓰는 전구를 양말 속에 밀어 넣고 꿰매기를 시작한다. 카아르한 지 벌써 한참되는 앞 머리카락이 이마 위로 자꾸만 흐트러져 나렸

적 영역인 가정에서 머물러야 했으며 남성이 지배하는 생산과 축적의 영역에서 배제되었다. 남성은 가정의 '가장'이자 가족의 '부양자'로 규정되었고, 여성은 안락한 가정에서 가정 주부로 가사 노동과 소비의 주체가 되어야 했다. 마리아 미즈, 앞의 책, 227~245면.

77) 실비아 페데리치는 가사노동을 남성 임금 노동자에게 육체적, 정신적, 성적 서비스를 제공하여 매일 일터로 나갈 수 있게 만들고, 미래의 노동자, 아이들을 돌보는 것이라고 말한다. 그는 이런 독특한 결합 때문에 주부라는 이름의 하녀가 만들어졌으며 주부노동이 고되지만 눈에 띄지 않는 숨은 노동이 되었다고 한다. 실비아 페데리치, 앞의 책, 40~41면.

78) 우에노 치즈코, 앞의 책, 45면.

다.[79)]

'성악과를 했으니까 그리구 재주두 없진 않으니까 밤낮 거기에 애착이 있어서 이맛살을 못 펴지만……. 허지만.'/결혼한 여자에게 출세할 가망이 두터운 남편과 애들이 있으면 그만이지 뭐, 그는 늘 가지는 생각을 다시 한 번 잠깐 해 보았을 다름이었다.[80)]

작은 유리창을 통해 눈이 내린 풍경을 보는 영숙의 눈은 절망과 고통을 느끼고 있다.[81)] 그는 '여왕의 의장'같이 화려하게 빛나는 앞산 기슭까지도 그늘에 가려져 '칼날같이 빛나는 곳'을 응시하고 있다. 이는 그의 예술적 감각과 그가 추구하는 이상 세계를 상징한다고 볼 수 있는 화려하고 양지바른 곳이 그늘에 가려져 그 빛깔을 잃어버렸기 때문일 것이다. 앞으로 자신에게 닥쳐올 불행, 그가 짊어질 또 하나의 고역으로 인해 자신이 '여왕의 의장'과 같은 예술세계와 더욱 멀어질 것을 예감하고 있는 것이다. 성악가로 재능이 있던 영숙은 신혼 초에는 '누가 리싸이탈을 한대두 울구불구 야단'이어서 남편 명호는 그를 달래기 위해 '고향엘 내려

79) 강신재, 「눈이 나린 날」, 구명숙 외, 앞의 책, 43면.

80) 위의 책, 44~45면.

81) 소설 첫 부분 자연의 묘사 장면은 영숙의 모습을 상징적으로 보여주고 있다. 그것은 양지 바른 곳과 그늘진 자리로 단지 두 가지 빛깔로 나눠져 있는데, 금빛처럼 빛나는 하이얀 빛깔로 빛나는 양지 바른 곳은 그의 예술가의 모습을, 그늘져서 수은 같이 가라앉은 하늘색은 주부의 모습을 상징한다고 읽을 수 있다. 그의 고통스러운 시선이 머무는 곳은 '여왕의 의장'같이 화려하게 빛나는 앞산 기슭까지도 그늘에 가려져 '강철같이 번쩍' 칼날같이 빛나는 부정적인 장소로 '눈'과 함께 영숙에게 닥쳐올 고난을 상징하고 있다. 이와 함께 주목되는 것은 영숙의 시야가 머물며 그에게 절망과 고통을 느끼게 하는 산이 남편인 명호의 시선에는 '찬란한 의장을 감고 장엄하게까지 보이며 정복해야 할 대상으로 인식된다는 것이다.

와두 영삼못에 스켙만을 하러' 다녔다. 지금은 가족들이 모두 저마다 즐겁게 지내고 있지만 그만이 홀로 소외된 채 웅크린채 '구지지한' '두 아름도 더 될 검정 보재기'[82]의 헌 양말들을 꿰매는 일에 여념이 없다.

이와 달리 남편 명호는 '모교 체육관에서 실컨 운동을 하고' 더할 나위 없이 좋은 기분을 만끽하고 있다. 자신의 젊고 건강한 육체에 대한 자각과 더불어 낯선 체조 선생이 제대 출신이라는 명호의 자기 소개에 비굴할 만큼 공손히 대했기 때문이다. 게다가 상관의 두터운 신망까지 받고 있어 전도유망한 장래가 보장되고 있다는 사실에 매우 만족스럽다. 행복에 겨운 그는 잠시 아내 영숙의 모습이 떠올라 멈칫하지만 결혼한 여자라면 '출세할 가망이 두터운 남편과 애들이 있으면 그만'이라고 치부한다.

> 명호는 적이 서먹서먹한 것을 느끼면서도 태연한 채 "그러면 데리고 가두룩 하지요"하고 대답하였다. 실은 그렇지 않아도 영숙이가 그 일을 미리 짐작하고서 혼자 끙끙 앓고 있는 눈치였기에 (중략) 무엇보다 부모나 동생에게 섭섭하게 해서는 안 될 노릇이고 아니 그런 것 저런 것 하기보다도 지금의 명호에게는 말성스런 일이란 딱 싫었다.

> 아까와 똑같이 옹숭구린 모양으로 영숙이는 양말을 깁고 있었다. 그 얼굴은 가면같이 무표정했다. 자기가 저쪽 방에서 이야기를 하는 새 또 하나의 명호가 있어서 그 손이 석회 같은 것으로 꾹꾹 눌러 그렇게 꾸며 준 것 같다고 그런 기이한 느낌이 그 얼굴을 보고 있으니 떠돌기까지 했다. 명호는 아내가 가엾은 생각이 솟아올랐다. 아까 영삼못에서 본 여성군들에 비

82) 두 아름도 더 될 검정 보자기의 헌 양말들은 영숙에게 부과된 과중한 노동의 양을 상징적으로 보여주고 있다.

하여 어쨌든 너무 초라해 보인 것이다.

> 치마 위에 희뿌연 두루막을 걸치고 있다./명호는 왜 좀더 말쑥하게 채리지를 않았을까 하고 그것이 못마땅하여서 더 기다리지도 않고 돌아서 걸어갔다.[83)]

명호는 장자로서 책임감을 떨쳐내지 못하고 막내 여동생을 부탁하는 부모의 청을 수락한다. 그는 아내 영숙이 그 일로 혼자 고민하고 있기에 이를 거절하려고 했지만, 부모 · 형제와의 관계와 '말성스런 일'이 싫었기에 수락한 것이다. 그는 자신의 체면과 부모에 대한 효도와 형제간의 우애를 지키기 위해 아내의 절망과 고통을 외면한 것이다. 그는 영숙의 노고를 당연하게 생각하고 있는 가부장적인 인물로 영숙의 희생과 노동을 통해 자신의 장래와 가정의 안녕을 보장받고 있다.

부모의 청을 수락한 명호는 가면 같은 무표정한 얼굴에 '옹송구린' 모양으로 여전히 양말을 깁고 있는 영숙을 목격한다. 영숙이 자신에게 닥친 시련을 묵묵히 받아들이는 것처럼 보이지만 '옹송구린' 모양이나 무표정한 얼굴에서 이에 대한 반감을 읽어낼 수 있다. 명호는 영숙의 무표정한 얼굴에서 기이한 느낌을 받는데, 이는 명호가 기대하는 영숙의 모습과 실제 영숙의 모습의 불일치에서 나오는 괴리감 때문일 것이다. 영삼못에서 목격했던 '싱싱한 젊은 잉어'와 대조적인 아내의 초라한 모습에서 비롯된 감정이다.[84)] 이에 영숙에게 음악 영화를 보자며 말쑥하게

---

83) 앞의 책, 49면.

84) 명호는 과도하게 많은 일들이 부여된 아내에게 또 하나의 고역을 떠맡기면서도 안쓰러움이 아니라 초라하게 보인다고 생각한다. 이는 아내를 자신의 잣대로만 보고자 하

'회색 스-쯔'를 입을 것을 제안한다. 하지만 그의 요구와 다르게 '입던 치마 위에 희뿌연 두루막'을 걸치고 나온 영숙의 행동에 심기가 불편해져 그가 따라오지 못하도록 성큼성큼 걸어간다.

> 다만 그는 까닭 모를 적막함이 전신을 엄습하는 것을 느낀다. 무엇인가가 자기의 몸속에서 풀려져 나간 것 같은 그리고 그것은 영영 돌아오지는 않을 것이던 것 같은 그런 부칠 곳 없이 허전한 마음이었다.
>
> 그러나 무엇을……? 자기는 무엇을 잃어 가고 있는 것일까.[85]

영숙은 자신의 처지에 까닭 모를 적막함과 함께 무엇인가가 자기의 몸속에서 풀려져 나가 다시는 돌아오지 않을 것 같은 상실감과 박탈감을 느낀다. 그는 남편과 시부모, 가족들이 자신에게 짊어지우는 과도한 노동과 요구에 자기 자신을 잃어가고 있음을 자각한 것이다. 영숙은 아무 저항 없이 가부장제의 요구를 따르는 것처럼 보이지만 남편의 요구에 따르지 않고, '회색 스-쯔'를 입지 않은 것은 그가 느낀 박탈감과 함께 소극적 저항의 몸짓으로 해석될 수 있다. '박탈감'은 자신이 당연하게 해 왔던 일이 부당하게 떠맡겨졌다는 사실을 인식하면서 느끼는 감정으로 이는 여성이 피억압계층이라는 인식을 갖게 한다는 점[86]에서 트러블 메이커가 될 것이다. 이처럼 「뉴이 나리는 날」의 영숙을 통해 여성 예술가가 창작의 세계가 아니라 잡용의 세계로 내몰리는 환경을 보여주고 있다면, 다음 작품인 「병아리」에서는 예술과 잡용 사이에서 딜레마에 빠진 화가

는 시선과 가부장적인 사고로 인한 것으로 볼 수 있다.
85) 앞의 책, 49~50면.
86) 우에노 치즈코, 앞의 책, 48면.

의 이야기를 들을 수 있다.

「병아리」의 주인공 관옹은 남편과 같은 화가이지만 "우인의 아트리에"에서 창작을 시작한 남편 영일과 달리 그는 집안일, '잡용'에 묻혀 있다.

> 일순 북바쳐 오르는 그림에의 의욕을 그는 억제할 수가 없었던 것이다. 하지만 이번에도 그는 고개를 가로젓는 수밖에 없었다. 남편의 아내가 된 후로 그리고 막임이들의 엄마가 된 후로 언제나 그렇게 하여온 대로 그리고 괴로움은 침묵 속에 흘려보냈던 것이다.[87)]

관옥은 앓고 난 자신의 어린 딸의 모습에서 '이상한 매력의 뉴앙스'를 발견할 만큼 탁월한 예술적 영감(靈感)을 갖고 있으며, 주체할 수 없을 정도의 북바쳐 오르는 그림에 대한 의욕을 가지고 있다. 하지만 남편의 아내, '막임이들의 엄마'가 된 후, 가정주부로 잡용과 양육에 치여 꿈에서조차도 남편이 '쓰다 버린 화지 뒤에다' 그림을 그릴 정도로 창작 활동은 점점 멀어져 간다. 현실은 냄새나는 장판, 넉마진처럼 늘어져 있는 빨래감, 수선해야 하는 양말더미와 남편의 낡은 와이셔츠, 비가 새는 천정 등 예민한 예술적 감각을 가진 관옥에게는 감당하기 힘든 가난한 살림살이만이 놓여 있을 뿐이다.

> 애들에게서 해방당한 시간, 적어도 자기의 의사에 따라서 사용할 수 있는 시간. 관옥은 모처럼인 이런 기회가 가슴이 철렁하도록 반가웠다. 그의 눈은 분주히 화구 상자가 얹힌 선반 위에를 더듬었다./그러나 생각하면 도저히 될 말이 아니었다. 쌓이고 쌓인 잡용을 그대로 내던져 둘 도리는 아

---

87) 강신재, 「병아리」, 구명숙 외, 앞의 책, 71면.

무래도 없었다.[88]

관옥은 해방 이래로 갑짜기 달라진 자기의 환경을-연달아 두 아기의 어머니가 돼고 전에는 상상한 일도 없는 가난사리의 주부가 된 그 책임과 의무를 불평하지 않고 참어 오기는 하였다.[89]

그는 일을 시작한 남편을 위하여는 몸과 마음을 곱절 쓰지 않으면 아니 되었다. 어린애가 울어대지 않도록, 막임이가 아빠에게 매달리지 않도록 ……. 그리고 또 돈과 쌀을 꾸어대는 데에도 혼자서 애를 써야만 했다.[90]

창작에 목말라 있던 관옥은 고모 아주머니의 도움으로 모처럼 자신에 주어진 자유시간에도 그림을 그리기는커녕 화구 상자에 손조차 댈 수가 없다. 그의 눈앞에 보이는 '쌓이고 쌓인 잡용'을 그대로 둘 수 없기 때문이다. 단어의 반복은 잡용의 강도와 부정성을 드러내며 얼마나 관옥을 옥죄고 있는지를 보여준다. 관옥이 창작 활동과 멀어지게 된 것은 해방이 된 이후 '전에는 상상한 일도 없는 가난사리의 주부'로 연달아 두 아이의 엄마가 되었기 때문이다.

남편 영일이는 최근 '우인의 아트리에'를 빌어 오랜만에 창작 활동을 시작하였는데, 관옥은 작업을 마친 그가 집에서 쉴 수 있도록 많은 신경을 써야 했다. 그것은 잡용과 같은 가사 노동뿐만 아니라 아이가 울지 않고, 아이가 아빠에게 매달리지 않도록 아이들을 돌봐야 하는 일과 생계

88) 앞의 책, 72~~73면

89) 위의 책, 73~74면.

90) 위의 책, 74면.

를 위해 돈과 쌀도 꾸러 다니는 일이다. 즉 영일의 창작 활동은 관옥의 철저한 희생, 가사 노동과 돌봄, 그리고 실제적인 가장의 역할로 인해 가능한 것이었다. 이러한 관옥의 희생과 노동은 감당하기 어려울 정도로 고되지만 눈에도 띄지 않는 당연한 일이 되었다.

> 이들은 너무나 횡폭하다. 이들이 폭군이 아니고 무엇인가. 관옥에게 있어 목마름보다 더한 공부에의 의욕을 여지없이 짓밟고 서 있는, 너무나 무자비한 에고이스트들이 아니고 무엇인가. 그들이 관옥이 한 어깨에 떠메워 두는 그리고 언제까지라도 대신해 주려고는 하지 않은 잡용, 잡용, 잡용! 잡용에 휩싸인 생활이란 그 자체 의미도 없는 다만 삶의 연장이 아닌가.[91]

관옥은 남편과 아이들을 절대적으로 사랑하여 왔으며 그들을 위하여 자기의 모든 것을 희생하는 것은 당연하다고 생각했지만, 주체할 수 없는 창작의 욕구에도 불구하고 잡용에 매몰된 자신을 자각하는 순간 남편과 아이들이 '너무나 횡폭'한 폭군처럼 느껴진다. 그림 이외에는 아무것도 하지 않는 남편, '심지어 구두끈까지 끌러서 신켜 보내야하는' 무심한 남편과 쉴 틈을 주지 않는 아이들, 그리고 자신의 '한 어깨에 떠메워 두는', 언제라도 자신만이 감당해야 하는 과도한 잡용, 가사 노동은 남편과 아이들을 너무나 무자비한 에고이스트들로까지 인식하게 한다. 이들은 사랑하는 가족이 아니라 자신의 '공부에의 의욕을 여지없이 짓밟고 서 있는' 이기주의자일 뿐이다. 버지니아 울프의 말처럼 여성 작가에게는 창작에 전념할 수 있도록 돈과 자신만의 방이 필요하지만, 해방기의 가

91) 앞의 책, 75면.

난한 화가이자 화가의 아내인 관옥에게는 현실상 불가능한 일이었다.

관옥은 빗소리에 귀를 기울이며 잡용에 사로잡힌 자신의 삶을 되돌아 보다가 참을 수 없는 분격에 사로잡힌다. 창작과 잡용 사이에 갈등하던 관옥은 자신을 난폭하게 다룬다. 그는 더 맹렬한 더 잔인한 무엇인가에 온몸을 내던지고 싶은 욕망에 바깥으로 뛰쳐나간다. 난폭하게 질주하던 그의 노여움을 잠재운 것은 작고 말랑한 '까만 궤'라는 작은 생명체였다.

애처롭고 귀한 내 어린것들!

그의 가슴에 지금은 그들이 귀하다는 생각밖에 아무것도 없었다. 어쩔 수도 없을 것 같던 절대적이고 본질적인 번뇌가 일시에 가신 듯이 사라져 버린 것이다. (중략)

관옥에게는 역시 절실히도 귀중한 얼굴이었고 노인네 등 뒤에서 몽땅한 두 팔을 내밀며 "음마마"하는 어린애는 또한 관옥이 자기의 목숨보다 아끼는 존재였다.

이들을 따스하게 건사하고 키워야 하는 집. 그것이 어둡고 침침한 단간 방이길래 더구나 정성스레 가꾸어야 할 것이 아니었던가.[92]

영숙의 눈에 '까민 궤'처럼 작고 어린 '자신이 목숨보다 아끼는 존재', '애처롭고 귀한' 어린 것들의 모습이 들어온다. 그는 '무자비한 에고이스트'이라고 생각한 자신을 향해 "음마마"하며 몽땅한 두 팔을 내미는 아이들 앞에서 '절대적이고 본질적인 번뇌'마저도 잊는다. 그것은 '잡용'과 예

92) 앞의 책, 77~78면.

술 사이에서의 번뇌, 예술가의 처절한 번뇌일 것이다. 관옥은 방황했던 자신을 책망하면서 아이들을 건사하고 키울 수 있도록 어둡고 침침한 단칸방을 더욱 정성스레 가꾸어야 한다고 다짐한다. 창작과 잡용 사이에서 딜레마에 빠졌던 관옥은 아이들과 집으로 돌아가지만 그렇다고 그가 창작을 포기한 것은 아니다. 그는 "영일을 애인으로 하고 그 아내가 된 오래 전부터 걸어오던 자기의 길을 단념해 본 일은 없는 것이다."[93]

아이들과 집으로 돌아가는 관옥의 행동을 단순히 가부장제 사회에 대한 순응이나 모성이데올로기로 치부하기에는 세밀한 논의가 필요해 보인다. 그것은 "가장된 순응 혹은 연기하는 여성성이 가부장제와의 타협이 아니라 불화 혹은 대결의 징후"[94]로 독해할 수도 있지만 그 이면에서 작동되는 여성 작가들의 터부 의식을 무시할 수 없기 때문이다. 그것은 노라처럼 자유를 찾아 집을 나간 선배 작가들의 비참한 말로에서 비롯된 것으로, 이들에게 쏟아지는 비난과 배제를 목격했기 때문일 것이다.

해방기는 집을 나간 노라[95]에게 집으로 돌아와 국가의 재건을 도모해야 한다는 사회적 요구를 물리칠 수도 없었지만, 여성 작가들은 소설을 통해 '비능률적인 생활 수단의 멍에'에서 벗어나야 했으며 창작을 통해 '남편', 가부장제에 대한 반역도 꾀해야만 했다. 강신재와 같은 당시의 여성 작가들에게 창작과 잡용은 필수충분 조건으로 가족과의 생활도 문학만큼 소홀히 할 수 없는 중요한 일이었다. 특히 작은 생명 '까만 궤'와 같은 자녀들은 절실히도 귀중한 존재이었다. 어느 하나도 포기할 수 없었

93) 앞의 책, 74면.
94) 김은하, 앞의 글, 198면.
95) 「노리개집 조선의 노라는 누가?」, 『동아일보』, 1946.3.18. ; 「여성에게 동란이 가져온 것(2)」, 『경향신문』, 1953. 10. 27.

던 그는 한 손에 펜과 부엌칼을 동시에 쥐고 휘둘러야 하는 전사이자 두 노동을 감당해야 하는 노동자가 된 것이다. 강신재의 해방기 작품에서 볼 수 있듯이 돌봄의 주체인 순응하는 착한 여성의 이면에는 자유를 찾아 집을 나간 노라처럼 자유로운 영혼의 예술가가 웅크리고 있었음을 짐작할 수 있다. 그는 가부장제에 순응하는 존재이자 동시에 일탈을 꾀하는 존재인 것이다.

4. 맺음말

강신재는 다사다난한 해방기에 등단하여 실력을 인정받은 극히 드문 여성 작가였다. 비록 시대성과 현실 인식이 부족한 여성, "가장 여류적인 여류 작가"라는 한정된 틀 속에서 재단된 것이었지만 이런 명칭은 가장 여성적 특질을 잘 드러내는 작가라는 측면에서 새로운 지위를 얻게 하였다. 「분노」를 시작으로 해방기에 발표된 강신재의 단편소설은 강신재의 문학의 출발선에 놓인 작품들로 50년 동안 작가 활동을 한 강신재의 욕망과 갈등의 초기적인 형태를 잘 보여주는 작품들이다. 그럼에도 그동안 강신재의 해방기 작품들은 초기작이나 1950년대 작품군에 속해져 분석되었다. 게다가 등단작인 「정순이」와 「일굴」에 관해 관심이 쏟아진 것에 비해 강신재의 첫 게재작인 「분노」에 대한 논의는 거의 이루어지지 않았다.

「분노」는 일제강점기부터 해방기를 배경으로 불행한 삶을 산 '정노파'의 기구한 삶을 담고 있다. 정노파는 일제의 파시즘에 의해 가족을 잃고 간호인으로 병자들을 돌보는 돌봄의 주체이자 착한 여성이다. 그는 자신의 딸과 닮은 혜라를 지극정성으로 돌보지만 죽게 되고 이에 정노파는 분노하게 된다. 이와 함께 주목되는 인물은 자신의 욕망을 숨기지 않고 드러내는 혜라의 엄마로 그는 1950년대 소설에 등장하는 '아프레걸'의 원형으로 볼 수 있는데, 수동적 여성과 적극적인 여성과 같이 대비되는 두 유형의 배치와 '아프레걸'의 출현은 해방기 문학이 강신재 문학의 출발선임을 증명하는 것으로 볼 수 있을 것이다.

「정순이」와 「안개」는 「분노」의 연장선상에 놓인 작품들로 가부장제 사회에서 요구되는 현모양처에 가까운 인물들이 등장한다. 「정순이」의 정순이와 「안개」의 성혜는 도덕과 법의 목소리인 남성에 복종하고 침묵하는 여성의 위치를 받아들이는 것처럼 보이지만 그들의 허위성, 거짓된 실체를 자각하고 자신의 목소리를 갖게 된다. 그들의 목소리는 복화술로 가부장제의 균열을 내는 고발의 소리가 될 것이다.

강신재의 해방기 소설에서 가장 중요한 특징 가운데 하나인 여성 예술가 소설은 당시 해방기 문단의 상황과 여성 신인 작가의 등단 과정을 엿볼 수 있는 단초를 제공한다. 여성 예술가 소설은 창작과 가사 노동 사이에서 치열하게 살아온 여성 작가들의 실존의 보고서였다. 노라처럼 집 밖으로 뛰쳐 나갈 수 없었던 여성 작가들은 창작 활동을 통해 "비능률적인 생활 수단의 멍에"에서 벗어나야 했으며 '남편'에 대한 반역을 꾀하고자 하였다. 그들은 한 손에 펜과 부엌칼을 동시에 쥐고 휘둘러야 하는 전사이자 두 노동을 감당해야 하는 노동자였다. 그러나 강신재의 해방기 작품에서 볼 수 있듯이 돌봄의 주체인 착한 여성의 이면에는 자유로운 영혼의 질주가 도사리고 있었다.

해방기 장덕조 소설의 발화 욕망과 뒤집힌 주체

장동숙

1. 장덕조 문학의 위치

소설가 장덕조(張德祚, 1914~2003)는 경북 경산군 지주의 딸로 태어나 교육열이 남다른 아버지의 권유로 서울 배화여고에서 공부했다.[1] 스승 이태준을 만나 그의 소개로 『신여성』 편집기자로 일하면서 1932년 첫 단편 「저회(低徊)」로 등단했고, 초기에 삼십여 편, 해방기엔 열두 편의 소설을 발표했다. 1950년대부터는 경북지역 최초의 여기자로 불리며 「영남일보」 기자, '육군 종군작가단'으로 활동하면서 6.25 전쟁을 취재한 여성 기자로 인정받았다. 이후 소설 창작에 전념하면서 마지막 단행본을

1) 장덕조는 아버지 교육방침에 따라 1920년 대구여자공립보통학교에서 6년 과정을 마친 뒤 1927년 대구여자고등보통학교에 입학했다. 그런데 1927년 대구여고보의 일본인 배척 동맹휴학 사건에 연류되고, 1929년 광주학생운동을 독려하는 격문을 써 퇴학당하는 바람에 다시 1929년 3월에 서울 배화여자고등보통 학교로 편입한다. 1931년 배화여고보 졸업과 동시에 이화여자전문학교 영문학과에 입학하였으나 1932년 중퇴하고 만다. 『한국민족문화대백과』

출간하는 1989년까지 60여 년 동안 백이십여 편의 단편소설과 구십여 편의 장편소설을 창작했다. 이어 방송 소설, 수필, 라디오 · TV 드라마 대본, 영화로 된 소설[2] 등 작가로서의 지경을 다채롭게 넓혀 갔다.

이렇듯 장덕조는 한평생 글쓰기에 전념한 작가임에도 불구하고 그간 작가에 대한 평가는 다소 인색한 편이었다. 일찍이 백철은 장덕조의 소설을 '작품의 품격을 갖지 못한 소품에 지나지 않는다'[3]라고 지적하였는데 장덕조 문학에 대한 본격적인 분석이기보다 단평에 그친 수준으로 이러한 평가는 후대에도 크게 다르지 않았다. 이재선 역시 "다작에도 불구하고 「어미와 딸」 및 「자장가」 등 한정된 몇 개의 작품만이 논의의 대상이 될 뿐, 여타의 작품은 안이성(安易性) 때문에 긍정적인 평가의 대상이 되지 못하고 있다"[4]라고 평가 절하했다. 이러한 단면적 평가는 "성별, 지배적인 문예사조 등이 경합하는 과정에서 배제의 전략을 통해서 여성작가 및 작품을 주변화"[5]했던 문단 분위기 탓도 있지만, 거대 담론 위주의 문학 장에서 '일상성'이나 '생활의 정치'와 같은 현실이 소외되었던 것에서 찾을 수도 있을 것이다.[6] 이런 분위기에도 1993년 이강언[7]을 필두로 작가의 생애와 문학이 소개되기 시작했고, 해방기 문학사에서 장덕조의

2) 영화로 소개된 소설은 「다정도 병이련가」(1954), 「장미는 슬프다」(1958), 「낙화암」(1956), 「영화마마」(1961), 「벽오동 심은 뜻은」(1963), 「지하여자대학」(1968) 여섯 편이다.

3) 백철, 「금년의 여류창작계」, 『여성』, 여성사, 1936 ; 백철, 「10월 창작평-금일의 문학적 수준」, 『조선일보』, 1938. 10. 5.

4) 이재선, 『한국현대소설사』, 홍성사, 1979, 443면.

5) 김윤서, 「해방공간, 장덕조 소설의 젠더화된 인식 고찰-장편소설 十字路를 중심으로」, 『우리말글』 91, 우리말글학회, 2021, 509면.

6) 조리, 「장덕조 소설 연구」, 전북대학교 박사논문, 2007, 2면.

7) 이강언, 「장덕조의 생애와 문학」, 『나랏말쌈』 11, 대구대학교 국어교육과, 1996.

문학을 본격적으로 기입한 계기가 되었다.

최근 연구는 초기에 비해 다채롭게 논구되었는데 대표적인 연구자로 김윤서가 있다. 그는 장덕조의 1950년대 장편소설을 여성 젠더의 정체성 형성이란 측면에서 고찰하며, "장덕조는 여성에 대한 당시의 지배 담론과 타자의 균열된 지점을 여성 인물을 통해 드러내며, '연애소설'을 통해 '젠더 허물기'를 시도"[8]한다고 고찰했다. 연구자는 이 논문을 기점으로 장덕조 문학의 총체적 면모를 밝히기 위해 단편소설의 특징[9]과 의미 분석에도 집중했다. 진선영 역시 네 편[10]의 논문을 통해 장덕조 초기 단편과 대중 연애소설을 고찰한 뒤, 장덕조의 연애소설이 한국 사회의 변화와 흐름을 상징적으로 보여준다고 설명했다. 이어 장덕조의 역사소설인 『벽오동 심은 뜻은』을 중심으로 여성 인물의 속성을 지모(智謀), 부덕(婦德), 색향(色香)으로 구분한 뒤 역사관, 국가관, 여성관과 연결해 분석

---

8) 김윤서, 「장덕조 소설의 젠더의식 연구-1950년대 연애소설을 중심으로」, 영남대학교 박사논문, 2017, 183~184면.

9) 김윤서, 「1950년대 장덕조 소설에 내재된 여성 주체의 정념 - 『女人哀歌』를 중심으로」, 『인문연구』 102, 2023 ; 「장덕조 소설에 내재한 '섹슈얼리티의 다양성' 고찰-地下女子大學教를 중심으로」 『우리말글』 81, 우리말글학회, 2019 ; 「장덕조 소설의 〈젠더의식〉 고찰」, 『리터러시』 10, 리터러시학회, 2019 ; 「장덕조 소설에 내재한 '모성성' 고찰-『薔薇는 슬프다』를 중심으로」, 『우리말글』 79, 우리말글학회, 2018 ; 「장덕조 소설에 내재한 '激浪'을 중심으로」 78, 『한민족어문학』, 한민족어문학회, 2017 ; 「장덕조 소설의 '사랑의 서사' 연구-逆流속에서」, 『인문연구』 69, 영남대학교 인문과학연구소, 2013.

10) 진선영, 「여성역사소설과 장르믹스물의 기원 - 장덕조의 『벽오동 심은 뜻은』을 중심으로」, 『한중인문학연구』 76, 한중인문학회, 2022 ; 「1950년대 이후 장덕조 대중연애소설의 변화와 관습 - 『격랑』(1957)을 중심으로」, 『여성문학연구』 47, 2019 ; 「장덕조 신문 연재 장편 「은하수」 연구」, 『현대문학이론연구』 56, 현대문학이론학회, 2014 ; 「부부 역할론과 신가정 윤리의 탄생-장덕조 초기단편소설을 중심으로」, 『여성문학연구』 28, 2012.

했다.[11] 특히 임경순[12]은 그동안 학계에 보고되지 않은 장덕조의 『십자로』 단행본을 발굴해 연재본과 어떻게 서지 사항이 다른지 검토한 뒤, 내용을 면밀히 살폈다. 이 외에도 '국민'의 문제, 여성 노동자의 형상, 위장된 여성성을 다룬 연구, 그리고 50년대 신문소설과 라디오 소설을 다룬 연구들이 있다.[13]

선행 연구에서 알 수 있듯이, 그동안의 연구는 주로 식민지 시기에 쓰인 초기 작품이나 1950년대 이후 작품들을 중심으로 진행되어 장덕조의 '해방기 소설'[14]에 대한 연구는 상대적으로 미비한 실정이다. 그나마 박필현이 『함성』을 통해 장덕조 해방기 소설의 특징을 '모성'으로 규정하

---

11) 이 소설은 사농공상의 계급적 폐해를 다룬 역사적 배경과 계층적 차이와 원수의 집안 간의 이루어질 수 없는 사랑을 다룬 짧지만, 강렬한 멜로적 역사소설이자 헤어진 두 남녀의 역사를 왕조사와 수난사로 그리고 있다. 진선영, 「여성역사소설과 장르믹스물의 기원 - 장덕조의 『벽오동 심은 뜻은』을 중심으로」, 『한중인문학연구』 76, 한중인문학회, 2022, 165면.

12) 『십자로』는 장덕조의 1940년대 후반 소설과 한국전쟁기와 그 이후 소설을 이어주는 장편소설로 일제가 물러난 미군정 하에서 그의 문학 세계를 밝히는 데 의미 있는 자료라 할 수 있다. 임경순, 「장덕조(張德祚) 장편소설 『십자로(十字路)』 연구」, 『우리말글』 83, 우리말글학회, 2019, 358면.

13) 김동현, 「'국민'의 상상과 '비국민'의 기억 -장덕조의 일제말기 일본어 소설과 해방 이후 소설을 중심으로」, 『순천향 인문과학논총』 31, 순천향대학교 인문학연구소, 2012 ; 남금희, 「1950년대 장덕조 신문소설 연구-『대구매일신문』을 중심으로」, 『현대소설연구』 20, 현대소설학회, 2003 ; 배상미, 「제국과 식민지의 백화점과 여성노동자 -미야모토 유리코(宮本百合子)의 「다루마야 백화점(だるまや百貨店)」과 장덕조의 「저회(低徊)」를 중심으로」, 『비교문학』 68, 비교문학학회, 2016 ; 차희정, 「해방기 장덕조 소설에 나타난 여성성의 위장과 전유 -잡지 게재 소설을 중심으로」, 『한중인문학연구』 35, 한중인문학회, 2012 ; 최미진, 「1950년대 장덕조의 라디오소설 연구 -〈장미는 슬프다〉를 중심으로 - 」, 『대중서사연구』 22, 2009 ; 「1950년대 장덕조 소설에 나타난 연애와 결혼 -『다정(多情)도 병(病)이련가』를 중심으로」, 『현대문학이론연구』 37, 현대문학이론학회, 2009 ; 「『방송』 소재 장덕조의 라디오 단편소설 연구」, 『인문학논총』 30, 경성대학교 인문과학연구소, 2012.

14) 본고는 해방기를 1945년부터 한국전쟁 발발 전 1950년까지로 살핀다.

며, 이러한 모성은 "민족적, 정체성 확보를 위한 주요 기제이자 국가주의적 젠더정치의 발현"[15] 양상으로 논했다. 주목할 연구는 숙명여대 〈한국어문화연구소〉의 『해방기 여성 단편소설』[16]로 "해방과 전쟁 등 사회적 혼란기에 가족의 생명과 보호를 책임져야 했던 여성들의 눈으로 본 당대 현실의 풍경"을 기억하겠다는 연구 방향에 따라 해방기 소설들을 소개했다. 이러한 연구는 해방기를 바라볼 때 국가 만들기라는 과제만큼 중요한 것은 개인의 삶이라는 인식하에서 비롯되었다. 이글은 이러한 선행 연구를 기반으로 장덕조의 해방기 소설에 주목해 작가가 문학적 상상으로 형상화한 문제의식이 무엇인지 여섯 편을 중심으로 살펴보고자 한다.

장덕조가 1946년부터 1950년까지 발표한 작품은 역사 소설집을 포함해 대략 열두 편[17]에 이른다. 혼란한 상황에서도 4년 동안 집중적으로 장편소설 두 편, 단편소설 열 편을 발표했다는 것은 작가가 동시대에 제기하고자 했던 문제의식과 발화 욕망이 얼마나 컸는지 짐작할 수 있는 활동이다. 이에 본고는 먼저 작가가 해방기에 발표한 여섯 편[18]의 단편을

15) 박필현, 「국가주의적 젠더정치, 모성의 호명과 주체화의 욕망 - 해방기 장덕조 소설을 중심으로」, 『구보학보』 15, 구보학회, 2016, 267면.

16) 해방기 연구의 필요성을 절감한 숙명여대 〈한국어문화연구소〉는 '해방과 전쟁기 여성 문학의 탐색과 복원'이라는 주제로 2011년 『해방기 여성 단편소설』 1권과 2권을 선보였다. 강신재, 김말봉, 박화성, 손소희, 윤금숙, 이선희, 임옥인 등 총 12명 여성작가의 단편소설 84편을 소개했다. 이 연구는 해방기 여성 단편소설을 발굴, 텍스트를 체계적으로 정리한 점에서 선구적이며, 신문 및 출처를 꼼꼼히 살핀 노력으로 이후 해방기 여성 문학 연구에 박차를 가하는 기폭제가 되고 있다.

17) 장편소설은 1946년 『주간서울』에 발표한 「십자로」, 〈평화신문〉에 투고한 「훈풍」 두 편이다. 단편소설은 열 편으로 논의할 여섯 편을 포함한 다음 네 편이다. 소설집 「월하적성」, 『정문관』, 1946 ; 「상해에서 온 여자」, 『서울신문』 1947 ; 「삼십년」, 『백민』 제20호, 1950 ; 「정」, 『부인경향』 1권 6호, 1950.

18) 이글에서 네 편을 다루지 않는 것은 「월하적성」의 경우 역사 소설집이고, 「상해에서 온 여자」, 「삼십년」, 「정」은 에피소드 식의 짧은 분량 탓이다. 따라서 선정된 여섯 편의

중심으로 초기부터 천착해 온 '여성의 분투'가 이 시기엔 어떻게 투영되었고, 그에 따른 글쓰기 양상은 어떻게 변주되고 있는지 살펴보는 것을 일차적인 목적으로 한다. 먼저 2장에서는 정치적 경제적으로 극도의 혼란기라 할 수 있는 해방기 현실의 구조를 어떻게 구현하고 있는지 해방 전후를 시대 배경으로 한 작품들을 통해 살펴볼 것이다. 그리고 3장에서는 전재민이나 월남민으로 전락한 가정의 붕괴와 여성 가장의 분투를 다룬 작품들을 통해 정치 문제에 함몰된 해방기 담론에 도전하는 서사적 시도를 다루겠다. 마지막으로 4장에서는 가정의 파탄과 더불어 제기된 이혼 문제와 부부 관계를 여성의 주도성이라는 전도된 상상으로 풀어낸 작품들을 검토하여 해방기의 젠더 역학을 고찰해 본다. 이를 통해 장덕조의 해방기 서사가 당대의 현실 논리와 구조 그리고 소설의 형식을 통해 발화하는 방식, 정치 너머의 생활과 일상에 여성의 목소리가 기입된 양상을 밝히고자 한다. 이로써 해방기 여성 서사의 젠더 정치를 고구하는 데에 기여할 수 있기를 기대한다.

목록은 다음과 같다. 앞으로 인용될 자료의 면수는 인용문 끝에, 강조할 부분은 별도 표기를 하겠다.

「함성」, 『백민』 3권 4호, 1947, 6~7.

「창공」, 『문화』 1권 2호, 1947, 7.

「저회」, 『연합신문』, 1949, 1, 30~2, 23.

「곤비」, 『국도신문』, 1949, 8, 8~15.

「저돌」, 『신천지』 4권 8호, 1949, 9.

「어떤 이혼소」, 『주간서울』 52호, 1949, 9.

2. 가시화한 환멸의 구조와 불화하는 목소리들
–「함성」(1947),「창공」(1947)

장덕조는 1930년대부터 연애소설을 비롯해 대부분 결혼 생활을 형상화한 작품을 발표해 왔다. 이에 대해서는 '가정 윤리의 형성', '혼인 윤리의 이탈'[19]이라는 평가가 내려진 바 있는데, 눈여겨 볼 점은 이러한 경향이 해방 후 발표한 첫 소설「함성」에선 사뭇 달라진다는 것이다. 초기 소설에 나타난 인물들이 주로 결혼과 사랑에 순응하거나 제한된 일탈을 꿈꾸는[20] 여성이라면,「함성」이후 행동하는 여성, 특히 투쟁하는 어머니들을 전면에 내세웠다.「함성」은 1947년 6월『백민』[21]에 발표한 단편으로 서사적 배경은 해방 전이다. 발표 시기를 고려했을 때 해방의 풍경과 당대 분위기를 형상화하는 것이 당시 문단의 주된 분위기일 터인데 이 소설은 작중인물 점순이 정신대[22]에 끌려가게 된 과거를 소급해 문제를 규

19) 조리, 앞 논문, 69~99면.

20) 장덕조 초기 단편인「저회」(1932)의 작중인물 영애는 정조 문제를 해결하기 위해 파업까지 고려하지만 극복하지 못하고,「애인」(1933)의 인숙은 사회주의자인 애인을 이해하면서도 끝까지 사랑을 지키기 위해 애쓴다.

21)『백민』은 1945년 12월에 창간되어 1950년 6월까지 그 명맥을 이어온 대표적인 우익 잡지다. 이 시기는 좌익 계열이 문단 내 우위를 점하고 있던 시기였는데 해방기 문단사에서 좌익 문단에 비해 우익 잡지의 발간은 비교적 늦었고, 수도 적었다. 발행인 김송은 이에 대한 위기의식으로 우익을 대변할 종합지로『백민』준비에 착수한다. 이때 장덕조는「함성」을『백민』에 발표했는데 잡지 분위기와 사뭇 다른 이 작품을 발표한 점은 이례적이다.

22) '정신대'라는 명칭이 1933년『매일신보』에 기재된 것을 볼 때 서사적 배경은 총동원체제가 절정에 이른 1930년~1940년으로 볼 수 있다. 박정애,「총동원체제기 식민지 조선에서 정신대와 위안부 개념의 착종 연구: 정신대의 역사적 개념 변천을 중심으로」,『아시아여성연구』59, 2020, 54면. 〈표1〉 참고. 작중인물 점순이 일본 분산현으로 끌려가는 장면을 보더라도 시간적 배경은 그러하다.

명하려 한다.

첫 장면은 점순 엄마가 맏딸을 정신대로 보낸 뒤, '개굴창'에 빠진 돼지 새끼 한 마리를 집으로 들이는 모습으로 시작한다. 이를 본 남편 춘삼은 공포마저 느끼는데 아내가 전에도 아이들을 먹이기 위해 닭을 훔친 적이 있기 때문이다. 이렇게 점순 엄마는 아이들을 지키려고 온갖 노력을 기울이지만 정작 가장인 춘삼은 딸이 정신대로 끌려가는 상황에서도 무기력하기만 하다. 춘삼을 비롯해 이 소설에 등장하는 마을 남성들은 줄곧 여자들 뒤에 숨어 '그림자 역할'만 할 뿐이다. 이러한 태도는 춘삼이 겪은 수모를 통해서도 자세히 드러난다. 비극의 발단은 정신대 징집을 위해 제비 뽑던 날, 춘삼이 '계획적인 속임수'에 넘어가 딸의 징집을 수락하는 도장을 찍어버린 데서 출발한다. 그동안 농노적 본성으로 면소 일, 구장 집 일 등뼈가 휘도록 일했지만 제국과 한패인 그들은 춘삼을 외면한다. 토지에 대한 조직적 수탈은 작년 여름부터 자행되었고, 생명줄인 땅이 제사 공장 기지로 편입되면서 속수무책으로 당하고 만 것이다.[23] 이 때문에 춘삼은 빈농으로 전락했고, 마을 아이들은 휴학까지 하면서 공장 일에 매달리는 신세로 전락한다. 이렇듯 춘삼의 비극과 마을의 황폐함은 구조적인 문제로 볼 수 있다. 아래 인용문은 당시 식민지 아버지들이 무엇을 빼앗겼고, 마을 공동체의 어려움은 무엇 때문에 비롯된 것인지 잘 보여준다.

---

23) 토지조사사업은 근대적 소유관계의 정립을 표방했지만 종전의 관유지 등 대량의 토지를 총독부 소유화했으며, 농민들이 보유하고 있던 '관습상의 경작권'을 부정하여 농민들이 토지의 소유권이나 경작권을 상실하게 되었다. 신용하, 「일제하의 '토지조사사업'에 대한 일고찰」, 윤병석 · 신용하 · 안병직 공편, 『한국근대사론 I』, 지식산업사, 1990.

> **완연히 풍기가 어지러워졌다.**
>
> 그렇나 이 풍기를 문란케 한 시초는 마을 사람들이 아니다.
>
> 공장을 경비한다고 흘러들어온 일인 병정의 한 떼였다.
>
> -중략-
>
> 어두운 여름 저녁, 옷을 버슨 왜병정이 손에 자루를 몰고 불쑥 안마당에 들어와 소풍하는 젊은 안악들을 놀라게 하는 일도 있었다.
>
> 쌀을 쓸어 달라는 것이다.
>
> **날이 갈수록 마을의 풍속은 해이해졌다.**
>
> 무더운 저녁에는 전에 보지 못하든 '유까다'가 나오고 듣지 못했든 이상한 일본 노래가 청년들의 입에 오르내렸다. -중략-
>
> **왜정 시초에 토지회사 동척이 생기고 아편이 물같이 흘러들어와 조선 농민을 마취식히듯 방학리에 생긴 공장은 아편보담 더 두려운 그들의 습관을 이식해 왔든 것이다.** (211~212면, 강조는 필자)

위 인용문에서 알 수 있듯 마을의 풍기가 문란해진 것은 '일인 병정의 한 떼' 때문이라고 서술자는 분명하게 밝힌다. 공장을 경비한다는 명목으로 그들이 저지른 행태는 젊은 여자들에게 수작을 걸거나, 술집을 드나들면서 마을 풍속을 어지럽게 만드는 일이다. 이때부터 빈농 마을에도 술집이 생겼고, 방학리 농민들은 '동양 척식 주식회사'의 영향 아래 이식되어 갔다. 결국 어지러운 풍속은 '돈이 돌아댕기기 시작'하면서 '더욱 치사하고 간악'해졌고, 심지어 이웃도 모르게 떡을 해 먹는 이기적인 행태로 변해갔다. 즉 춘삼을 비롯한 마을 남자들의 무기력은 당시 제국이 이식한 경제적 속임수와 밀접하다는 것을 알 수 있다. 이 장면은 이번 사태가 춘삼의 성실함, 노력과는 무관하게 벌어진 일이며 그 배후가 누구인지 분명한데도 추후 이 문제의 해결은 아버지들이 아닌, 어머니들과 특히 점순 엄마에게 맡겨질 것임이 암시된다.

이때 점순 엄마는 딸이 정신대로 끌려가게 되자 견딜 수 없는 슬픔에 빠진다. 처녀들이 징집되어 일본 '분산현'으로 끌려가자, 그는 딸을 보면서 '가만있어도 이가 득득 갈리는' 고통을 느낀다. 그런데 정신대로 끌려간 점순이 탈주했다는 놀라운 소식이 들려온다. 이에 그녀는 "조선 천지에만 있거라"라며 딸을 찾아 나섰지만 그사이 점순은 붙잡혔고, 점순 엄마는 다시 딸을 찾아 헤매던 중 일본 병사에 의해 목줄이 풀린 개를 목격한다. 돼지들이 날뛰는 개에 놀라 울타리를 넘어 돌진하는 '놀라운 광경'을 마주할 때 점순 엄마는 '갑자기 번개같이' 떠오르는 '힘', '단결'을 떠올린다.

> 그것은 **힘**이였다.
>
> 많은 것이 한데 뭉친, 그렇다, 약하나마 많은 것이 한데 굳게 뭉친 **단결**의 힘이었든 것이다.
>
> 그의 얼굴에는 피ㅅ가 뻐쳤다.
>
> 점순 어멈은 여태 젖어 있든 공허한 의식에서 확연히 깨어나며 마음껏 큰소리로 부르짖고 싶었다.
>
> "울고 빌며 댕길 때 누가 불상타고 하드냐!"
>
> 그는 목에 피ㅅ대를 세우며 목청껏 외쳤다.
>
> **"제 힘으로 살아야 한다."**
>
> 먼 산울림이 얕으막한 저녁 하늘을 지나 되돌아왔다.
>
> **"제 힘으로 살아야 한다."** (219면)

위 장면은 향후 점순 엄마가 펼칠 변곡점으로 그동안 '40년, 자신의 의사를 잃은 채 억압에서 억압으로' 살아왔다고 자각하게 되는 계기가 된다. 이로써 그는 삼봉네, 복돌 할멈, 느티나무집 마누라, 원선네와 함께 주재소로 돌진, '흰 옷을 입은 구경꾼'들까지 합세해 "시데아레(내놔 줘)"를 외치며 점순을 구출한다. 마을의 위기는 이렇게 어머니들의 응집, 자식을 살리겠다는 어머니들의 '자발적 수행' 덕분에 해결된다. 이러한 예표는 구출 작전에서 마을 남자, 아버지들을 주변으로 배치한 설정에도 알 수 있다. 마을 남자들은 '돼지 같이 무지하고 배운 것 없는 그들의 여인'들이 주재소를 습격할 줄 몰랐고, 주임을 항복시켰다는 사실조차 믿을 수 없었다. 이렇게 아버지로 표상되는 남성들은 문제 상황과 거리를 둔 채 '여인의 한 떼' 뒤에서 '반사실적 생각'으로 일관한 것이다.

이러한 설정은 장덕조가 담고자 한 해방 전후의 균열일 텐데 주체로 서지 못한 남성 타자를 재현함으로써 회복적 대안으로 여성 주체를 해방 공간에 불러오려는 서사 욕망으로 볼 수 있다. 주지하듯, 해방 전 식민지 여성은 "사회나 국가에 대한 의무나 책임의 부과에서 벗어난 '비국민'의 처지"[24]이기에 공적 영역에서는 아예 인정조차 되지 않았다. 즉 식민지 여성 특히 하층민이나 농촌 여성들은 무지하며 수동적이고 무기력한 모습으로 그려지는 경우가 많았다. 이 부분이 장덕조가 주목한 문제로 가시화되지 못하고 은폐된 목소리들이 해방의 공간이라는 새로운 조건에서 발화될 수 있음을(있기를) '행동하고 부르짖는 여성들'을 통해 상상적으로 그려낸 것으로 읽을 수 있다.

「함성」과 같은 해 발표한 「창공」(1947) 역시 시간적 배경은 해방 이전

24) 김경일, 『근대의 가족, 근대의 결혼』, 푸른역사, 2012, 162면.

이지만 작중인물 김종섭의 정치적 활동까지 고려한다면 해방 직후까지 연결된다. 기존 장덕조의 소설에서 보기 어려운 소위 '혁명가'를 중심인물로 삼아 혁명가의 활동과 생각을 자세히 담고 있는 점은 이례적이다. 즉 한평생 조국을 위해 헌신한 혁명가들이 변한 해방의 공간에서 순수를 잃고, 대가를 바라며 타락해 가는 모습을 서술자의 직접 발화를 통해 비판하고 있다.

중심인물 김종섭은 '조선의 가장 신망 있는 지도자'이면서 '중요 정당의 최고 간부'로 조국의 광복을 위해 해외에서 활동하다 스물여덟 해 만에 고국으로 돌아온 인물이다. 그가 움직일 때마다 기자들이 쫓아다녔고, 신문과 잡지에 대서특필 된다. 하지만 환대는 오래 가지 못하는데 돌변한 동지들이 '고집불통 자본주의에 아첨하는 민족 반역자'라며 그를 비난했기 때문이다.

> ① 혁명은 이루어졌다. 그들은 이제 혁명가가 아니라, 정치인이었든 것이다.
>
> 혁명 운동을 할 때 그들은 아무도 보수를 바라서 한 것이 아니다. 그러나 정치 운동을 하는 데는 보수가 필요했다.
>
> 정권이다.
>
> 그 정권욕을 만족시키기 위해서는 순수한 정열보다 지혜가 소용되었다.
>
> 지식도 모략도 소용되었든 것이다. (250면)

> ② 그들은 조국을 가르켜 신성하다 숭배하는 사람들을 비웃었다.
>
> 그들에게는 동족이 없었다. 인민은 모다 동무 그리고 계급을 타파한 나라, 농민 · 노동자의 행복을 위하는 나라가 곧 그의 조국이었다.

이렇게 하여 그들은 자본주의를 시인하는 나라보다 계급없는 타국의 한연방 되기를 희망했다.

개인적인 인식공격은 얼마든지 참을 수가 있다. 그러나 나라의 위기는 간과할 수 없었다.

그는 깊은 우국의 심정으로 일관해 오든 신조인 '덮어 놓고 뭉치자'를 버렸다.

다시 투쟁은 전개된 것이다. (251~252면)

인용문 ①의 서술 주체는 김종섭 편에 서서 혁명가들을 평가하고 있는 것을 엿볼 수 있다. 동지였던 그들이 김종섭의 비밀을 폭로하고 다니면서 반평생 헌신한 그에 대해 폄하할 때 김종섭 역시 동지들을 향해 비판한다. '혁명은 이루어졌다'라는 첫대목은 서술 주체의 목소리이면서 작중인물 김종섭의 인식일 텐데 함께 혁명을 꿈꾸던 그들이 정권욕으로 물들어 가는 모습과 대비되면서 해방기의 현실과 이상이 불화하는 딜레마를 암시한다. 이 작품은 한때 동지인 '혁명가'들이 해방이라는 새로운 가능성의 무대에서 서로 다른 기의를 담아내며 '불일치'[25]하게 변모한 모습을 여실히 담고 있다.

같은 맥락에서, 인용문 ② 역시 해방 전후 달라진 혁명가들의 세계관을 비판적으로 제시한다. '자본주의를 시인'하는 세력과 '연방'을 꿈꾸는

---

25) 이 글에서 사용하는 '불화'라는 용어는 단순히 갈등, 반목, 분쟁을 뜻하는 것이 아니라, 같은 기표(예컨대 이것은 '민주주의'이다)를 사용하면서도 서로 이해되지 못하는 상태를 말한다. 자크 랑시에르, 진태원 역, 『불화』, 길, 2015. 문학은 이렇게 감지 가능한 신체의 질서, 기존에 부여된 배치의 구조를 재배열하고 교란시키는 불일치(dissensus)를 드러냄으로써 정치를 수행한다. 자크 랑시에르, 김상운 역, 「불일치를 사고하기 : 정치와 미학」, 『말과 활』 9, 2015.

반대 세력으로 분열된 시국을 요약적으로 서술하면서 개탄하는 서술자의 직접적인 목소리가 두드러지게 드러난다. 김종섭은 연방을 희망하는 동지들을 바라보며 위기의식을 느끼고, 흥망 성패를 좌우하는 기로에서 그는 동지들과 다른 '투쟁'을 전개하기로 다짐한다. 이 인용문은 김종섭이 일제 강점기와 해방을 거치면서 어떻게 달라졌는지를 보여주는 단서이고, 나라 세우기의 긴급한 상황에서 연방을 꿈꾸는 혁명 세력과 다른 대척점을 보여주는 대목이다. 즉 김종섭은 동지들과 함께 한 투쟁 노선에서 전향함으로써 자본주의를 시인하는 민족주의 노선으로 선회한 인물을 대변한다. 결국엔 작중인물 김종섭의 의식을 통해 매개된 해방 전후의 현실 인식은 곧 정치에 대한 환멸로 이어진다. 김종섭의 친구 한정욱[26] 역시 의용대 동료에게 받은 실망감과 사상적으로 타협할 수 없는 현실에 괴로워하다 병으로 죽는 것으로 설정되고 있다. 혁명 동지로 함께 했던 한정우가 탕아처럼 지내다 허망하게 죽는 사건은 현실적 절망과 허망한 이상을 드러내는 환멸의 플롯이 된다. 전체 서사의 또 다른 축인 김종섭의 사랑 이야기[27] 역시 유사한 구조이다. 그는 동지들에게 환멸을 느낄 때마다 첫사랑 한정애을 그리워하는데 그녀는 국사를 걱정하던 아버

26) 한정우는 유명한 애국지사 한명균의 아들로 김종섭과는 절친한 사이였다. 둘은 조국의 독립을 위해 싸우다 해외로 도피한다. 그런데 정우는 아버지가 자결했다는 비보를 들은 뒤부터 이상하게 변해가더니 민중을 위한 투사의 모습을 버리고, '환락의 침륜한 한 사람의 탕아'처럼 지낸다. 이런 모습에 동료들은 그를 비난했고, 한정우는 일주일 뒤 각혈을 쏟으며 죽고 만다.

27) 종섭은 친구 한정욱의 동생 한정애와 결혼을 꿈꿀 정도로 그녀를 사랑했지만, 도피해야 하는 상황 때문에 헤어지게 된다. 김종섭이 조국을 위해 활동하는 사이 한정애는 실업계의 거두 이한규와 결혼했고, 어느날 그녀는 정치가로 유명해진 그에게 막내딸 결혼식 축사를 부탁하기 위해 찾아온다. 재회를 기대한 김종섭은 이 사실을 알고, 깊은 환멸을 느끼며 슬퍼한다.

지와 오빠(한정욱)와 달리 '실업계의 거두 이한규와 결혼'하여 부잣집 안주인이 된다. '영원한 여신'의 모습을 기대하며 행복해하던 김종섭은 변한 한정애의 모습을 마주하며 '깊은 환멸', '슬픔'을 느끼고, 그녀를 만난 것 때문에 반대 당으로부터 모략과 공격을 받을까 염려하는 이기적인 모습에 자괴감을 느낀다.

이같이 해방기 장덕조 소설에 등장하는 주인공은 현실을 환멸로 인식하는 서술 주체의 욕망을 투영하며 '다른 목소리들'을 매개하는 타자들이다. 작가는 「함성」의 점순 엄마를 통해 사회적 모성[28]을 보여주며 "자기 자신을 설명"[29]할 수 없었던 과거를, 글쓰기라는 행위를 통해 회복하려는 수행으로 나아간다. 이러한 서술 전략은 자신을 증명하거나 "자기 자신을 설명하는 과정에서 자기 자신"[30]이 만들어지는데 작중인물을 통해 발화된 현시적 '자신'으로 볼 수 있어 의미가 있다. 아울러 「창공」의 중심인물 김종섭은 당시 정치 상황과 혁명가들의 삶을 폭로하는 전달자가 되어 '국가 세우기'의 주체인 남성 혁명가들의 허위와 위선을 비판하면서 해방 후엔 어떤 주체가 세워져야 하는지 되묻고 있다. 이것은 장덕조가 해방 전후를 '환멸의 세계'로 인식하면서 비판의 목소리를 외부뿐 아니라 자신에게로 향하는 반성적 모습과 연동된다. 그러므로 두 소설은 억압된 현실 공간에서 벗어난 해방기에 상상적 글쓰기를 통해 금지된 문제를 소환하겠다는 장덕조의 발화 욕망의 해방기 서사라고 볼 수 있다.

---

28) 여성신문, 「페미니즘은 '우정의 세계' 짓는 운동… 서로 돌보는 '사회적 모성' 키워야」, 2023. 9. 21.

29) 주디스 버틀러, 양효실 역, 『윤리적 폭력 비판-자기 자신을 설명하기』, 인간사랑, 2013.

30) 장영은, 「근대 여성 지식인의 자기서사 연구」, 성균관대학교 박사학위 논문, 2017, 28면.

이후 장덕조는 가정의 안과 밖에서 분투하는 여성들의 또 다른 수행에 좀 더 주목하게 되는데, 다음 장에서는 결혼한 여성이 직면한 경제적 문제, 파국으로 치닫는 가정의 문제는 어떠한 양상인지 살펴보겠다.

3. 여성 가장의 이중구속과 경제 주체의 딜레마 –「저회」(1949),「곤비」(1949)

이번 장에서 살펴볼「저회」와「곤비」는 1949년에 『연합신문』과 『국도신문』에 각각 발표한 단편소설이다. 두 작품 모두 남편의 경제적 무능력으로 고생하는 아내들 이야기가 주된 내용을 이루고 있다. 물론 당시 발표된 다른 작가들의 소설들에도 직면한 경제적 문제를 형상화한 작품이 적지 않다. 예컨대 1946년 발표한 채만식의「논 이야기」는 해방기 경제적 문제를 토지 소유권을 중심으로 다루고, 엄흥섭의「집 없는 사람들」은 어렵게 사는 전재민 종호의 이야기를 담고 있다. 손소희의「가두에 서는 날」은 1947년 『부인』에 발표한 소설로 돈의 위력에 질까 봐 두려워하는 전재민 아내 정선의 이야기를 담고 있다. 이러한 소설들은 해방 이후의 정국에 돈의 문제가 얼마나 중요한 사안인지를 제기하고 있는데, 이번 장에서 살펴볼 두 작품 또한 가정 밖으로 내몰린 '여성 가장'에 주목했다는 점에서 특징적이다.

먼저 살펴볼 단편「저회」(低徊)의 중심인물 정옥은 홀로 아이들을 돌봐야 하는 절망적인 상황에 놓여 있다. 북에서는 선생으로서 어려움 없이 지내던 그녀가 4년 전 좌익 활동을 하는 남편을 따라 월남한 후부터 처참한 생활고를 겪는다. 돈을 벌기 위해 빈대떡을 파는 처지로 전락하고, 남편은 이런 상황에도 오로지 정치 활동에만 전념하느라 가정을 외면한다. 그런데도 정옥은 남편과의 '즐거운 생활'을 꿈꾸며 버티지만, 아이들을 지켜내기 위해선 현실적으로 돈이 필요하다는 것을 깨닫고 친구 영숙의 공장에서 일하기로 결심한다. 반면 남편은 남조선 정부의 탄압을 피하기 위해서는 위장 전술 차원에서 가게를 이용하겠다는 통보만 할 뿐이다. 정옥은 이기적인 남편의 모습을 볼 때마다 유린당하는 모욕과 분노마저 느끼는데, 아래 인용문 ①은 이런 그녀의 정동을 고스란히 담고 있다.

① 정옥도 남편이 얼마나 열심히 그 **소위 운동이란 것에 돌진하고 있는 것인지를 잘 알았다**. -중략-

그러나 이렇게 태연하게 안해를 유린하고들 줄은 상상 밖이었다.

그래도 피가 있고 신경이 얽힌 인간이라면 일편의 인정이 있어 타당하다고 생각하는 것이다.

'세상의 모든 것이 다만 한 가지 목적을 위한 이용물로밖에 보이지 않는단 말인가.'

아내의 지위까지도 그렇게밖에 보이지 않는다면 **그것은 곧 모든 아내된 사람에게 대한 모욕이었다**.

-중략-

'이 불상한 어린것들과 늙은 모친은 누구가 돌봐 줄 것인가'. (284~285면)

② 그는 요즘 몹시 초조하다. **돈이 필요한 것이었다**.

돈, 돈이 좀 생겼으면 하는 소원이 이 몇일 동안 육체의 병처럼 그의 머리를 점령하고 있었다. 꿈에까 지 돈을 싸아 놓고 세어 보는 꿈을 꾸었다.

나제는 또 **돈이 생길 만한 여러 가지 방법을 궁리해 본다**. 그때도 꿈에 그예 오늘부터 그도 '우동'을 시작하게 된 것이었다. (264면)

인용문 ①은 정옥을 초점화한 서술로 남편의 무능력과 이기적인 태도를 비판하는 대목이다. 남편의 태도에 대해 '모든 아내 된 사람에 대한 모욕'이라며, 가정을 도외시하는 '운동'하는 가장들을 단죄한다. 정옥은 불쌍한 아이들과 연로한 어머니를 돌보는 책임마저 자신의 몫이라고 받아들이면서 가정을 지키려고 한다. 당시 전재민들의 어려움은 인용문 ②에서도 드러나는데 하루 종일 돈 버는 방법만 몰두해야 하는 처절한 상황이 엿보인다. 그동안 정옥이 월남 후 무엇 때문에 힘들었는지 알 수 있는 실마리이면서 앞으로 이 가정이 돈 문제로 파탄날 수밖에 없음을 예고하는 대목이다.

두 인용문에서 드러나듯 작가는 해방기 분열하는 가정의 문제를, "정치적인 것과 경제적인 것 사이의 불완전한 연동에 기초하면서도 동시에 그것을 분리된 것으로 위치시키는 교묘한 역학 구도"[31]의 모순으로 담았다. 당시 이런 경제적 역학 관계를 둘러싼 보고는 소소한 생활 기사부터 여성의 일상과 노동, 결혼을 다룬 기사와 잡지에 소개되면서 독자들의 관심을 얻었다.[32] 해방기 최초의 여성잡지인 『여성문화』 및 『여성공론』,

31) 임세화, 「탈식민화와 소유 관념의 재현-해방기 문학의 언어, 경제, 도덕을 중심으로」, 동국대학교 박사학위 논문, 2023, 94면.

32) 『부인』의 경우, 창간사에서 밝혔듯이 황폐하고 혼란한 국가를 바로 세우기 위해서는 여성의 적극적 사회 참여가 필요하며 정치, 사회, 경제, 문화, 도덕 등 사회의 전반적인 분야에서 남성에게만 그 역할을 맡기지 말고 여성도 적극적으로 참여해야 하고, 이를 위해 여성의 계몽이 필요하다고 어필했다. 이러한 기사가 창간호부터 배치된 것으로 보아 해방 후 여성들에게 요구한 것은 가정을 지키기 위해서는 경제적 능력을 키우는 것이 중요하다는 것을 강조한다.

『새살림』 등에서도 이러한 경향으로 나아간다. 이 잡지들의 공통점은 해방기 여성이 가야 할 방향과 역할, 사회적 위치에 대해 논구함으로써 생활 전반을 아우르는 성격을 지닌다. 이 잡지들에는 다양한 문인들의 사회, 문화적 인식을 게재하였는데, 이를 통해 여성의 사회적 위치 이동과 사회적 역할을 제기하였다.[33] 이러한 사회적 위치 이동의 예는 작중인물 정옥의 모습에서도 엿볼 수 있는데 결국 정옥은 정치성이 지배하는 해방기의 남성 중심 담론과 여성의 경제적 역할 확대라는 새로운 여성 담론 사이에서 생계와 돌봄의 '이중구속'에 놓인 것이다. '몇 번을 넘어졌든지 나도 살아야 한다'라고 다짐하며 여성 가장으로서 이 딜레마에 직면할 수밖에 없었다.

이상에서 알 수 있듯이, 「저회」는 표면적으론 해방기 혼란한 상황에 놓인 전재민 가정, 아내가 겪는 어려움을 보여주면서 가정을 돌보지 않는 이기적인 남편을 고발하고 있는 것처럼 보인다. 그러나 그 이면에는 해방기라는 중층적인 공간에서 '위대한 주의'의 길을 가느라 가정을 책임지지 않는 아버지들, 남성들의 위선을 비판하고 있다. 주지하듯, 해방 후 전재민을 포함한 인구는 폭증한 터라 감당할 만한 식량 수급이나 주택 공급, 생산시설과 돌봄의 문제가 절대적으로 부족한 상황이었다. 이러한 현실에서 가장의 역할을 떠맡게 된 여성의 분투가 과연 가정을 지키고 돌봄의 수행을 가능하게 할 것인지 이 소설은 묻고 있다.

이러한 문제의식은 이어 발표한 「곤비」에서도 드러나는데 여주인공 이름이 「저회」의 정옥과 동명이다. 그래서인지 이 소설의 정옥도 끝없는

33) 신정은, 「해방기 담론의 확장 연구 해방기 남 · 북한 여성잡지를 중심으로」, 『인문사회』 12, 2021, 1317~1330면.

슬픔, 절망에 놓인다. 도입부 첫 구절인 '어둡기 시작하면서 이내 캄캄해진다'는 표현은 앞으로 펼쳐질 그녀의 불행과 겹쳐 전체 분위기를 암시하고, 「저회」와 마찬가지로 중심인물의 심리와 분위기를 따라 전개될 것임을 예측할 수 있다. 정옥은 홀로 여섯 살, 일곱 살 두 아이를 돌보며 행상까지 하면서 고단한 삶을 살아가는데 남편은 이미 행방불명된 상태이다. 다음 인용문은 갑자기 아이가 아픈 상황에서 절박한 심정으로 전능하신 하느님을 찾는 장면이다.

> '공중 나는 새를 먹이시는 하느님이 자녀를 먹이시지 않으랴'하는 말을 아직도 기억한다.
>
> 그러나 하늘은 절대로 그들을 편히 먹여 주는 일이 없었다. 편히는커녕 죽도록 일을 해도 살 수가 없는 것이다.
>
> 아무튼 요즈음 정옥의 온 번뇌, 온 궁리는 그와 그 어린 것들을 위하여 먹이를 구하는 일에 있었다.
>
> 먹는 일-. 곧 소화액이 위벽과 장벽에 대하여 주는 어떤 작용을 위하여 그는 부끄럼도 체면도 눈물조차 잊었다. (304면)

그녀 앞에 놓인 것은 "죽도록 일을 해도 살 수 없을" 것 같은 현실이다. 정옥에게 당면한 문제는 남편 대신 아이들을 위해 '먹이는 일', 절박한 돈 문제를 해결하는 일이다. 남편은 아이들을 사랑할 줄 모른 데다 가족을 버리고 떠난 상태였기에 그녀에게 남은 것은 어떻게든 아이들을 지켜야 하는 '자기희생'뿐이다. 그래서 정옥은 "돈도 체면도 다 덧없다. 내겐 너의들이 있을 뿐이다"라고 다짐하며, 온갖 모멸을 참아낸다. 이렇게 이 소설은 무능력한 남편으로 인해 고통받는 아내의 삶을 형상화했다는 점에선 앞서 「저회」와 같지만, 남편이 왜 가정을 등한시하는지는 자세히 밝히지 않는다. 「저회」의 정옥이 아이들을 지키기 위해 '돈', 경제력이 무엇보다 중요함을 자각하며 적극적으로 생활 전선에 뛰어든 반면 「곤비」의 정옥은 아이들 곁에 그저 머물고 있다는 소극적 태도를 보인다. 이러한 양상은 마지막 장면에서 숙희가 동생인 숙철에게 배고프면 손가락을 빨라고 권하는 파국으로 치달으면서 비참한 상황은 극대화된다.

그렇다면 장덕조가 자기 서사[34]와도 거리가 먼 두 작품을 이 시기에 연달아 발표한 이유를 살펴볼 차례이다. 이것은 당시 발표된 수많은 '정치적 기획' 물과 구별되는 '요동치는 가족'[35]에 주목한 작가의 문제의식에서 찾을 수 있다. 당시 한국 사회는 대다수 국민이 절대 빈곤에 시달리던 시기로 가족 내 관계의 부조화와 갈등보다는 생존에 관련된 빈곤 문제가 더 많이 나타날 수밖에 없었다.[36] '곤비'와 같은 삶이라고 직접 밝힌 대목은 이 소설의 주제 의식과 동궤일 텐데 아들의 얼굴을 '끝없는 곤비'로 투사함으로써 비참한 당시 상황을 사실적으로 드러낸다. 그러할 때 엄마인 정옥이 자신의 슬픔을 '새로운 힘과 용기'로 나아가는 눈물이라 역치한

34) 이러한 설정은 장덕조의 전기적인 삶과는 다소 거리가 먼데 작가는 박명환과 결혼한 후 여유롭지는 못했지만 '현모양처 작가'라는 칭송을 받으면서 안정된 결혼 생활을 이어나갔다. 그래서 채만식은 그에 대해 '현숙한 아내'이자 '착한 어머니'라며 인정했다. 채만식, 「장덕조 여사의 진경」, 『조광』, 1939, 3 ; 『채만식 전집』 10, 창작과 비평사, 1989, 174면.

35) 이행미, 『요동치는 가족』, 파이돈, 2023. 저자는 1910년~1940년대 가족법을 살피며 개인이 정상 가족 범주에서 무엇 때문에 이탈하려 했는지, 그러한 인물을 어떻게 형상화했는지 문학 텍스트를 통해 의미를 규명한다. 본고는 자유로운 해방 정국에선 이러한 '이탈' 현상이 좀 더 심화되기에 분열하는 개인과 해체되는 가정을 '요동치는 가족'으로 바라보겠다.

36) 이인수, 「한국 가족문제의 유형과 특성-1940년-1980년대 신문기사를 중심으로」, 『가정과 삶의 질연구』 21, 가정과 삶의 질학회, 2003, 176면.

것은 다시 일어서겠다는 어머니의 적극적 수행 의지로 읽을 수 있다.

이상을 통해서, 장덕조는 「곤비」와 「저회」를 통해 해방기 경제적 문제가 가정을 흔들 만큼 심각했다는 점, '요동치는 가족'을 바로잡는 일은 '새로운 국가 건설' 못지않게 중요한 과제라는 것을 두 정옥의 삶을 통해 전하고 있다. 따라서 작품의 서사를 추동하는 힘은 앞서 검토했듯이 가장이 되겠다고 자초한 두 아내의 각성이다. 그동안 굳건히 지켜 왔던 가정 주체의 동력이 아내, 어머니로 이양되는 변화를 포착함으로써 서술주체는 정치성이 일상성을 압도할 정도로 급변하는 정세에서 소외되기 쉬운 개인의 삶, 가정의 위기, 돌봄의 문제까지 고스란히 담고 있다. 이렇게 두 작품은 주체를 역전시키는 돈의 위력을 구체적으로 담았다. 이러한 문제는 결국 가정 파탄이라는 파국으로 치닫는데 다음 장에선 공론화되기 시작한 이혼 문제가 어떻게 소설에 투영, 수용되는지 당시 이혼법, 가정법에 비춰 작품을 살펴보겠다.

4. 부부 관계의 새 질서와 이혼의 젠더 역학
-「저돌」(1949) 「어떤 이혼소」(1949)

장덕조는 초기부터 여성을 중심인물로 내세워 가정 문제에 천착해 왔는데 1933년에는 『신가정』에 「남편」[37]과 「아내」를 발표한 바 있다. 이후 1949년 『신천지』에 「저돌」, 『주간 서울』에 「어떤 이혼소」를 이어 발표한

---

37) 「남편」의 아내 인애는 남편을 잘 챙기고, 살림을 잘하는 전형적인 현모양처이다. 반면 남편은 자기 집에 기숙하는 친구 임 군과 아내 사이를 의심하며 아내에게 폭력을 행사하는 인물이다.

것도 이러한 문제의식의 연장으로 볼 수 있다. 하지만 해방공간의 분위기, 창작 환경, 문단 상황이 초기의 맥락과 다른 양상이므로 창작주체의 의도와 내포독자의 반응을 고려한다면, 내포작가의 여러 욕망을 추적해 보는 작업은 필요하다.

먼저 살펴볼 「저돌」은 이혼 모티브를 중심으로 한 작중인물 김옥경의 결혼 이야기다. 주목할 점은 자기 권리를 되찾기 위해 이혼까지 고려하는 적극적인 여성 주체를 내세워 주인공의 심리적 예속을 짚어내며 법률혼 문제까지 제기한 것이다. 물론 억압된 시기에도 문학적 상상은 "사실혼에서 법률혼으로 변화한다는 점에서 전통과 근대의 교차[38] 지점을 반영해 왔지만, 해방기에 이르러 서구 핵가족을 모델로 한 부부 담론이 확산하면서 본격 투영되었다. 이 소설도 이러한 변화를 잘 포착해 이행하는 결혼 담론을 조명하고 있다. 전체 틀은 아내 김옥경의 시선, 심리를 따라 전개되기에 남편의 불륜 상대인 한미라에 대한 평가는 내내 부정적으로 흐른다. 이혼한 한미라가 '범나비'처럼 남자들 사이를 오가며 한인과 외국인을 사귄다는 서술, 가정의 파탄이 방탕한 '자유주의자' 한미라 때문이라는 직접적인 언급에서 잘 드러난다. 이것은 이혼녀에 대한 부정적 시선이면서 부부 간 갈등 국면에 대한 그녀의 분노, 회의, 좌절의 표출로 볼 수 있다. 따라서 가정의 파탄은 친구 한미라와 불륜을 저지른 남편 탓이므로 피해자는 김옥경으로 설정된다.

중심인물 김옥경은 '해방 후 사 주년이 지난 오늘까지' 제대로 된 작품을 쓰지 못해 고민하는 여류작가로서 이번 사태를 빌미로 걸작을 완성하려는 욕망의 인물이다. 이러한 면은 그녀가 둘의 '특수한 관계'에 대해 들

---

38) 이행미, 앞의 책, 117면.

었을 때부터 감지되는데 자신의 감정보다 세상 시선을 의식해 현실적으로 대응하는 모습에서 엿볼 수 있다. 예컨대 이혼 후 겪게 될 경제적 상황과 아이들 양육에 따른 어려움을 염려해 이혼에 따른 모든 결정권을 남편에게 맡기기로 작정한 부분이 그러하다. 이 선택은 기요맹이 언급한 억압의 전유[39]에서 벗어나겠다는 가능성일 텐데 피해자인 자신이 문제를 떠안기보다 그저 작품에 몰두하겠다는 상징적 자력으로 나아간다. 반면 남편은 아내의 상처 따위엔 관심조차 두지 않고, 편지로 아이를 데려와 달라는 부탁만 할 뿐이다. 남편의 방관은 종종 결혼 서사에서 흔히 볼 수 있는 설정으로 서술주체는 남편의 부조리함을 폭로함으로써 그의 허위적 변론을 방어한다.

그런데 사건은 "여류 성악가 한미라 여사 피습, 절명"이란 급보를 통해 갑자기 일단락되는 듯 하나 옥경과 남편의 관계는 봉합되지 못한 채 남는다. 이러한 비약적 결론은 표면적으로 갈등의 한 축을 소멸하지만, 다른 축으론 해결하지 못한 부부 관계를 명징하게 드러내는 효과가 있다. 따라서 이 모든 책임은 남편에게 향하며, 이에 따른 아내의 결정은 전체 서사의 향방을 가른다. 이내 아내 김옥경의 발화, 정동, 태도는 남편을 비판적으로 향하며 심지어 저항하는 결단으로 나아간다. 다음 인용문은 옥경이 부부 사이의 파국을 받아들이며, 더 이상 결혼 생활을 유지할 수 없다는 의지를 표명한 선포 장면이다.

---

39) 기요맹은 여성을 억압하는 주요 형식이 전유(appropriation)라고 설명한다. 특히 '섹사주'라고 명명한 육체에 대한 전유는 여성 시간에 대한 전유, 여성 육체에서 나온 생산물에 대한 전유, 여성에게 부과되는 성적 의무, 다른 가족 구성원을 돌볼 전유로 구분한다. 로이스 타이슨, 윤동구 역, 『비평 이론의 모든 것』, 앨피, 2023, 224면. 기요맹의 관점에서 본다면, 작중인물 김옥경의 결심은 시간에 대한 전유, 돌봄에 대한 전유로써 자신을 억압하는 현실에 대한 거부로 해석할 수 있다.

그러자 옥경의 환각은 분명히 그 거대한 나무 둥치에 깔려 피투성이가 되어 넘어진 종훈의 모습을 그려 주었다.

'과거는 모다 죽은 것이다'

옥경은 자리에서 일어나 책상 앞에 와 앉았다. 펜과 원고지를 모았다. 그는 오늘 밤차로 혼자 서울을 향해 떠나리라 생각한다. 그러나 그것은 결코 남편을 찾아가려는 것이 아니다. 그는 다시 과거의 생활로 돌아갈 마음은 털끝만큼도 없었다. 신변을 간단하게 하기 위해 아이들은 어머니 곁에 남겨 놓은 채 그는 그의 길을 돌진하려하는 것이다.

옥경은 이제 한 개 남편의 안해가 아니었다.

아이들의 것도 아니다.

종훈의 것은 물론 아니다. (328면)

주변인물 종훈은 그녀가 낙향했을 때 잠시 재회한 어릴 적 약혼자로 애욕의 대상이면서 옥경이 완성하려는 '새로운 도덕', '생명'의 가치를 흔드는 불안한 타자이다. 짧은 스케치로 묘사된 둘의 관계는 흔들리는 옥경의 심리와 중첩되는데 옥경이 환각 상태에서 '피투성이'가 된 종훈의 상처를 떠올리며, 그 또한 새로운 선택지가 될 수 없음을 깨닫는다. 더 이상 과거로 돌아가지 않고, 앞으로 아내와 어머니로만 살지 않겠다는 옥경의 목소리에서도 엿볼 수 있다. 남편의 외도 문제로 이혼을 결행하는 것이 쉽지 않은 당시 상황을 고려할 때 작중인물의 이러한 선택은 더 이상 '만들어진 모성'[40]에 자신을 가두지 않겠다는 선언에 가깝다.

40) '만들어진 모성'은 자식의 요구와 어머니의 반응 사이에는 미리 설정된 어떤 균형도, 필연적인 상호 작용도 존재하지 않는다고 본다. 모성애의 우발성이 모두에게 견디기 힘든 번민을 불러일으켰다는 것이다. 모성애가 모든 여성에게 반드시 존재한다고 생각지 않고, 더욱이 인류가 모성애에 의해서만 존재한다고 생각하지 않는다. 엘리자베

주지하듯, 부부 문제는 문학의 주요 모티프로써 근대부터 꾸준히 반영되었다. 하지만 자신의 부당한 처지를 주장하는 여성 주체를 전면에 내세우고, 그들의 목소리를 공론화하기 시작한 것은 해방 후부터다.[41] 일찍이 작가 장덕조는 남편의 외도 문제가 이혼의 주된 사유라는 점에 착안해 유책 배후자인 남편이 이혼 결정권을 주도한 당대 현실을 이 작품을 통해 제기했다. 이것은 가정을 깬 남편이 어떠한 대처도 하지 않은 불응, 귀책 사유에 따른 위자료 청구, 나아가 피해자인 아내가 이혼을 결정하는 주체가 되어야 한다는 선포로 이어진다. 이러한 문제의식은 "당시 이혼의 발생이 해방 이후의 혼란한 시대 상황과 맞물려서 발생"[42]했고, 주로 가족법의 개정을 전후해서 이혼이 늘었다는 시각을 말한다. 이렇게 볼 때, 「저돌」은 남편 중심의 이혼 결정권이 유의미한지 되물으며 나아가 이혼 주체의 정당한 권리를 어떻게 찾는 것이 바람직한지 함축하고 있다.

1949년 『주간서울』에 발표한 「어떤 이혼소」는 불합리한 이혼법을 제기하며 아내의 '역소송 사건'을 다룬 흥미로운 단편이다. 서술자 종훈은 친구의 이혼에 대한 전말을 알리는 중심인물이면서 작가의 인식이 응축된 인물이다. 어느날 막역지우인 헌의 아내가 그의 집에 찾아와 남편

트 바댕테르, 심성은 역, 『만들어진 모성』, 동녘, 2009, 14~15면.

41) 해방 전 식민지 조선에서 이혼법은 관습에 의거하던 1910년대를 지나 1922년 민사령 개정을 통해 재판상 이혼에 일본 민법이 적용되면서 일본 민법의 영향력 하에 놓이게 되었다. 소현숙, 「근대 전환기 동아시아에서 이혼법의 변화 - 한중일 비교」, 『역사와 담론』 94, 호서사학회, 2020, 148면. 이후 해방기는 점차 일본식 민법에서 벗어나기 시작한 시점이므로 새로운 이혼법에 대한 논의가 제기되었다. 이에 따라 신문, 잡지, 소설을 통해 꾸준히 이혼 담론은 펼쳐졌다.

42) 이강이, 최혜영, 「신문기사를 통해 본 이혼 양상에 대한 내용분석(1) - 1940~1990년대 조선, 동아일보를 중심으로」, 『HER(Human Ecology Research)』 43, 대한가정학회, 2005, 134면.

이 이혼을 제기하고, 자신에게 자살까지 요구한다는 황당한 내막을 전한다. 친구 현은 손꼽히는 문학가로 광복 후엔 감투도 써 세간의 이목을 받는 주요 인사이다. 그런데 벼슬에서 물러난 현은 소설을 쓰겠다며 갑자기 아내에게 이혼을 요구했고, 이 사건은 신문에 실린다. 법원은 적합한 이혼 조건을 찾지 못해 소송을 각하했고, 그러자 현은 다시 아내에게 얼른 재혼하라는 황당한 요구마저 한다. 한편 현의 아내는 남편의 불명예를 씻어 주기 위해, 이혼을 당하겠며 역소송을 제기한다. 종훈은 둘의 태도를 납득할 수 없지만 어떻게든 친구를 돕기 위해 중재자 역할을 자처한다.

> "현 군헌테 자극을 주기 위해 본인이 최대의 희생을 하겠다는 뜻이지요. 그만큼 현 군을 사랑하고 아낀다는 거죠. 그렇지만 잘 생각해 보시우. 초점이 틀린 판단 우에 세워진 애정이나 희생은 그게 크면 클수록 미담이 못 되고 우습지도 않은 희극이 되는 법입니다. 허긴 나도 현 군의 성격은 압니다. 그렇지만 '에고이즘'도 어느 정도지요. 난 부인보담 현 군 자신을 위해 그 녀석의 유치한 이기주의에서 오늘 결과를 묵인할 수 없을 것 같은데요." (334면)

위의 인용을 보면, 초점화자 종훈은 친구 현과 그의 아내를 평가하는 역할을 한다. 그의 목소리를 통해 현이 이 갈등을 유발했고, 합의이혼에 이르지 못하는 동인도 현이라고 밝히는 판사 역할을 한다. 동시에 이혼 당하는 상황에서도 남편을 돕겠다고 나서는 현 아내의 이중적 태도를 대변한다. 그녀의 사랑이 이상적이고 대단할지라도 납득하기 어려운 결정이기에 과연 이혼 소송이 이들 부부에게 무엇을 남겨줄 것인지, 구제할 별도의 법 조항이 있는지 묻고 있다. 왜냐하면 현이 구체적인 사유를 밝히지 못한 상태에서 소송이 진행되었고, 따라서 그녀는 귀책 사유가 없는데도 선뜻 이혼 해주겠다고 나서기 때문이다. 물론 그녀가 아이를 위한 결정이지만, 당사자인 두 사람의 합의가 근간인 점에서 볼 때 일방적으로 요구한 현의 제기는 부당하다. 이 모습은 자신밖에 모르는 '에고이즘', '이기주의'에 대해 어떠한 책임도 물을 수 없는 부조리 법 현실과 연동된다. 이렇게 종훈은 서술주체의 목소리를 대변해 주는 인물로서 귀책 배우자인 남편이 오히려 이혼을 요구한 점, 피해자인 현의 부인이 희생과 책임으로 역소송 하려는 뒤집힌 이혼 현실을 비판한다.

결국 '뒤집힌 부부 싸움'이란 기사가 났고, 현의 부인은 남편을 괴롭힌 '극도의 히스테리'적인 아내로 둔갑하고 만다. 이렇게 소설은 현이 청구한 이혼 소송, 종훈의 중재, 현의 아내가 제기한 역소송 순으로 진행된다. 그렇다면 마지막 장면에서 현의 아내가 선택한 역소송은 어떠한 결론에 이르는 것일까? 이에 대한 목소리는 이혼 당사자가 아닌, 종훈의 혼잣말을 통해 분명해진다. "과도기! 이런 것도 과도기적 사건인가?"라는 직접적인 발화를 통해 당시 제기된 수많은 이혼 기사와 소송 사건에 대해 반문하며, 파탄주의 책임에 따른 귀책 사유에 대해 모호한 법 인식을 비판한 것이다. 예컨대 서사 초반에 남편이 제기한 이혼은 그럴 만한 사유가 드러나지 않아 각하되었지만, 이후 현의 아내가 재청한 역소송은 가정과 자녀를 돌보지 않은 아내에게 책임이 있다는 판결로 역전되면서 뒤바뀌기 때문이다. 이러한 부조리는 '취급된 그 기사는 취재가 어디서 되었는지는 알 수 없었으나'라는 의문의 발화로 제기되고, 아내가 억지로 손님들과 춤을 추었다는 소문을 삽입함으로써 역소송의 결과가 진실과 다를 수 있음을 암시한다.

해방 후 이혼법은 암묵적 인정과 명시적 부정의 복잡한 논리 속에서 변화한다. 민법이 발효되기 전인 1945~1959년까지 약 15년의 세월 동안 판례를 중심으로 한 '구민법 시대'의 식민지적 '관습' 원칙은 복잡해진 형태로 지속되었다. 해방과 국가 건설, 전쟁이라는 일련의 과정에서 식민지 가족법에 대한 해석은 희석되고 새로운 가족법에 대한 정서가 고양되었다.[43] 이러한 중층적 그늘 속에서 「어떤 이혼소」 현의 아내는 자신보다 남편을 위해 이혼을 자처한 것이다. 작중인물 종훈이 둘 사이를 중재하는 모습은 근대를 통과하는 이혼의 교차점에서 중요한 역할이다. 왜냐하면 종훈의 충고, 반응, 태도는 기존의 이혼에 대한 비판, 보도된 기사에 대한 의문, 재판 결과에 대한 진실에 문제를 제기하는 중핵이기 때문이다.

정리하면 1949년에 발표한 「저돌」과 「어떤 이혼소」는 이혼을 결심하는 아내, 이혼을 '당하려는' 아내 이야기로 이혼에 대한 당시 분위기와 쟁점을 엿볼 수 있는 단편이다. 「저돌」의 김옥경은 남편의 외도를 문제 삼아 이혼을 결심했고, 「어떤 이혼소」 현의 아내는 남편을 위해 나쁜 아내가 되기로 자처하며 역소송을 제기한다. 가정 문제를 다룬다는 점에서는 두 작품이 같으나 이혼에 대처하는 태도, 반응, 수행 면에선 사뭇 다르다. 소설의 의도는 법이라든가 도덕의식과 같은 보편적 기준이 때론 한 개인의 특수성을 참으로 쉽게 또 무책임하게 무너뜨린다는 점을 일깨워준다. 이러한 전략을 볼 때 장덕조가 당시 천착한 것은 '불행한 아내들'에 주목하면서 그 불행을 초래한 경합하던 현실, 재판에 의한 이혼만이 구속력이 있다는 법인식, 합의이혼은 수용되기 어려운 남성 중심의 법 문

---

43) 양현아, 『한국 가족법 읽기-전통, 식민지성, 젠더의 교차로에서』, 창비, 2011, 235~237면.

화이다. 아울러 이혼의 책임이 과연 누구에게 있는지 되물으며 앞으로 이들을 보호할 수 있는 법은 무엇인지 문학적 상상으로 모색하고 있다.

5. 해방기 소설의 문학사적 의의

장덕조는 1930년대 등단 초부터 1990년대까지 60여 년 동안 백이십여 편의 단편소설과 구십여 편의 장편소설을 창작했다. 그는 절망적인 식민 상황을 경험했고, 전쟁의 비극까지 통과하며 경북지역 최초의 여기자, 육군 종군작가로 활동하면서 한평생 글 쓰는 일에 전념해 왔다. 지금까지 연구는 주로 초기 소설이나 대중작가로 호명되기 시작한 1950년 이후의 소설에 집중 되어왔는데, 비단 해방기 작품에 대한 고찰은 부족한 편이다. 이 글은 작가가 이 시기에 발표한 여섯 편의 단편을 중심으로 해방기라는 첨예한 정치적, 경제적 혼돈 속에서 표출하고자 한 문제의식에 대해 살펴보고자 한 것이다. 주목한 점은 여성의 역할, 경제적 책임, 이혼 문제와 같은 여성이 처한 현실적인 문제들이 다루어지는 방식과 '여성의 분투'를 형상화하는 과정에 따른 글쓰기 변주이다.

1947년에 발표한 「함성」과 「창공」은 초기 소설에 비해 여성 주체의 발화와 수행이 좀 더 적극적인 양태로 전개된다. 「함성」의 점순 엄마는 자식들이 굶게 된 상황에서 도둑질을 해서라도 배고픔을 해결하려 했고, 딸이 정신대로 끌려갈 위기에선 마을 어머니들을 선동해 경찰서로 쳐들어가기까지 한다. 이러한 적극적 수행은 초기 소설에서 형상화한 불쌍한 여인들, 아내들과는 확연히 다른 모습인데 같은 해 발표한 「창공」에서도 동궤의 서술 전략을 취한다. 서술 주체의 목소리는 작중인물을 통해 당시 정치 상황과 정세를 신랄하게 폭로하면서 '나라 세우기'의 주체로 등장한 남성 혁명가들의 허위와 위선을 직접 발화로 비판한다. 이렇게 두 소설은 그동안 배제되었던 주체들을 복원, 비판하려는 장덕조의 발화 욕망에서 비롯된 해방기 서사로 읽을 수 있다. 이어 장덕조는 1949년에 네 작품을 발표했는데 앞의 두 작품과는 달리 결혼한 여성의 어려움에 천착했다.

「곤비」와 「저회」는 두 정옥의 결혼 생활에 초점을 맞춰 해방기 경제적 어려움이 가정을 깰 만큼 심각했다는 점과 가장이 무책임할 때 벌어지는 사태를 고발했다. 서술 주체는 위기의 가정을 바로잡는 일이야말로 '새로운 나라 세우기' 못지않게 중요한 과제라는 것을, 두 아내의 절망을 통해 제기하고 있다. 한편 「저돌」은 여성 주체를 중심으로 이혼 문제를 다룬 소설이다. 이혼의 주된 사유가 남편의 외도임에도 아내들은 작중인물 김옥경처럼 현실적인 문제, 즉 경제적 어려움 때문에 이혼 결정권을 남편에게 맡기는 사례가 많았다. 그러나 이전과 달리 해방기 아내들의 태도는 '이혼 선언' 양상으로 나아가면서 능동적으로 변화한다. 아직까지는 법적 결정권자로 나서지 못 하나 그들은 이혼할 수밖에 없는 사유, 법적 대응까지 모색하는 변화를 보인다. 이러한 변모는 「어떤 이혼소」의 현 아내를 통해 잘 묘사된다. 제목에서 드러나듯, 주된 모티프는 이색적인 '이혼 역소송' 사건인데 남편의 일방적인 이혼 요구에 대처하는 아내의 이중적 태도가 서술자 종훈을 통해 밝혀진다. 서술 주체는 그의 목소리를 통해 법 해석의 모호함, 결정하는 법 주체의 판단에 의문을 제기하며 결혼 파탄의 책임이 과연 누구에게 있는지, 해체되는 가정을 보호할 수 있는 법적 근간은 무엇인지 묻는다. 이렇게 네 작품은 가정의 불화를 다룬다는 점에서는 비슷하나 파탄의 책임, 이혼에 대한 반응, 해결하는 과정은 다소 다르다. 「곤비」와 「저회」는 뒤집힌 경제 주체를 중심으로 「저돌」과 「어떤 이혼소」는 이혼 주체의 욕망과 뒤집힌 법 현실을 재현한다.

이처럼 장덕조는 평생 여성들이 무엇 때문에 불행한지, 행복하기 위해서 어떻게 해야 하는지에 대한 방법을 끊임없이 모색한 작가이다. 해방기 소설을 통해 당시 이혼 문제를 제기하며 재판에 의한 이혼만이 구속력이 있다는 법 인식, 합의이혼이 얼마나 수용하기 어려운지를 비판하고 있다. 초기 소설의 연장에서 행복하지 않은 주체들, 아내들을 전면에 내세워 해방 정국에서 중요한 과제는 실로 가정을 지키는 일임을 문학적 상상으로 그리고 있다. 따라서 해방기 소설은 다소 고발적 양상으로 나아가며, 60여 년의 장구한 작품 세계 안에서 본격 변주를 시작한 시기도 해방기부터라는 것을 알 수 있다. 이 점이 여섯 편을 고찰한 후 얻은 문학사적인 의의로 볼 수 있겠다.

해방기 소설이 포착한 도시의 얼굴들
- 손소희 · 윤금숙 소설을 중심으로

김도언

1. 귀환한 두 여성작가와 해방

손소희(1917~1986)와 윤금숙(1918~?)은 모두 만선일보 출신 여성작가로 해방기에 적극적으로 작품활동을 펼쳤다. 손소희는 함경북도 경성 출신으로 1939년부터 1943년까지 《만선일보》에서 기자로 재직하던 시절에 시 「고독」, 「북구의 가을」 등을 『재만조선인 10인 시집』(1942)에 발표하면서 문필활동을 시작하였으며 1946년 「맥(貊)에의 몌별(袂別)」 등을 《백민》에 발표하면서 본격적으로 소설가의 길을 걷게 된다. 손소희에 대한 기존 연구들의 키워드는 '귀환', '만주', '식민지', '여성' 등으로 모아진다. 이 중 해방공간의 작품을 대상으로 할 때 특히 만주로부터의 귀환 서사에 초점이 맞추어져 있는 경향을 보인다. 손소희의 생애사나 작품 세계를 살펴볼 때 만주를 빼놓고 논하기 어려운 것은 사실이다. 하지만 해방 직후 손소희의 행방을 살펴보면 그의 작품세계를 새로운 시각으로 접근해 볼 여지가 있다. 특히 손소희는 1945년 11월 30일 귀환열차에

오를 때 고향인 함경북도 경성이 아닌 서울행을 택했다는 점에서 주목할 만하다. 재만 조선인 중에서도《만선일보》에 재직 중이었던 엘리트 기자이자 여성 소설가였던 그로서는 서울에서 새로운 기회를 잡고 싶었던 것일지도 모른다. 한편 윤금숙은 1940년《만선일보》문화부 기자, 1955년《주부생활》주간 등을 역임했다. 여성작가가 손에 꼽을 정도였던 당시에 70여 편의 단편소설과 수필 등을 발표했을 만큼 적극적으로 작품활동을 했음에도 불구하고 다른 여성작가에 비해 주목받지 못하였으며 그에 대한 단독연구도 미진한 실정이다.

손소희와 윤금숙, 두 작가는 함경도 출신으로《만선일보》출신 여성작가라는 점 외에도 작품세계가 다른 듯 닮아있다. 도시 공간 속 실제 지명이나 지리를 섬세하게 묘사했으며 도시에 대한 인식이 다소 혼재되어 있다는 것 역시 두 작가의 공통적인 특징 중 하나이다. 그렇다면 윤금숙과 손소희 눈에 비친 해방공간 속 도시의 얼굴, 그리고 그 안에서 살아가는 사람들의 모습은 소설을 통해 어떻게 그려졌을까.

이를 살펴보기에 앞서 해방공간의 도시란 어떤 성격을 갖고 있는지 살펴볼 필요가 있다. 당시 해외 각지에서 이주하고 귀환한 한인의 수 역시 많았기 때문에 함께 살펴보면 좋겠으나 해방기 손소희와 윤금숙 소설에서는 경성에 돌아오고 나서 일어난 사건, 혹은 동경에 잠시 다녀오며 생긴 일들을 그리기 때문에 본고에서 주로 살펴볼 해방공간의 도시는 경성(京城)과 동경(東京)으로 한정한다. 경성은 본래 한성(漢城)이었던 조선의 수도를 1910년에 일본이 침략하면서 고친 이름으로 일제의 패망 이후 미 군정 시기에는 '서울'로 이름이 바뀌었다. 경성은 갑작스레 맞이한 해방에 일제강점기 경성부의 구조가 남아있는 채로 월남민과 해외 귀환민 등이 기하급수적으로 몰려들었던 그야말로 혼돈의 공간이었다. 한편, 동경은 패전 직후, 궁핍과 정치적 혼란기(1945-1955)를 겪게 된다.[1] 일본은 항복 전날인 8월 14일 스웨덴 공사를 통해 소련에 머물고 있던 수백만 명의 일본군과 민간인에 대한 보호를 요청했으나 거절당했고, 만주, 조선, 대만 등지에 있던 일본인들은 그 수가 너무 많았기 때문에 자국의 도움을 받지 못한 채 타국에 머물게 되었다. 1946년 3월에 이르러서야 본격적으로 송환이 시작되었으며 이는 1949년 말까지 이어지게 된다. 송환으로 귀국하게 된 일본인들의 수는 660만 명이 넘었는데, 특히 조선에 거주하던 일본인들은 거의 빈손으로 귀국할 수밖에 없었다. 원폭, 대공습 등으로 인한 생산 시설과 주택 단지의 파괴로 인해 일본 본토에 전재민들이 넘쳐났으며, 더구나 패전으로 인해 식민지로부터 들여오던 자원들까지 끊겼다.[2] 즉, 재조선 일본인들 역시 만주 등에서 빈손으로 돌아온 조선인들과 사정이 크게 다르지 않았다고 할 수 있다.

해방기 손소희 소설은 민족적 각성의 서사와 전재민의 일상담으로 크게 양분되는데, 작품 한 편 한 편을 놓고 볼 때 조선, 일본, 만주를 넘나드는 다양한 배경, 다양한 연령대와 직업을 가진 인물들, 그리고 시의성 있는 각종 소재들을 취하고 있음을 발견하게 된다.[3] 이 다양성으로 인해 해방공간에 있었던(경험담), 혹은 있을 법한(목격담) 사람들의 삶에 대한 예리한 시선이 소설적으로 형상화되었다. 윤금숙의 소설 또한 다양한 배경과 여러 유형의 인물들을 다루고 있는데 이는 기자 출신이었던 이들의 날카로운 관찰력과 지식인으로서의 적극적인 현실 인식이 맞물린 결과

1) 조관자 외, 『탈 전후 일본의 사상과 감성』, 박문사, 2017, 14면 참조.
2) 이연식, 『조선을 떠나며』, 역사비평사, 2012, 55-58면 참조.
3) 서승희, 「손소희와 해방- 해방기 여성 귀환자의 소설 쓰기와 민족 담론」, 『구보학보』 19, 구보학회, 2018, 170면.

물로 보인다.

해방공간 도시에 대한 당대 작가들의 인식은 해방기 소설에서 쉽게 찾아볼 수 있다. 이 중 본고에서 손소희와 윤금숙 작품에 주목한 이유는 두 작가 모두《만선일보》엘리트 출신의 여성작가라는 점, 둘째 두 여성작가의 작품은 그동안 '여성서사'에 초점을 맞춰 연구되어 왔기에 주목받지 못한 해방기의 '남성서사'를 함께 살피는 입체적 접근이 필요하다는 점, 셋째, 두 작가의 작품 모두 도시의 '얼굴'이 단순히 그럴듯하게 포장된 도시의 외면적인 모습만을 보여주는 것에 그치지 않고, 작품 내부에서 그려지는 도시 구성원들의 삶 속에서 도시의 민낯을 확인할 수 있게 한다는 점 때문이다. 따라서 본고에서는 해방공간의 '도시'를 중심으로 손소희, 윤금숙 두 작가의 작품에서 '도시'가 어떻게 그려지는지를 밝히는 한편 작품 속 인물들이 어떤 방식으로 '도시'의 모습에 대처하는지 등을 살펴보기로 한다.

2장에서 도시(서울)로 돌아오거나 이주한 이들이 생활고에 시달리거나 기존 도시민들에게 거부당하는 등 정착에 성공하지 못한 채 떠돌이 생활을 하게 되는 현실을 주목하여 살피도록 한다. 다음으로 3장에서는 경성과 동경, 두 도시의 화려한 외면과 더불어 그 이면에 감춰진 도시의 어두운 단면을 포착한 작품을 대상으로 삼아 이중적인 도시의 풍경을 분석할 것이다. 마지막 4장에서는 끝끝내 서울살이의 고난을 극복하지 못한 채 복수심에 휩싸인 이들을 다룬 작품을 통해 경성의 현실을 드러내는 한편 두 작가의 작품에서 다른 양상으로 수용된 '복수'의 감정을 살펴봄으로써 해방공간 속 도시의 다양한 모습들을 바라보고자 한다.

2. 서울이라는 꿈의 공간과 정착의 불가능성

1945년 해방 이후부터 1948년 사이 남한의 인구증가율은 대략 6.2% 정도로 추산되는데 이주민의 증가가 그 원인으로, 약 250만 명에 달하는 이주민은 남한 사회에서 빈곤층으로 자리 잡았고 이전부터 누적되었던 여러 사회문제를 심화시켰다.[4] 1,600만 명이 살던 남한에서 불과 1~2년 만에 약 100만 명의 일본인이 돌아가고 그 대신 약 250만 명의 귀환자와 한국전쟁 이전의 초기 월남민이 유입된 것을 보면 참으로 엄청난 변화였음을 실감하게 된다.[5] 수용국에 온전히 편입되지 못한 채 미화된 본고장에 대한 향수를 품고 귀환을 선택했으나 다시 회귀하기 어려운 현실에 부딪히는 것이다. 이 불가능한 회귀는 갑작스레 맞이한 해방에 혼란스러웠던 정치 상황, 제대로 분배되지 않은 적산 등의 경제 문제와 더불어 외부로부터 밀려 들어온 엄청난 수의 해방 귀환민들로 인해 더욱 혼란해진 현실, '귀환동포'라고는 하지만 사회 · 문화적으로 온전히 편입되지 못한 이들을 둘러싼 구조적인 문제로 인해 발생하게 된다.

손소희의 「회심」(1948.5)은 사고로 절름발이가 된 '춘삼'이 땅을 찾아 만주에서 남조선으로 이주했으나 거지로 전락하며 서울에서도 적응하지 못한 채 다시 정처 없이 떠도는 현실을 그려냈다. '수용국에 완전히 받아들여지지 않는다고 믿'게 되는 과정과 불가능한 회귀를 통해 디아스포라의 '완성되기 어려운 믿음'이 생기는 과정을 잘 보여준다. 국경을 통과해 영토 외부에서 내부로 이동하였으나 정주의 권리, 신변의 안전을 보

4) 차희정, 「해방기 소설에 나타난 귀환과 월남 이주민의 '서울' 형성과 그 인식」, 『춘원연구학보』 14, 춘원연구학회, 2019, 193면 참조.
5) 이연식, 『다시 조선으로』, 역사비평사, 2024, 13면.

장받지 못한 채 '전재민'의 신분에 오랫동안 머물러야 했던 것이다.[6] 춘삼은 '남조선'으로 향하지만 '만주'보다도 '생소한' 곳이라 막연히 서울로 향한 것인데, 영토 외부(만주)에서 내부(서울)로 이동하였지만 경제적으로나 사회적으로나 '서울'에 온전히 편입되지 못한다.

> 춘삼은 땅을 찾아 남조선을 향해 떠났고 또 남조선이란 만주보다도 생소한 곳인지라 우선 서울에 내려서 다시 갈 곳을 정한다고 장충단 공원 널판집 한 귀퉁이를 점령한 것이지만 그것도 벌써 오래되었다. 밤이 되면 그 널판쪽 위에다 어린것 셋만 재우고 자기와 아낙은 별 돋힌 하늘을 쳐다보며 두만강물과 삼팔선에 가로놓인 어느 강물을 건너오든 일을 기억에서 추려 내어 팔짜 탄식을 하며 새우잠을 잔다. 그러다가도 날이 밝기만 하면 마음 조이며 농터를 구하는 것이었으나 물 떠 놓고 하늘에 절하기요 장대로 별 따기지 누구의 밭을 누가 준다더냐고 핀잔과 비웃음만이 춘삼에게 차례질 뿐이었다.[7]

춘삼은 '장충단 공원 널판집'에서 잠시 머문다는 것이 이미 오래되었다. 이렇다 할 방책이 없었기 때문이다. 춘삼의 집안 내력에 대해서는 서술되지 않았으나 생활고로 인해 조선에서 밀려난 빈곤층이 외부 세계인 만주에서도 사정이 크게 달라지지 않았던 것을 보여준다. 고향 땅이라는 이유로 막연하게 조선으로 향한 춘삼은 향촌보다는 도시에 일거리가 더 많을 것이라는 기대를 품고 서울로 온 것인데, 서울에서도 일자리를

---

6) 이지연, 「해방과 귀환-손소희 소설에 나타난 귀환/이주 여성 읽기-」, 『이화어문논집』 61, 이화어문학회, 2023, 168면.

7) 손소희, 「회심」, 구명순 외, 『해방기 여성 단편소설 I』, 역락, 2011, 232면.

구하기 어려운 것은 마찬가지였다. 게다가 춘삼과 같은 생각으로 귀환한 이들이 너무 많았고 해방된 서울은 이미 충분히 혼란스러운 곳이었다. 그들에게 기회는 없었다.

'귀환'에 건 이주자의 기대와 희망은 '국가-없음'의 상태가 유지되는 현실 앞에서 좌절되기에 이르는데, 손소희는 여기서 발생하는 절망의 순간에 주목한 것이다.[8] 춘삼 가족은 땅을 찾아 떠났지만 "누구의 밭을 누가 준다더냐"는 핀잔만 돌아올 뿐이다. 이주민이 국가의 구성원으로 받아들여지지 않을 뿐만 아니라 영토 외부에서 온 타자로 인식되는 것에 그치고 만다. '민족'을 위시한 근대 국민국가 담론에서 '국민'의 이데올로기적 범주는 그 반대편에 민족적 타자, '비-국민'을 놓음으로써 설정된다고 할 수 있다.[9] 귀환자들은 국외에서 국내로 이동했으나 여전히 '남조선이란 만주보다도 생소한 곳'이라는 인식을 가지며 불완전한 정체성을 가지게 된다. 민족적 근원지는 조선임에도 불구하고 같은 국가의 사람들에게조차 '타자'로 치부될 뿐이다. 그럼에도 불구하고 귀환자들은 '서울'로 향한다.

> 그는 화낌에 밖으로 뛰쳐 나올 때가 있다. 그래서 종로 진고개를 걷는다.
>
> 그곳은 불빛 찬란한 거리요 눈만 살찌는 장식창이 있을 뿐 "어 춘삼이" 하고 불러주는 사람도 없는 자기와는 아무도 없는 자기와는 아무런 관련이 없는 세계가 있을 뿐이다. 한껏 해야 그저 눈으로 볼 수 있다는 것만이 자기의 몫으로 돌았다.

8) 이지연, 앞의 글, 169면 참조.
9) 이지연, 위의 글, 176면.

> 실로 서울이라는 도시는 무제한으로 사람을 흡수할 뿐 도모지 자기 같은 사람은 아른체를 안한다. 그래서 혹시 어느 시골이라도 가볼 뜻을 먹었다가도 시골 갔던 전재민들이 도로 서울로 모이는 걸 보면 그래도 큰집이 많은 서울이 나은 모양이다.[10)]

「회심」에서의 서울은 '자기와는 아무런 관련이 없는 세계'로 그려진다. '종로'는 당시 가장 번화한 거리로 화려한 거리와 장식창들이 즐비했지만 가난한 이들에게는 무관심한 도시이며 '도시는 무제한으로 사람을 흡수할 뿐'인 공허한 공간이다. 그럼에도 시골로 떠났던 전재민들이 도로 서울에 모이는 것은 시골에 간다고 한들 크게 사정이 달라지지 않기 때문이다.

> 그 후 한 달쯤 지난 어느 쌀쌀한 바람 부는 날, 그들은 기옇고 어디로인가 떠나고야 말았다. 올 때보다도 더욱 빈손이었다. 춘삼은 지팽이 하나뿐이고 아낙은 마지막 남은 춘삼이 덮었든 누덕 이불을 앞에 끼었고 딸은 소랭이를 들었다. 빌어먹으면서 가자는 것이다.
>
> 춘삼은 지팽이를 더듬으면서도 다 팔째 소란이라 했다. 떠나올 때의 패기조차 없어졌다.
>
> 그저 소곳이 또 팔째에 이끌리어 가는 비틀 걸음뿐이었다.[11)]

하지만 결국 전재민을 대표하는 춘삼과 가족은 서울살이에 실패한 채 떠나게 된다. 장애로 인해 삯짐일조차 할 수 없는 춘삼에게 서울은 기회

10) 손소희, 「회심」, 구명순 외 편, 2011, 앞의 책, 233면.
11) 위의 책, 240면.

의 땅인 동시에 기회조차 주지 않는 땅인 셈이다. 춘삼 가족은 해방기 서울의 한 일원으로 살아가고자 노력하지만 결국 궁핍하고 초라한 생활만 하다가 서울을 떠나는 귀환 실패자가 되었다. 춘삼은 떠나는 마지막까지도 '팔째' 타령을 하며 개인사적인 문제로 정착에 실패한 것이라 여기고 있는데, 실은 이 시기에 일어난 귀환과 귀환에 대한 실패는 팔자 문제가 아니라 사회 구조의 문제로 인한 것이다. 손소희는 이로 하여금 구조적 문제가 개인의 문제로 전치되는 현실을 고발하는 한편, 아둔한 귀환자들이 다시금 조선을 떠나는 해방기의 리얼리티를 구현한 것이라 할 수 있다.

손소희 「회심」이 남성 귀환자가 서울로 온전히 편입되지 못한 상황에 대한 리얼리티를 보여줬다면 윤금숙의 「불행한 사람들」(1950.2)은 '서울 식모'를 통해 남조선 출신임에도 불구하고 서울 안에서 생계유지가 어려운 상황을 그려낸다. K전무의 집에는 충청도 식모, 전라도 식모, 서울 식모가 들어오게 되었다. 이 중 충청도 식모는 색주가와 눈이 맞은 남편에게 소박맞고 친정에서 눈칫밥을 먹으며 지내다가 남편을 만날 수 있을 것이라는 기대를 안고 서울로 올라온 인물이다. 추레한 몰골의 남편과 재회했으나 재결합하지 못하고 친정에 내려갔다가 눈치가 보여 다시 상경하여 온 것이 K전무의 집이었다. 전라도 식모는 10년이 넘도록 아이를 낳지 못해 이혼 당한 소박데기였다. 두 식모 모두 평범한 가정을 꾸려 살지 못하고 서울로 흘러들어 온 인물형으로 앞서 '춘삼'과 같이 막연한 생각을 품고 상경한 경우에 해당한다.

한편 서울 식모는 남편이 있으나 남편의 벌이만으로는 생계가 어려워 식모살이를 하게 된다. 그러나 서울 식모의 남편은 서울 식모가 푼돈이라도 벌어보려 노력하는 모습에 오히려 갖은 욕설과 폭행을 하며 끌고 나간다. 그들에게 있어 서울은 정착이 불가능한 고난의 공간인 셈이다.

> "이년아, 가자. 당장 가서 치독을 앤겨 쪽 발개벗겨 내여쫓구 말어야지. 그래, 옷탐이 나서 사내도 자식도 모르는 년이 어디 베루벳드 치마나 하나 얻어 입었느냐. 화냥년같으니, 당장에 이걸……."
>
> 흡사히 미친 즘생과 같이 '예편게 생긴 것들 다들 좀 똑똑이 보아 두라'는 듯이 부릅뜬 눈을 동서남북으로 굴리며 날뛴다.[12)]

또한 K전무의 누이동생 '영옥'은 세 살 난 딸과 함께 K전무의 집에 얹혀살게 되는데, 영옥은 세 식모들이 수모를 당하는 장면을 목격하게 되면서 '제 자신이 욕을 당한 것처럼 분하고 또 슬퍼'한다. 「불행한 사람들」은 영옥을 초점 화자로 삼아 서술되는데, 윤금숙은 영옥의 생각을 빌려 당시 혼란했던 해방기 서울, 나아가 해방기 조선의 현실에 개탄한다.

> 영옥은 그들이 대문을 나서는 쓸쓸한 뒷모양에서 피투성이의 어떤 처참한 운명을 보는 듯하여 몸서리를 쳤다. 한 생명체로 테이나서 저다시노 축복받지 못할 운명을 무겁게 질머지고 이 고장에서 저 고장으로, 이 부엌에서 저 부엌으로 부평초같이 떠돌아다니며 쓰레기와 같이 천대만 받고도 살아야 하는 인생! 저들도 다같이 희비애락을 느낄 수 있는 사람일 바엔 좀 더 즐겁게 자기 생명이라는 것을 꾸려 나갈 모슨 좋은 도리는 없을 건가–[13)]

---

12) 윤금숙, 「불행한 사람들」, 구명순 외 편, 2011, 앞의 책, 537면.
13) 위의 책, 534면.

식모살이란 영옥의 말대로 '이 부엌에서 저 부엌'으로 떠돌아다니는 인생인데 서울살이를 하는 이들 역시 이곳저곳을 떠다니며 인간으로서 생활을 존중받지 못한 채 살아간다. '희비애락'을 느낄 수 있는 한 '사람'이지만 자신의 삶을 제대로 영위하기 어려운 사람들은 '쓰레기'처럼 천대만 받고 살고 있다. 「회심」의 춘삼과 「불행한 사람들」의 식모들 모두 최소한의 생존권조차 위협당하는 상황에 놓여있지만, 손소희 · 윤금숙 두 작가 모두 이들을 안쓰러워할 뿐 이렇다 할 해결책을 내놓지 못하고 있다. 손소희의 「회심」에서는 춘삼이 "팔쨰(팔자)에 이끌리어 가는 비틀 걸음"을 걸어가는 장면으로, 윤금숙의 「불행한 사람들」에서는 영옥이 "쓸쓸히 움츠러드는 마음으로 잘눅거리는 발길"로 골목으로 향하는 모습으로 작품은 막을 내린다.

3. 환락의 거리와 속물들의 향연

해방기의 수도(도시) 경성과 동경은 환락의 거리이자 유흥의 도시로 그려진다. 손소희와 윤금숙 두 작가의 작품에서도 도시의 풍경을 쉽게 찾아볼 수 있는데 이들은 대체로 화려하고 소비적인 공간으로 보인다. 손소희의 「현해탄」(1948.10)에서 현해탄은 그 너머의 일본, 동경을 배경으로 삼는다. '승헌'은 처음으로 동경에 방문해서 우연히 왜정 때 '경성 미끼 방직회사 사장'인 '미끼'를 만나게 된다. '미끼'는 '승헌'이 해방을 맞이하여 동경에 놀러온 것이라고 생각하지만 실상 '승헌'은 밀항으로 현해탄을 건너왔다. 옛날 만주로 돈벌이 떠나던 것과 같이 패전한 일본에 와서 한몫 벌어보려는 심산으로 동경에 온 것이었다. 조선의 근황이 어떠냐는 질문에 '승헌'은 "남북이 갈린 데다 주권(主權) 없는 나라의 과도기란 것이 혼란할 수밖에 더 있겠"냐는 대목에서는 작가의 시대 인식을 엿볼 수 있다.

'승헌'의 시선을 통해 당시 동경의 모습을 묘사하고 있는데 패전국이라고 하기엔 부유층들은 놀라우리 만치 패전 이전과 같은 생활을 하고 있었다. 하지만 그 반대편에는 너무나도 다른 풍경이 마주놓여 있다.

> 상점에는 잡화가 가득이 쌓여 있고 길에는 전차, 자동차, 트럭, 찝, 연이어 달리어서 어떤 때는 소음에 정신이 아찔할 때도 있었다.
>
> 승헌은 시내를 구경하면 할사록 이상스러웠다. 팔 할이나 폭격당했다는 동경이 동양에 있어서의 대도회의 면모를 훌륭히 갖추고 있다는 것은 경이에 가까운 놀라운 사실이었다. …… 동경도 어느 모텡이에 외아들을 잃은 어머니의 눈물이 있건 말건, 헐벗은 전재민이 몰려 있건 말건, 어느 구석에 인테리의 야윈 손들이 도박과 씨름하는 절망적인 불행한 노름이 있건 마건, 동경의 행진과 건설보에는 별 지장이 없는 듯 느껴졌다. 그러나 그중에도 놀라운 것은 등을 밀어 내어 전쟁터로 몰아 낸 장정들이 돌아와서 피 묻은 군복을 갈아입지도 못하고 주린 이리떼처럼 눈만 번득이면서 몰려다니는 것이었다. 그들은 대게 공습에 부모와 일가친척을 잃은 갈 곳 없는 귀환병이고 게다가 성미가 횡폭해졌다고 일반 시민에게서는 경원당하고 있다는 것이었다.[14)]

잡화가 가득 쌓인 화려한 상점의 모퉁이에는 '피 묻은 군복을 갈아입지도 못'한 패전병들이 거리를 배회하고 있었다. 가족을 잃거나 헐벗은

14) 손소희, 「현해탄」, 구명순 외 편, 2011, 앞의 책, 272-273면.

패전국의 빈자들의 모습과는 이질적인 '동경의 행진'은 기이해 보이기까지 한다. 게다가 등 떠밀려 전쟁터에 나갔다가 돌아온 가난한 군인들은 거리의 골칫거리 취급을 받았다. '승헌'은 오히려 혐오의 대상이 된 이 귀환병들에게 "동정"심이 들기도 하지만 조선인들이 당했던 수모를 생각하노라면 "증오"가 치밀기도 했다. 또 다른 한편으로는 패전병들에게 살인과 폭력을 북돋은 "원흉"에 대한 불안감을 느끼기도 한다. '승헌'이 목격한 동경의 한 환락의 거리는 단순히 빈부격차만을 보여주는 것이 아닌, 패전국의 지배층과 그들의 장기말이었던 귀환병들을 전혀 다른 양상으로 흡수함으로써 패전국의 이중적인 현실을 담아내고 있었다.

해방을 맞이해 조선으로 돌아온 전재민들은 조선 내에서 환영받지 못한 이들이다. 해방기 작품 내에서도 그들에 대한 부정적인 시선을 쉽게 찾아볼 수 있다. 이주자를 '전재민' 혹은 '전재동포'라고 표상하며 동질감을 느끼려 하던 해방기 사회 최초의 태도는 급속히 이들을 타자화하는 방향으로 나아가고 있다.[15] 동시대 작가인 김광주(金光洲)의 해방기 단편소설 「악야」(1950.2)에서는 전재민 출신인 여성 이주자 '쏘니아'가 신문 배달 아이들의 입을 통해 '양갈보'로 규정되는 것만 보더라도 당시 전재민에 대한 인식을 확인할 수 있다. 식민지배에서 간신히 벗어난 가난한 국가로 돌아온 여성에 대한 시선은 곱지 않을 수밖에 없었다.

그렇다면 패전국 일본, 그 일본의 수도 동경에서의 여성은 어떤 모습이었을까.

보도에는 치장한 여자들이 쓱쓱 활개를 치고 우리가 언제 패전국 여성

15) 김익균, 「해방기 사회의 타자와 동아시아의 얼굴 : 해방기 소설에 표상된 상해에서 온 이주자」, 『한국학연구』 38, 고려대학교 한국학연구소, 2011, 59면.

이드냐 하는 식으로 뽐내며 걷는 것이 있는가 하면 옆에다 보템이 같은 것을 끼고 가는 초라한 차림의 여자도 있다.

"저런 것들은 대개 다 '빵빵걸'이야."

하숙집 주인은 턱으로 가리키며 '빵빵걸'에 대한 설명을 한다.

'빵빵걸'이란 외인 상대의 밤의 여자를 일컬음이고 그 시세는 한 번 키스에 미국제 금시계를 받는 여자가 있는가 하면 담배 한 대에 몸을 내매끼는 여자도 있다는 것이다.

"그럼 저 돌아다니는 게 다 그렇단 말이오?"

하고 물은즉 전부는 아니지만 밤거리에 나와보면, 이 미인계가 얼마나 활약하고 있는가를 알 수 있다는 것이었다.[16)]

위에서 인용한 부분은 작품에서 지나가는 여성들을 묘사하는 부분으로, 서사에는 아무런 영향을 끼치지 않는다. 이 장면을 제외하면 승헌의 아내 외에는 여성 인물은 등장하지도 않는다. 치장한 여성들이 대개 유흥에 종사하는 '빵빵걸'이라는 대화를 통해 손소희는 당시 일본의 수많은 여성들이 미제 물건에, 혹은 외인에게 쉽게 몸을 허락한 채 타락해가는 현실을 보여주고자 했을 것이다. 특히 해방기 일본 유흥가 여성들에게 있어서 '미국제'는 새로운 자극이자 환상이었다. 일본은 패전 이후 정치, 음악, 가사노동 등 여러 방면에서 미국의 영향을 많이 받았는데 그중에서도 여성에게 있어 미국의 생활양식은 동경의 대상이었다.[17)]

16) 손소희, 「현해탄」, 구명순 외 편, 2011, 앞의 책, 273면.

17) 특히 가사노동의 부담은 패전 후 일본인에게 거의 무조건적인 동경과 모방의 대상이었던 미국인의 생활과 대조하는 방식을 통해 더욱 노골적으로 드러났다. …… 그리고 바로 그 차이가 미국 여성과 일본 여성의 지위의 차이, 생활의 차이를 낳는 원인으로 보였다. 즉, 가사로부터의 해방 여부가 여성해방과 직결되는 것으로 여겨졌던 것이다. 장인성, 이은경 외, 『전후 일본의 지식풍경』, 박문사, 2013, 177면 참조.

한편 다른 작품에서는 조선인이 현해탄을 넘어가 동경 생활을 하는 과정에서 자국 내 만큼의 사치스러운 소비는 불가한 현실을 보여주기도 한다. 「투전」(1950.4.)은 1950년 《문예》에 발표된 작품으로, '정란'과 '준식'의 결혼담이 기본 서사이다. 가부장적인 '준식'은 '정란'에게 지출내역을 '금전출납부'에 기록하게 시키고 '정란'은 '준식'의 억압에 못이겨 동경의 '스미다가와(隅田川)' 강변에서 가지고 있던 돈들을 던져버린다. 이내 금전출납부에 돈들의 행방을 무엇이라 적을지 고민하면서 집으로 돌아가서 다시금 금전출납부를 책꽂이에 꽂는 장면으로 소설은 끝난다. 단순한 서사 구조를 취하고 있는 데다가 중심인물을 제외한 '천식이', '태수' 등 나머지 인물들의 역할이 모호하고 사건의 개연성이 부족하기는 하지만 이 작품을 통해 당시 동경에서의 속물근성(snobbism) 내지는 과시적 소비를 확인하기에는 충분하다.

> 때앵 하고 벽에 걸린 괘종이 울었다. 정란은 앉은 자리에서 훌떡 일어났다. 흡사 꿈에서 깬 사람같이 그는 벽시계를 돌아다 봤다. 그의 눈엔 그 시계 바로 곁에 남편 준식의 양복과 나란히 걸린 자기의 분홍빛 나들이옷이 들어왔다.
>
> 그는 무슨 할 일을 잊고 있었던 것처럼 옷을 갈아입고 되도록 소리 안나게 창문을 닫고는 잠깐 거울 앞에 가 섰다.
>
> 거울 안에는 준식의 그 커다랗고 호화로운 책상과 그 위에 놓인 몇 개의 양서와 그 옆에 놓인 책장이 자기의 얼굴과 딱 마주서 있었다. 중에도 그 맨 끝줄에 금전 출납부가 나는 "예 있지"말이라도 하는 듯이 그 딴딴하고 알미운 모습을 거울에 비추고 있었다.[18)]

18) 손소희, 「투전」, 구명순 외 편, 2011, 앞의 책, 459-460면.

'준식'과 '정란'이 동경에서 체류하는 이유는 명확하지 않지만, 벽시계, 양복, 분홍빛 나들이옷과 호화로운 책상 등은 그들이 사치스러운 생활을 하고 있음을 보여준다. 여기서 나타나는 '준식'의 과시하고자 하는 욕망은 경성을 넘어 '동경'에서까지 이루어지고 있다는 점에서 주목할 만하다. 그러나 과시적 소비는 조선에서만 가능한 현실이었다. '준식'과 '정란'은 조선에서 2등 객실 기차를 탔지만 현해탄을 건너는 과정에서는 3등 선실을 타는 장면이 이를 암시한다. '준식'의 허세 가득한 말들을 들을 때마다 '정란'은 '준식'을 곁눈질하거나 빤히 쳐다보는데, '정란'이 '준식'의 속물근성을 인지한 것이자 실상은 '준식'의 부(富)가 껍데기뿐이라는 것을 알게 되며 "이 자화자찬의 인간상 속에 자신은 도대체 무엇인가"라는 질문으로 이어진다. 즉 '정란'은 준식의 화려한 과시적 소비의 이면에 가려진 속물성을 드러냄과 동시에 그 한계마저도 적나라하게 폭로함으로써 식민지인의 스노비즘이 도달할 수밖에 없는 종착지를 선명하게 부각시키고 있다.[19] 식민지인의 스노비즘이란 조선을 벗어나서는 그저 '텅 빈 속물근성'일 뿐이다.

게다가 '정란'은 거리에서 만난 '젊은 청년'에게 "조선은 당신들의 식민지이니까. 아마 거드럭거리든 맛의 기억이 남아 있겠"(465면)다는 말에 모멸감을 느끼며 조선을 벗어난 조선인의 스노비즘의 한계를 다시금 느끼게 된다. 이후 집으로 귀가하는 길에 '정란'은 자신이 가진 돈을 모두 강변에 던져버리고서 금전출납부에는 '낭비' 혹은 '투전' 중 어느 편을 쓸까 고민하며 귀가한다. 결국 '준식'에게는 '투전놀이'를 했다고 둘러댄다.

19) 박용재, 「속물들의 향연, 해방기 소설의 문화소비 : 손소희 「투전」을 중심으로」, 『한국어문학연구』60, 동악어문학회, 2013, 194-195면.

'정란'은 자신의 그림자를 보며 "혼의 슬픈 투신(投身)도 모르고 속없이 나대기만"(467면)한다고 혼잣말을 하는데, 기실 '정란'은 강에 돈을 던지고 싶었던 것이 아니라 '준식'과의 숨막히는 결혼생활과 '텅 빈 속물근성'에 사로잡혀 사는 동경 생활로 인해 몸을 던지고 싶었던 것이다.

윤금숙의 단편 소설 「명동 주변」(1949)에서는 도시 생활을 즐기는 이들의 모습이 드러난다. '현경'이 영어 학원에서 같이 강습을 받은 '미스 구'라는 여성은 "어여쁘고 말 잘하고 짙은 화장과 화려한 몸채림을 즐겨하는"(508면) 자유로운 도시의 여성이었다.

> 미스 구는 해방 몇해 전 E여전 음악과를 중도 퇴학하고 시인 박효운(朴曉雲)이라는 사람과 결혼을 하였는데, 해방이 되자 그는 좌익 계열의 선봉분자로 날뛰어서 아내에게 아무런 암시와 약속조차 없이 삼팔 이북으로 가 버렸다. 그 뒤에 미스 구는 남편의 실종을 슬퍼하기는커녕 도리어 앓던 이가 빠진 듯 개운한 마음이었다는 것, 형식적 처녀로 행세하니까 '어떨꾼' 하는 놈팽이 신사들이 열 손가락 모자랄 정도로 들끄여서 값진 요리만 바친다는 것, 그래서 몸은 점점 살찐 생선처럼 푸들어만 간다는 것이다.
>
> 교제 범위는 무슨 고관급으로부터 대학 교수, 모리배, 인기 남배우, 유행가수, 애송이 화가에 이르기까지 광범위하다는 것이며, 영어 강습소에도 미국인과 교제하기 위하여 필요상 부득이 나온다는 것, 나이는 현경이보다 칠, 팔 세가량 더 위라는 것 등…….[20]

'미스 구'는 "첨단적 고급 매담으로 유한층 사교계에 치마폭을 휘날"(509면)리는 인물로 도시의 생활을 즐기고 있었다. 「명동 주변」은 '미

20) 윤금숙, 「명동주변」, 구명순 외 편, 2011, 앞의 책, 509면.

스 구'를 중심으로 화려한 유흥과 사교계에 대해 상세히, 그리고 여러 부분에서 묘사하고 있다. "다이야몬드 반지"를 낀 주인 마담이 운영하는 "룸바"에 다니거나 가볍게 교제하고 '미스터 황'의 비싼 차를 얻어타서 "땐스파티"를 즐기기도 한다. '미스터 황'에 대한 묘사 역시 상당히 구체적인데 윤금숙은 이 명동 주변에서 유흥을 즐기며 살아가는 이들의 모습을 화려하게 치장한 겉모습을 통해 보여주고자 했다.

> 상당한 체중을 지닌 모양으로 의자는 그가 움직이는 대로 삐걱삐걱 소리를 낸다. 번쩍번쩍 윤이 도는 여자 구두코처럼 뾰족한 쵸코렛빛 칠피 구두, 검은 바탕에 짙은 회색 줄이 선명한 고급 양복, 노란빛과 자줏빛 문이 알록달록 교차된 넥타이, 양복저고리 윗 포켙에 삐죽이 내어민 하늘색 손수건 등…….[21)]

환락의 도시 풍경은 이렇듯 외적인 치장을 통해 더욱 화려하게 그려진다. 사교계의 큰손인 '미스터 황'은 댄스파티 이후 벌어지는 "마작모임"에 대한 얘기를 꺼내어 '현경'에게 도박을 권유하기도 한다. 하지만 산보 중에 마주친 마네쟈 차림의 "명동 뽀이", 양부인 차림의 "명동 껄"들이 으스대는 것처럼 느껴져 위축된 '현경'은 '미스 구'와 함께 '미스터 황'과 화려한 사교파티에서 어울리지만 결국에는 그들과는 다른 길을 선택한다.

> "매일 밤 도회의 찬 꿈이 서리는 이불이랍니다. 나라가 암만 건설 의욕에 불타드라도 오늘밤과 같은 사교장이 서울의 구석구석을 차지하고, 한편에는 또 야윈 몸덩어리들이 의지할 지붕조차 없어서 이렇게 떨구들 잔

---

21) 윤금숙, 「명동주변」, 구명순 외 편, 2011, 앞의 책, 512면.

다는 것을 선생님은 어떻게 보구 계십니까? 국민의 생활이 이처럼 균형이 잡히지 않구서도 이 나라가 밝아질 수 있을까요?"

…(중략)… 미스터 황은 닭 쫓던 개 지붕 쳐다보기였다. 점점 희미해지는 현경이의 뒷모습만 노리다가 탁 가래침을 길바닥에 내뱉으며,

"에익! 재수 없다. 오늘밤엔 개도 구럭도 다 잃었는걸!"[22)]

작품은 '현경'과 '미스터 황'의 갈등을 마지막으로 막을 내리는데 작품의 구성은 이렇듯 아주 간단하고 말하고자 하는 바도 명확하다. 작품은 '미스 구'와 함께 서울의 사교계를 맛보았지만 그들에게 편입되기를 거부하는 '현경', '현경'과 하룻밤을 꿈꾸며 공들이지만 실패한 '미스터 황'의 대화를 통해 해방기 도회의 현실과 문제점을 지적하고 있다. '미스터 황'은 조선의 현실에 개탄하는 '현경'의 말에 지식인으로서, 중산층으로서 아무런 문제의식과 책임감을 느끼지 못한 채 그저 가벼이 교제할 여성을 놓쳤다는 사실에만 분노하고 있다.

손소희의 「투전」, 「현해탄」에서 살펴본 동경의 모습은 패전한 국가의 수도라는 현실 속에서도 중산층에게는 여전히 화려하고 사치스러운 도시로 그려졌다. 또한 자신의 몸을 파는 '빵빵걸'들의 모습을 통해 당시 동경은 빈부격차와 성적 윤리의식이 부재한 공간이었음을 확인하였다. 윤금숙의 「명동주변」에서는 조선 내에서 정치 · 경제 · 사회적으로 여전히 혼란스러운 상태임에도 불구하고 중산층들은 나라를 바로 세우려는 문제 의식이 부재한 채 사교 파티와 도박, 그리고 가벼운 교제에 정신이 팔려 있는 모습을 확인할 수 있었다. 손소희, 윤금숙은 다소 소극적이기는

---

22) 앞의 책, 520면.

하나 작품을 통해 이 같은 현실을 고발하며 중산층의 각성을 요구하였다고 할 수 있다.

4. 복수와 애수의 무대가 된 도시

손소희의 「역류」(1949)와 윤금숙의 「들국화」(1951) 두 작품 모두 서울을 무대로 삼고 있다. 「역류」는 복수를 위해 도시로 회귀하는 서사이다. 도유사 '이 영감'은 집안의 칠대 독자인 아들 '성진'의 장례를 치르고 난 뒤 실성한 사람처럼 정신을 놓아버렸다. 이후 해방을 맞이했지만 '성진'을 죽게 한 '남가'에 대한 복수심이 가득하다.

> 대학 공부를 한다고 해서 밭을 팔고 논을 팔아 학자를 대이다 못해 나중에는 고학을 한 갸륵한 내 아들 성진이를 너희 놈들이 학병으로 나가라고 쑤셔 박이다 못해 집에 돌아온 것을 그 남가놈이 붙잡아 갔지. 구실은 좋지. 가져가서는 안 될 책 속에 또 무슨 불온한 말이 적혔다고. 이놈 도대체 무슨 말이 적혔드란 말이냐. 그래 하구 싶은 공부를 못하니 원망스러웠을 게고, 나라를 먹은 놈들을 도와서 죽으려 나가려니 안타깝고 원통할 것은 너무나 버젓한 감정이었을 게다. 그래 네 놈은 내 아들 성진이에게 그런 트집을 잡아 내지 않으면 입에 밥술이 들어가지 않고 벼슬이 오르지 않더란 말이냐. 아아, 그렇다면 진작 진작 내게 말하지. 그랬으면 내가 우리 집 터전까지라도 갈아서 같이 먹을 수도 있었으련만 그렇게 죽기 싫어하던 성진이를, 그토록 살고 싶어 하던 성진이를, 너희들은 때려서 골병을 들여

내게 돌려주다니[23]

평범한 대학생인 '성진'이 학병으로 끌려간 뒤 다시 돌아왔으나 불온 서적을 소지했다는 이유로 끌려가 모진 고문을 당한 끝에 얼마 버티지 못하고 죽은 것이다. '이 영감'은 '성진'이 죽은 이유가 "목숨이 짧은 탓도 아니요, 오직 남가가 죽인 것"(294면)이라는 생각에 매몰되었다. 이때 이 복수심은 사회나 정치의 구조적인 문제 자체를 향한 것이 아니라 오로지 '남가' 개인에게 집중되어 있다는 점에서 한계를 지닌다. 이후 '이 영감'은 고향을 떠나 서울에 올라와 이곳저곳을 배회하며 '남가'를 찾는 길에 나선다.

이튿날부터 그는 장안을 헤매기 시작했다. 처음에는 남대문에서 종로로, 종로에서 충무로, 을지로, 다음엔 남대문장, 배우개장, 화원장을 샅샅이 뒤지기 시작했다. 간혹 아는 사람도 마주쳤다. 그렇지만 그는 아는 사람에게 남가의 주소를 묻는 것도 삼가리라 했다. 혹시 미리 내통을 하여 남가가 질겁을 해서 또 도망쳐 버리기라도 하면, 천오백 리 길을 더듬고 삼팔선을 넘어온 자기의 목적은 수포로 돌아가고 말 것이 아닌가. …(중략)… 어느 때는 길가에 앉아서 남가를 만날 것인가를 점쳐도 보고, 일없는 사람들이 모여드는 공원에 가서 치운 해를 보내기도 했다. 그러는 사이에 한 달이 지났다. 그는 이제 돌아가려니 여비도 부족할 뿐더러 돌아가서 마음을 진정시킬 아무 건덕지도 없는 고향을 찾아들 생각은 꿈에도 없었다.[24]

---

23) 손소희, 「역류」, 구명순 외 편, 2011, 앞의 책, 292면.
24) 위의 책, 296면.

여기서 주목할 만한 점은 바로 이 복수의 무대가 '서울'이라는 것이다. 향촌 출신의 '이 영감'은 '남가'를 찾기 위해 막연하게 서울로 온 것인데, 넓은 서울 땅에서 '남가'라는 한 사람을 찾는 것은 어찌 보면 불가능에 가까운 일이다. 그렇게 "네 번째의 팔월 십오일이 앞으로 얼마 남지 아니한 칠월"까지 오랜 기간 동안 남가를 찾아 헤매는데 결국 '파고다 공원'에서 '남가'를 마주치게 된다. 이러한 설정은 서사를 지나치게 단순화하여 개연성을 떨어뜨리지만 이 작품이 독자로 하여금 쉽게 읽히고 흥미를 이끌어내는 데에 일조하였다고도 할 수 있다.

작품은 '이 영감'이 막무가내로 칼을 내두르지만 '남가'와 젊은이(경찰)에게 제압당하고 손목에 포승이 걸린 채 경찰서로 향하는 것을 암시하는 장면으로 끝난다. 복수를 위해 상경까지 하였으나 결국에는 실패하고 만 것이다. 이 복수의 실패는 아들의 죽음 앞에 놓인 아버지의 분노를 극대화하여 보여줄 뿐 아니라 사회적 문제로부터 기인한 문제를 그저 개인을 향한 복수심으로밖에 표출하지 못하는 문제를 지적하는 반증이 된다. 제목 그대로 「역류」하게 된 것이다.

반면 「들국화」는 대상에세 복수심과 환멸을 느끼지만 종국에는 그것을 극복하고자 하는 인물을 그린다. 「들국화」는 1951년 발표된 작품이지만 작중의 마지막 부분에서 6 · 25 전에 쓴 작품임을 작가가 명시하고 있기 때문에 해방기 작품으로 보아도 무리가 없다. 주인공 '옥경'은 "아내의 위치와 권리"(492면)를 포기하고 무료하게 지내고 있다. '옥경'과 '영실'은 7년 전 R 전문 문과에서 만나 친구가 되었는데, 둘이 함께 잡지사 좌담회에 참석했다가 젊은 시인 '한명수'를 알게 된다. '옥경'과 '영실'은 '한명수'를 사이에 두고 갈등이 빚어졌으나 결국 '옥경'이 '한명수'와 결혼하여 북간도로 떠나고 평범한 생활을 한다. 해방을 맞아 서울로 돌아왔으나 마주한 것은 전재민의 현실이었다. 한편 '한명수'는 간도 여학교의 여학생과 추문이 잦았는데 서울에 와서도 어느 무용가와 아이를 낳고 '옥경'에게 이혼을 요구하기에 이른다. '옥경'은 이러한 상황에서 불행을 느끼며 자신의 주체적인 삶을 살아가는 '영실'을 부러워한다. 하지만 '영실'은 오래 전부터 앓았던 폐병으로 죽게 되고 '옥경'은 '영실'의 무덤을 찾아 서울 미아리로 향한다.

> 진흙 구뎅이와 같이 기를 쓰고 허비적어리던 그럴수록 더 깊이 빠져 들어가기만 하든 그 생활이 뼈에 스민 옥경은 가끔 이렇게 눈에 부드치는 현실(배추 보따리 같은)로 해서 현재(미아리로 가는)를 잊고 지난날로 도루 끌려간 것이었다.
>
> 전차는 혜화동에 와 닿았다.
>
> 바로 동소문 길 옆에는 옥경이의 소학교 동창이 세탁소를 벌이고 살므로 옥경은 반가움에서 그 집 들창이라도 보아 둘 생각에 그냥 지나칠까봐 발돋움을 하며 내다보았다.
>
> 그런데 웬일인가. 한여름 지나는 사이에 세탁소 간판은 떨어져 버리고 무슨 전기공업소라는 낯선 간판이 붙어 있지 않는가.[25)]

'옥경'은 자신의 집이 있는 돈암동에서 출발하여 미아리로 향한다. 소학교 동창의 가게를 떠올리지만 이미 가게는 폐업하고 다른 가게가 들어섰다. 남편과의 관계가 소원해진 상황에서 '옥경'은 자신의 유년기를 떠올리며 스스로를 위로하지만 동창의 가게 앞에는 "웬 낯모를 아낙의 뒷모양만 우두커니 앉아"(502면)있다. "변모되고 유전하지 않으면 안 되는

---

25) 윤금숙, 「들국화」, 구명순 외 편, 2011, 앞의 책, 501면.

사람들도 마을도-나라도-있는가"(502면)하는 생각이 스쳐가는데, 이 짧은 문장에서 살펴볼 수 있듯 끊임없이 변하는 현실을 개인과 공동체, 이내 국가의 차원으로 확장하고 있다. 이는 유지되기 어려운 생활과 쉴 새 없이 변모하는 나라로 인해 빚어지는 혼란을 소극적으로나마 지적하고 있는 것이다.

한편 미아리는 서울 외곽지역으로 무덤이 많은 동네로 그려진다.

> 해방 후의 서울 거리는 마치 산월을 바라는 임신부의 배처럼 팽창할 대로 팽창하여 있지만 이곳 미아리 또한 죽은 사람의 무덤으로 산정에서부터 마을 어구까지 꽉 들어찬 것을 보는 옥경은 그 삶의 후면원리(後面原理)랄까-나날이 푸라쓰되면서 또 한편으로는 쉴 사이 없이 자꾸 마이너쓰되어가는 거역할 수 없는 조물주의 섭리를 다만 경건한 마음에서 머리 숙일 따름이었다.[26]

서울은 해방한 뒤로 돌아오는 전재민은 물론이거니와 정치 · 경제 · 사회 등의 문제로 인해 이미 팽창할 대로 팽창해버린 공간이다. 하지만 미아리는 무덤으로 가득 찬 죽은 자들의 공간이다. 이에 '옥경'은 서울로 유입되는 사람과 죽은 사람들의 가감 문제를 '섭리'로 받아들이고 있다. 들국화는 '옥경'과 '영실'의 동네에서는 무덤가에 많이 자란 꽃으로, '옥경'은 '영실'이 자신에게 들국화를 꺾어다 준 날을 떠올린다.

> "애 영실아, 넌 꼭 이 들국화같이 애달퍼 보이는구나."
>
> 라고 말하면,

---

26) 앞의 책, 504면.

"그래……. 난 차라리 들국화로나 태여났던들 얼마나 좋왔겠니……. 어머니 아버지 옆에서 살 수도 있고……."[27)]

그때 슬픔과 눈물이라는 것이 세상에 있는 줄 모르고 자라던 옥경도 지금은 고독이라는 가장 자기한테 잘 맞는 의복으로 부러진 쪽지를 감추고 이렇게 무덤을 찾는 여인이 되고 말았다.

빈부와 더부러 히비애락도 돌고 돌아 어제와 오늘- 그리고 또 내일은 어느 것이 다시 채려질는지 그 누가 사람된 자 감히 헤아릴 수 있을 건가. 유구한 세월 속에서 사람의 운명쯤 티끌만이나 하랴![28)]

'옥경'은 '영실'의 죽음을 마주하고 나서야 세상의 이치를 깨닫게 된다. 가난과 부, 희비애락의 여러 감정들이 순환하는 것이며 이는 인간의 영역에서는 "감히 헤아릴 수"도 없는 것이다. 거대한 삶의 순리에 압도되면서 이내 부정적 감정인 '고독'을 수용하게 된다. '옥경'은 '영실'의 죽음을 통해 내적 성숙을 이루게 되었다. 「역류」에서 '이 영감'은 근본적인 문제를 인지하지 못하였기 때문에 감정이 소화되지 않고 역류한 것이라면, 「들국화」의 '옥경'은 '슬픔'의 존재조차 모르게 행복하게만 살아왔으나 종국에는 순환의 원리를 깨닫고 '영실'의 죽음을 충분히 애도하게 된 것이다.

27) 윤금숙, 「들국화」, 구명순 외 편, 2011, 앞의 책, 506면.
28) 위의 책, 506면.

5. 결론을 대신하여

위 작품들에서 살펴보았듯 '경성' 혹은 '동경' 등의 도시의 얼굴들은 다양한 모습을 띠고 있다. 「회심」과 「불행한 사람들」에서는 생활이라는 꿈을 가지고 상경, 혹은 본국으로 귀환했으나 끝끝내 정착하지 못하는 모습을 통해 외부인을 온전히 편입시키지 못하는 매정한 도시의 모습을 확인하였다. 이는 개개인의 문제가 아니라 귀환자들을 정치 · 경제 · 사회적인 차원에서 끊임없이 밀어내고 있는 것으로, 해방기라는 격변의 시기를 맞이한 수도 '경성'의 도시적 특성이라 할 수 있다.

「현해탄」, 「투전」을 통해서는 패전 이후의 동경의 모습을 확인할 수 있었고, 「파탄」, 「명동주변」을 통해 경성의 모습을 비교하는 과정에서 혼란스러운 상황에서도 화려한 도시에서 향락을 즐기는 생활에 대해 살펴보았다. 이는 동경, 경성 두 도시의 이중성을 보여준다. 손소희의 「현해탄」에서는 동경 그 자체의 사치스럽고 타락한 이면을 포착하였다면, 「투전」에서는 속물 근성만 남아버린 조선인의 동경생활을 그려낸 것이다. 한편, 윤금숙의 「명동주변」에서는 중산층의 화려한 사교 문화를 무대로 삼아, 향락의 생활에 대한 경계와 중산층의 각성의 메세지를 확인할 수 있다.

마지막으로 「역류」와 「들국화」에서는 개인의 슬픔이 각기 형상화되는 양상이 다르다는 점을 포착하여 '이 영감'의 개인 차원에서 행해지는 복수극의 한계를, '옥경'의 삶의 순환성에 대한 깨달음을 통한 내적 성숙을 살펴보았다.

도시의 모습과 형태는 다양하다. 특히 해방기의 혼란스러운 상황에서 도시의 모습은 각 개인의 시선에서 다르게 보이며, 각 계층의 관점에서도 다르게 보인다. 중산층에게는 사교와 타락의 무대가 되지만 하층민에게는 생존권을 위협받는 무정한 도시로 인식된다. 그렇기 때문에 도시의 모습, 특히 해방기라는 격변의 시간 속 도시 공간을 조금 더 입체적으로 조망해볼 필요가 있다. 이렇듯 본고에서는 손소희, 윤금숙 두 여성 작가가 그려낸 도시의 얼굴들을 살펴보았다. 두 작가는 현실을 예리하게 포착하여 작품을 통해 문제를 제기하는 한편, 고통과 상처로 점철된 당대 사람들을 위로하며 앞으로 나아갈 방법을 제시하였다. 해방기라는 특수성, 특히 도시 공간이라는 혼란스러운 현실 속에서의 문학이 수행할 수 있는 역할을 보여주는 것이라고 할 수 있다.

해방기 여성 예술가 박노경과 '여인소극장'의 번역극 실험

김미지

1. 잊힌 이름, 잃어버린 역사

해방기 연극 운동사에 분명한 족적을 남겼으나 단명한 탓에 크게 조명되지 못한 극단 가운데 '여인소극장'이 있다. 그동안 '여인소극장'은 연극사에서 '이화여대 출신의 여성들만으로 이루어진', '번역극 위주의' 극단으로서 종종 언급되곤 했는데,[1] 1948년 중반에서 1950년 초까지 만 2년 동안 일곱 차례의 공연을 무대에 올린 이 극단과 극단의 주역들에 대해서는 충분히 고찰된 적이 없다. 특히 이화여대 교수로서 제자들과 극단을 만들고 연출가로 활동한 박노경의 생애와 행적은 종합적으로 접근되지 못하고 파편적인 흔적들로만 남아 있는 실정이다. 극단 운영과 대본

1) 해방기 문화 건설 운동의 한 양상으로 등장했던 소극장 운동 가운데 하나로 '여인소극장'을 소개한 논저는 다음을 참조. 차범석, 『한국소극장연극사』, 연극과 인간, 2004, 71, 74면 ; 박용구, 『20세기 예술의 세계』, 지식산업사, 2001, 121면 ; 신정옥, 「미국희곡의 한국이식 과정에 관한 연구」, 한국연극학회 편, 『한국연극학』, 새문사, 1985, 120~121면.

번역에 함께 참여한 영문학자이자 박노경의 남편인 오화섭(1916~1979)의 경우에는 오랫동안 극계와 영문학계에 남긴 업적과 자료가 풍부한 반면, 박노경은 1950년 한국전쟁 중에 사망했기 때문에 자료의 부족과 접근의 한계가 뚜렷하기 때문이다.

이 글은 최대한 당대의 자료들을 수집하고 재구성하여 해방기 여인소극장의 활동과 박노경의 행적을 재구성하고, '번역극 운동'이라는 한정된 역할 속에서 이 극단이 무엇을 지향했으며 또 어떻게 좌절했는지 밝히기 위한 목적으로 쓰였다. '이화여대 출신', '영문학 교수'라는 타이틀이 말해주듯 지극히 엘리트적 문화 실천으로 보이는 면이 있지만, 당시에 등장한 여러 비주류 문화운동 가운데 하나로서 종합적으로 고찰해 봄직하다. 특히 이 글에서는 이 극단의 제3회 연극 〈라인강의 감시〉를 둘러싼 논란과 담론을 집중적으로 살피면서 여인소극장의 실험의 의의를 찾고자 하는데, 그 이유는 이 작품의 수용에 관한 자료가 다른 어떤 작품의 경우보다 풍부하게 남아 있기 때문이다. 이 작품은 브로드웨이 연극을 영화화한[2] 최신 미국 영화로 먼저 1946년 해방기 한국에 소개된 뒤 1949년 '여인소극장'을 통해 연극 무대에 올려지고, 초연 당시 이 희곡을 번역한 오화섭에 의해 1950년 희곡집이 발간됐다. 즉 한국에서 이 작품의 수용 과정은 영화-번연극-희곡 출간으로 이어지는 경로를 보여준다는 특색이 있다.

〈라인강의 감시〉의 원작자는 미국의 유태계 여성 극작가 릴리안 헬먼(1905~1984)으로 반나치 반파시즘을 기조로 한 희곡과 시나리오를 다

2) 〈라인강의 감시〉는 1941년에서 42년까지 브로드웨이에서 378회 공연되고 뉴욕 드라마 비평가협회 상을 받을 만큼 큰 호평을 받은 작품이다. 곧이어 1943년 할리우드에서 동명의 영화로 만들어졌다.

수 남긴 대표적인 20세기 여성 작가이다. 〈어린이의 시간*The Children's Hour*〉(1934), 〈작은 여우들*The Little Foxes*〉(1939), 〈라인강의 감시 *Watch on the Rhine*〉(또는 〈라인강의 파수꾼〉)(1941) 등의 희곡을 비롯해 오페라 대본 〈캉디드*Candide*〉와 시나리오 〈다락방의 완구들*Toys in the Attic*〉 등 수많은 작품을 남겼으며, 홀로코스트를 배경으로 한 영화 〈줄리아*Julia*〉의 원작이 된 회고록 〈펜티멘토*Pentimento*〉(1973)의 저자이기도 하다. 1930년대 말 한때 공산당원으로 활동한 것으로 알려진 그녀는 "30년대 대공황 시대에 정치를 배우고 미국에 영웅이 필요했던 2차 세계대전 중 유명 극작가이자 영화각본가가 되었으며, 50년대 초 매카시즘과의 투쟁에서 능력을 인정받"[3]았으나, 종종 정치적 입장, 여성주의에 대한 태도, 회고의 신빙성, 예술성과 상업성 등 여러 국면에서 매우 논쟁적이고 모순적인 인물로 평가되기도 한다. 회고록에서도 허구를 지나치게 많이 섞었다거나, 위선적인 거짓말쟁이라는 악의적인 평가를 받기도 했던 것이다.[4]

그간 한국에서 그리 익숙하지 않았던 릴리언 헬먼이라는 이름은 최근 2024년 9월에 그녀의 대표작 중 하나인 〈작은 여우들〉이 부산에서 초연되면서 새삼 눈길을 끌었다.[5] 경성대학교 이기호 교수의 연출로 9월 5

3) Alice Kessler-Harris, *A Difficult Woman: The Challenging Life and Times of Lillian Hellman*, Bloomsbury Press, 2012, p.2.

4) Ibid., pp.3~4. Kessler-Harris의 이 책은 릴리언 헬먼에 대한 상반된 평가 즉 시대의 우상과 추악한 거짓말쟁이라는 간극을 20세기 역사와의 관계 속에서 조망하면서, "한 여성의 삶을 통해 어려운 세기의 중요한 모순을 이해"하고자 한다.

5) 「미국 휩쓴 연극 '작은 여우들' 부산 초연」, 『부산일보』, 2024. 9. 2. 한편 영문학 분야에서 릴리안 헬먼의 작품을 다룬 연구로는 김영달(1993, 1997), 강관수(2001, 2004), 정효숙(2003, 2021), 이희정(2004), 김진(2005), 주승혜(2012) 등이 있다. 자세한 서지 사항은 참고문헌 참조.

일부터 10일까지 경성대 예노소극장에서 한국전쟁 이후로는 처음 헬먼의 극이 국내에서 공연된 것이다. 사실 한국전쟁으로 좌절되기는 했지만 〈라인강의 감시〉에 이어 이 '여인소극장'이 후속작으로 준비했던 것이 바로 최근 초연된 〈작은 여우들〉(당시 공개된 제목은 〈여우〉)이었으니, '여인소극장'의 기획이 75년 만에 비로소 명맥을 다시 이은 셈이기도 하다.

물론 2차 세계대전 중 미국을 배경으로 반나치 투쟁을 그린 〈라인강의 감시〉가 해방기에 수용된 것은 크게 보아서는 '미군정 시기 미국 문화의 침투'라는 맥락 속에 놓여 있는 것이기도 하다. 미국영화와 연극이 미군정의 영향력 아래 선별되어 '미국의 이데올로기'를 전파하는 수단으로 기능했다는 점도 간과할 수 없는 문제이기 때문이다. 선행연구들에 따르면 해방 이후 특히 한국전쟁 이후 미국 연극은 전체 번역극의 절반 이상을 차지할 정도로 큰 비중을 차지했고, 주로 미 공보부의 후원 아래 미국식 자유민주주의와 휴머니즘을 주제로 한 작품들이 전파됐다.[6] 그러나 중요한 것은 그럼에도 불구하고 당시에 소극장 운동 및 여성문화 운동이 싹트고 또 명멸하는 가운데 새로운 문화 건설의 욕구와 실천이 분출했다는 점이다. 그런 점에서 좌우익의 첨예한 대립이라는 해방기의 시대 상황 속에서 이로부터 일정한 거리를 둔 채[7] 여성들만의 무대를 최초로 실험한 박노경과 '여인소극장'의 시도는 그 자체로 주목해 볼만한 텍스트

6) 우수진, 「미국연극의 번역공연과 '아메리카'의 상상 -유치진의 미국연극 수용을 중심으로-」, 『한국극예술연구』 39, 한국극예술학회, 2013 ; 심혜경, 「해방 조선에서 할리우드 전기 영화의 수용」, 『현대영화연구』 11권 3호, 한양대학교 현대영화연구소, 2015 참조.

7) 물론 1948년 남한 단독정부 수립 이후 남한에서는 좌익의 우세에서 우익의 우세로 역전되면서 극운동 또한 우파 연극운동이 헤게모니를 장악하는 수순으로 나아갔다는 점에서(이승희, 「해방기 우파 연극의 헤게모니 획득과정 연구」, 『한국극예술연구』 21, 한국극예술학회, 2005), '여인소극장' 역시 그 자장 안에 놓여 있는 것으로 이해할 수 있다.

이자 현상이라고 판단된다.[8]

따라서 이 글에서는 우선 그동안 제대로 조명된 적 없는 여성 연출가 박노경의 해방 이전부터 이후까지의 행적을 최대한 추적해 보고, 박노경과 '여인소극장'의 실험을 〈라인강의 감시〉를 중심으로 고찰하면서 해방기 연극 및 영화 수용의 한 장면을 재구성해 보고자 한다. 그 과정에서 당대의 비평 장 및 연극과 영화의 향유를 둘러싼 담론의 이념 지형 및 젠더의 역학 역시 드러나게 될 것이다. 이를 통해 그동안 충분히 조명되지 않은 해방기의 수많은 실천가들을 적극적으로 발굴하고 당대의 담론 지형을 그려 나아가는 데 하나의 기여를 할 수 있기를 기대한다.

2. '새로운 극운동의 혁명가'를 꿈꾼 연출가 박노경

현재 박노경(朴魯慶, 1912~1950)이라는 인물에 대해 비교적 상세히 접근할 수 있는 공식적인 통로는 한국영화데이터베이스의 '연출가 박노경' 항목이 거의 유일하다. '한국영화인 정보조사' 가운데 하나로 작성된 이 자료는 연극 영화계에서 그녀의 주요 경력을 그녀 생전의 신문 기사 자료들(『경향신문』, 『동아일보』, 『서울신문』 등)과 영화 잡지(『영화월보』), 그리고 장녀인 오혜령 극작가, 장남 오세철 연세대 명예교수의 인터뷰 등을 통해 정리한 것이다.

---

8) 한국근현대연극 100년사 편찬위원회, 『韓國近現代演劇 100年史』, 집문당, 2009에서는 해방기(1945~1950) 연극을 크게 좌익 사실주의극과 우익 사실주의극으로 나누는 가운데 '여인소극장'은 이 둘 모두에 해당되지 않는 것으로 위치시키고 '최초의 여성 연출가'로서 박노경의 실험에 의미를 부여한다(133면 참조).

그녀가 연극 영화인으로 분류될 수 있는 것은 와세다대학 유학생 시절인 1937년 '동경학생예술좌' 단원으로 활동하며 연극 〈춘향전〉에 주연으로 그리고 안철영이 연출한 영화 〈어화(漁火)〉에 주연으로 출연한 이력에서 출발한다.[9] 그녀의 연기는 그다지 호평을 받지는 못했다고 전해지며 영화계에서나 배우로서의 이력은 더 이상 확인되지 않는다. 한국영화데이터베이스의 정보 역시 배우이자 연극 연출가로서 사실 확인 수준에서 머물러 있고 "해방 전까지의 행적은 잘 알려져 있지 않"다고 간단히 기술되어 있을 뿐이다. 그런데 당대의 신문 잡지 자료 및 증언들을 검토해 본 결과 그녀가 이화여전을 졸업한 이후 또는 영화 및 연극계 활동으로 나아가기 이전 행보에 대해 알 수 있는 정보들이 다수 남아 있음을 확인할 수 있었다. 또한 박노경이 직접 집필하고 발표한 텍스트 역시 적게나마 남아 있어 해방 이전의 행보와 일종의 전사를 대략이나마 재구성볼 수 있을 것으로 보인다.

박노경은 1936년 이화여전 문과를 졸업하고 일본 와세다 대학 영문과에서 수학한 뒤 귀국한 것으로 알려져 있는데, 이화여전 졸업 직후 즉 유학에 오르기 전 문학에 뜻을 두고 기자생활을 했던 것으로 확인된다. 다음 윤석중이 쓴 '문단이면사'에 뜻밖에 박노경의 이름이 등장한다.

> 춘원이 우리 집에 다녀간 뒤 방문기를 쓴 일이 있는데, 다음은 그 한 대

9) '박노경', 한국영화데이터베이스(KMDB). 안철영의 영화 〈어화〉는 러시아영상자료원과 중국전영자료관에 보관되어 있던 것으로 1930년대 장편 극영화 가운데 온전한 형태가 남아 있는 매우 희귀한 필름이라 한다. (https://www.kmdb.or.kr/db/per/00041323)
'어화', 한국영화데이터베이스(KMDB).
(https://www.kmdb.or.kr/db/kor/detail/movie/K/00132)

목이다. "나와 함께 간 노천명, 박노경 두 분과 내 8세아 영근이, (…) 유쾌하던 두 시간 반."

노천명 박노경 두 분은 이화전문 출신으로, 노천명은 시로 이름을 날렸고, 박노경은 춘원을 사숙하는 문학소녀로 글씨까지도 그를 닮아 갔었다(그는 극작가 오혜령의 어머니로 여인소극장 대표였는데 6 · 25 때 돌아갔다). 1년을 채 못 넘겨 〈소년 중앙〉 이 없어진 뒤 〈중앙〉 이라는 종합 잡지를 최영주, 박노경과 마주앉아 조그만 편집실에서 사이좋게 맡아 보았다.[10)]

이화전문 출신 노천명, 박노경과 함께 춘원 이광수가 자신의 집을 방문했던 일을 회고한 이 대목에서 윤석중은 노천명을 "시로 이름을 날"린 여성 그리고 박노경을 "춘원을 사숙하는 문학소녀"로 지칭한다. 이 글에 따르면 윤석중이 『소년중앙』 폐간 이후 잡지 『중앙』을 편집하던 시절 박노경이 최영주와 함께 이 잡지의 기자로 일했음을 알 수 있다. 그는 또한 같은 글에서 "『중앙』 편집실은 서울 안 문인들의 사랑방이나 다름없었다"[11)]고 적고 있어 이곳에서 문인들과의 교류가 적지 않게 이루어졌으리라 짐작해 볼 수 있다. 아쉽게도 『중앙』이 1936년 얼마 지나지 않아 정간을 당하게 되면서 박노경의 『중앙』 기자 시절은 오래 지속되지 못한다.[12)] 이 시절 그녀의 이름으로 발표된 글이 몇 편 확인되는데 먼저 이화여전 졸업과 함께 쓴 「양말」이라는 꽁트가 눈길을 끈다. 잡지 『중앙』에서 1936년 3월호 특집으로 '금춘졸업생 졸업작품집'이라는 기획을 선보이면서

10) 윤석중, 「아동문학 주변」, 김동인 외, 『한국문단이면사』, 깊은샘, 1983, 193면.
11) 윤석중, 위의 글, 194면.
12) 정진석, 『인물 한국 언론사: 한국 언론을 움직인 사람들』, 나남 출판, 1995, 298면.

보성전문, 연희전문, 이화여전 등 전문학교 졸업생들의 글을 다수 수록했는데 그 가운데 박노경의 작품이 실렸던 것이다.

꽁트 「양말」의 주인공은 여학교 4학년 학생 '영난'이다. 그녀는 Z부인(아마도 여학교 선생인 듯하다)의 구멍 난 양말을 지난 4년 동안 기워주며 푼돈을 버는 소위 아르바이트를 하고 있는데, 이날 아침 따라 Z부인은 '신을 양말이 없다'고 투정을 부리며 영난을 질책한다. 이에 쌓인 양말을 받아들고 바느질을 하면서 서러움과 분노 그리고 증오와 비애를 느끼는 것이 이 콩트의 내용이다. 동정이라고는 없는 Z부인이나 자신을 동정하는 M부인이나 한가지로 미운 생각이 든다는 심정, 자신은 어디 분풀이할 사람도 없어 서럽다는 한탄 등 솔직한 심리가 잘 표현되어 있다. 자신의 경험담이 녹아 있는지는 알 수 없으나, 이 짧은 글을 통해서도 박노경의 창작의 욕구와 내면의 역동성을 충분히 엿볼 수 있다. 이 외에도 『조선중앙일보』에 실린 「북한(北漢)의 하루」라는 글이 있는데, 현재 (상)편만 확인된다. '박선생'이라고 불리는 필자가 남녀 학생들과 북한산을 등반하는 이야기를 담은 것이다. 이 외에 박노경이 이설(李雪)이라는 필명으로 프랜시스 호지슨 버넷 원작의 〈소공녀〉를 번역했다는 기록이 있기도 하다.[13)]

박노경이 해방 이전 남긴 글 가운데 마지막으로 확인되는 것은 유럽과 미국 순회공연을 마치고 돌아온 최승희를 인터뷰한 기사이다. 『조광』 1941년 1월호에 실린 「춤의 구미순례 마치고 도라온 최승희와의 회견기」가 그것으로, 필자는 '재동경 박노경'이라고 표기되어 있다. 이 '회견기'의 내용은 주로 순회공연에서 만난 구미 관객들의 반응, 서양 각국에

13) 최덕교, 『한국잡지백년』 2, 현암사, 2004, 281면.

서 느낀 특별한 인상, 최승희의 향후 계획과 포부 등에 관한 것이다. 여기서 여성 인터뷰어와 여성 인터뷰이는 모두 구미 여성들의 생활과 각기 다른 특징에 깊은 관심을 드러내고 있다. 예를 들면 프랑스 여성들은 생각보다 훨씬 검소하고 배울 점이 많다는 것, 미국 여성들은 거침없는 활기가 두드러지며 '여존남비'가 지나칠 정도로 투철해 보인다는 것 등의 내용이 상세하게 기록되어 있다. 1940년 12월 말 도쿄의 제국호텔에서 이루어진 이 인터뷰를 마치며 박노경은 최승희와 그녀의 예술에 대한 자신의 찬사를 다음과 같이 길게 덧붙이며 글을 마무리한다.

> 삼년전의 몇배가 젊어 돌아온 이땅의 미의 권화(Incarnation de Beaute) 최승희 여사는 마음조차 활짝 펴진 감이 있다. 자기 자신이 의도하는 것 이상으로 믿음직한 장래가 보여지는 것 같다. 그는 세계무대에서 우리의 예술을 자랑시켰다. 그리고 또 훌륭한 찬사를 애낌없이 받지 않었는가. (중략)
>
> 예술이란 언제나 영구성을 가졌기 때문에, 참된 가치는 그 시기가 빨리 오거나 더디 오거나를 물론하고 높이 솟아나는 것이다. 이 점으로 보아 우리 최여사의 '오리지날'인 예술성은 세계에서 혜성처럼 빛나고 있다. (중략)
>
> 우리는 최여사가 그 유니-크한 예술로 말미암아 이 세기에 한 에포-크를 지어놓은 것을 진정 기뻐해야겠다.[14)]

이 글의 주인공인 최승희라는 존재 그리고 그의 예술적 성과와 세계적 의의를 박노경은 "이 땅의 미의 권화(화신-인용자)", "세계에서 혜성처

---

14) 재동경 박노경, 「춤의 구미순례 마치고 도라온 최승희와의 회견기」, 『조광』 제7권 제1호, 1941. 1, 156~163면.

럼 빛나"는 "'오리지날'인 예술성", "이 세기에 한 에포-크를 지어놓은" "유니-크한 예술" 등의 화려한 수사로 장식한다. '영구성'을 가진 불멸의 예술에 대한 필자의 지향과 창작자로서 표현 욕망이 이 화려한 문장들 안에 도사리고 있다.

박노경의 해방기 활동은 뒤에 살피겠지만 '여인소극장'과 운명을 같이 한다. 그는 해방기 연출가로서 이외에도 신문 잡지를 통해 문필가로서 필력을 몇 차례 발휘한 적이 있다. '여인소극장' 활동과 별개로 이 시절 쓴 글 가운데는 거짓으로 속여서라도 '남북통일'이라는 신문 호외를 발간해보고 싶다는 간절한 소망을 피력한 글,[15] 자신이 '가장(家長)이라면' 어떻게 할 것인가를 묻는 『부인신문』의 설문에 대한 기고문 등이 있다. 특히 『부인신문』에 실은 글에서 박노경은 여성 예술가로서 고충을 '내가 남자라면'이라는 가정과 함께 풀어내고 있어 흥미롭다.

> 나는 남자가 되어서 가장이 되느니보다는 지금의 여자가 더 좋습니다. 내가 남자가 되고싶다는 한 이유로써는 남자는 여자보다 좀 많은 능력을 갖었다는 점입니다. 나는 가정을 갖이지 않겠습니다. 다만 새로운 극운동을 언제까지나 최후목표까지 추진식히고 싶어요. 남자로써 집안살림까지 돌보기에는 너무나 시간의 여유가 없습니다. 책읽고 공부할 시간이..!
>
> 나는 가장으로 처자를 양육하고 편안이 사느니보다는 새로운 극운동의 혁명가가 되고 싶습니다. 집도 없고 안해도 없고 자식도 없이 다만 새로운 극을 추진 발전식혀 조국문화확립에 이바지하고 나의 마음 먹은 바를 완수할야합니다.[16]

---

15) 박노경(朴魯慶), 「호외(號外) '남북통일'-속이고라도 싶은 말」, 『민성(民聲)』, 1949. 3.
16) 박노경, 「신춘문답(新春問答), 내가 가장(家長)이라면!」, 『부인신문』, 1950. 1. 13.

이 글에서 박노경은 자신이 남자라면 '남성으로서의 특권의식을 일소하겠다'는 의견과 함께 아내는 밥짓고 빨래하는 일꾼이 아닌 '동무' 즉 동반자여야 함을 강조한다. 그러나 정말 하고 싶었던 말은 자신이 남자라면 '가정을 가지지 않겠다'는 것인 듯하다. 그 이유는 집안 살림까지 돌보며 책 읽고 공부할 시간적 여유가 없기 때문인데, 이는 곧 역으로 자신과 같은 당시 여성들이 처한 상황을 그대로 되비춘 것이라 할 수 있다. 그렇다면 자신이 정말 하고 싶은 일은 무엇일까. 그녀는 이 비현실적인 가정(假定)을 빌려 "새로운 극운동의 혁명가"가 되어, "조국문화확립에 이바지하고" 싶다는 소망을 거침없이 피력한다. 1950년 벽두에 쓴 이 글에서 지난 몇 년의 시간 동안 자신이 헌신한 '여인소극장' 활동이 어떤 의미인지를 되돌아보는 의미도 담고 있다고 볼 수 있다. 한 때 '문학소녀'로 불렸던 그녀는 해방기라는 새로운 가능성의 공간에서 예술 세계의 '혁명가'를 꿈꾸고 있었던 것이다.

한국전쟁과 함께 막을 내린 박노경의 짧은 삶은 선구적 여성 예술가의 비운의 역사에 또 한 페이지로 남게 되었다. 그런데 박노경의 죽음에 대해서 서로 엇갈리는 증언들이 공존하고 있어 마지막으로 언급해 둘 필요가 있다. 그동안 장녀인 극작가 오혜령과 제자 이병복 그리고 여러 극계 인사들은 그녀가 6·25 당시 정확히는 9·28 서울 수복 당시 "집에서 폭격에 맞아 타계"했다고 증언한 바 있다.[17] "9·28 때 북아현동에 살다 인민군 유탄에 맞아" 세상을 떠났다는 증언도 대동소이하다.[18] 그런데 그녀가 좌익 활동을 한 사회주의자였다는 이유로 '국군에 의해 총살당했다'

---

17) 서연호, 앞의 글 참조.
18) 이정식, 『여운형: 시대와 사상을 초월한 융화주의자』, 2008, 720면 참조.

는 완전히 다른 서사 또한 존재한다.[19] 그녀가 남로당이었다거나 좌익 활동을 했다는 사료적 증거는 발견되지 않은 것으로 보이며 따라서 "좌파 지식인 박노경"[20]이라는 언급이 어디서부터 출발한 것인지는 신중하게 접근할 필요가 있다. 분명한 것은 그녀가 여성들만의 힘으로 여성이 목격한 세계를 소극장 운동과 번역극의 형식으로 풀어내고자 한 매우 드문 선구자이자 모험가였다는 사실이다. 다음으로는 박노경과 여인소극장의 해방기 연극 실험을 검토해 보면서 특히 〈라인강의 감시〉를 둘러싼 담론의 의의를 짚어볼 것이다.

3. 여성들만의 극단 '여인소극장', 도전과 타협의 갈림길

'여인소극장'은 앞에서 언급했듯이 1948년에서 50년 한국전쟁 발발 전까지 2년 남짓한 기간 동안 총 일곱 편의 외국 작품을 번역극으로 선보였다. 창단 공연은 주더만(Hermann Sudermann)의 〈고향〉[21]으로 1948년 10월 3일 서울 명동의 시공관(市公館)[22]에서 막을 올렸다. 그리고 2회 공

---

19) 주로 장남인 오세철 교수에 의해 주장된 내용으로 그는 자신의 부모인 박노경 · 오회십 부부가 사회주의자였다고 믿으며, 자기 자신 사회주의로 자처한 바 있다. 「연극 '반도체소녀' 출연 '사회주의자' 오세철 교수」, 『위클리서울』, 2010. 12. 20 ; 「오세철 교수는… 27세 때 최연소 연대 교수… 87년 이한열 사망 계기로 "실천 마르크스주의자"」, 『중앙SUNDAY』, 2012. 7. 8.

20) 한국근현대연극 100년사 편찬위원회, 『한국근현대연극 100년사』, 집문당, 2009, 133면 참조.

21) 주더만은 19세기 말에서 20세기 초 독일(동프로이센)의 극작가로 귀족사회의 모순을 고발하며 시민의 자유를 옹호한 작가로 유명하다. 1893년 작품인 〈고향〉은 귀족계급의 허위를 폭로한 작품이며 이밖에 〈명예〉, 〈소돔의 최후〉 등이 있다.

22) 1936년 일본인 이시바시(石橋良祐)가 명동에 세운 극장으로 해방 전의 명칭은 메이

연에서 입센의 〈인형의 집〉을 선택하여 대성황을 이루었다고 전해지며,[23] 3회 〈라인강의 감시〉(헬먼 작), 4회 〈명일의 세계〉, 5회 〈깊은 뿌리〉(이상 미국 뒤쏘와 까우[24] 작), 6회 〈매미는 껍질을 벗다〉(중국 차오위(曺禺) 작), 7회 〈오셀로〉(셰익스피어 작)로 이어진 뒤 한국전쟁의 발발과 함께 여인소극장 시대는 막을 내리게 된다.

이화여대 영문과 교수 박노경이 당시 이화여대 학생들이었던 문설이(이병복, 후에 자유극장 대표), 황경운, 조갑주, 김세영, 윤희열 등과 함께 만든 여인소극장은 모든 구성원이 여성들만으로 이루어짐으로써 시작에서부터 "기성 연극단체에 대한 비판과 도전"으로 받아들여졌으며[25] "신극운동에 있어 극단의 이채"[26]로 불리기에 손색이 없었다. 여기에 때로는 "색시들만의 연극운동, 이건 정말 명동 거리에 새로운 꽃바람을 일으키는 사건"[27]이었다는 식의 호기심과 폄하가 뒤섞인 회고가 덧붙여지기도 했다.

당시 소극장운동은 "기성연극의 피상적이고도 주먹구구식의 유형적

지좌(明治座)이다. 여인소극장이 올린 다섯 편의 연극이 이곳에서 공연되었다.

23) 「여인소극장공연 인형의집 대성황」, 『경향신문』, 1948. 12. 26. "본사 후원으로 지난 이십삼일부터 서울 시공관에서 막을 연 여인소극장 제2회 공연 〈인형의 집〉은 날마다 대성황을 이루고 있는데 오는 26일까지 계속 공연할 터이며 날마다 밤과 낮 두 번식 막을 연다."

24) 제임스 가우('까우')와 아놀드 두쇼('뒤쏘')가 어떤 작가들인지에 대해서는 확인이 되지 않는데 당시의 기사에는 "미국의 신인작가"(「명일의 세계(여인소극장)」, 『동아일보』, 1949. 7. 17)로 소개되고 있으며 헬먼과 마찬가지로 반나치 반파시즘을 표방한 것으로 알려져 있다.

25) 차범석, 앞의 책, 71면. 차범석은 이화여대 출신의 여성들만으로 극단을 꾸린 이유에 대해 이 외에도 이화여대의 동창생을 주축으로 한 고정관객의 확보와 후원이 하나의 이유였으리라 추측한다.

26) 「여인소극장 공연」, 『조선일보』, 1949. 3. 29.

27) 이봉구, 『그리운 이름 따라-명동 20년』, 지식을 만드는 지식, 2014, 66면.

연기"를 극복하고 새로운 시대의 연극을 창조한다는 신선한 시도로 받아들여졌다.[28] '여인소극장' 역시 그러한 시대 분위기와 바람 속에 탄생한 것임은 분명하지만 오직 여성들만으로 이루어졌다는 점, 게다가 여대를 갓 나온 신인들의 신생 극단이었다는 점은 아마추어리즘으로 매도될 수 있는 조건이기도 했다. 물론 이는 양면적인 것이기도 해서 "이대를 갖나온 발자하기가 은어같은 여성들을 모아다가 코를 붙이고 탈을 씨이고 남장을 시켜서"[29] 시작한 것 자체가 무리수라는 평가와 더불어, 동시에 "'여성의 길'을 체계화하여 정면으로 추구"하며 "여성문제를 대담하게 육박"[30]하기 시작한 극단이라는 기대와 성원 또한 함께 따라 나왔다. 문제는 바로 남녀 배역 할 것 없이 모든 역할을 여성들이 전적으로 담당한다는 것이 늘 논란을 피하기 어려웠다는, 아니 좋은 비난의 구실이 되었다는 점이다. "'남형(男形)'이라는 비생리성"[31]이 문제라거나 '정상방법'을 벗어난 것으로 치부되기도 하고, "일종의 쟈날리스틱한 호기심과 동정"[32]의 대상이 될 뿐이라는 지적이 뒤따랐던 것이다.

〈그림 1〉 '여인소극장' 제 2회 공연 〈인형의 집〉 실황(1948. 12.26.)

---

28) 차범석, 앞의 책, 72면.
29) 용구, 「극평, 음악가와 연극과-라인강의 감시를 보고」, 『조선일보』, 1949. 4. 6.
30) 위의 글.
31) 유한철, 「연극 평, 여인소극장 '라인강의 감시'를 보고」, 『자유신문』, 1949. 4. 8.
32) 박영, 「명일의 세계(여인소극장)」, 『동아일보』, 1949. 7. 17. 이 글은 여성들만의 극단

이 문제에 관해서 얼마나 세간의 입방아가 심했는가는 시인 정지용의 다음과 같은 글이 잘 전해주고 있다.

> 지난해 8월에 여인소극장이 창립되었스니까 아직 1년이 차지못햇다. 벌서 제3회공연을 보게되었으니 가지가지 곤란한 조건에서 무던히 애를 썻다. 남자는 살기가 죽을 지경에 여자끼리의 극단을 유지한다는 것이 얼마나 어려운 일인지 연극에 상관업는 나도 몹시 고생들하여온 사정은 보아서 안다. (중략)
>
> 좁은 산골에 말성은 바다와 가치 시끄럽다. 여기서 여자는 죽지를 펴고 살어보고 무엇을 해보겠다니 말성이 업슬수가 잇겠는가.
>
> 남자가 남배우로 등장햇다면 그것이 남자가 남자의 모방이겠고 여자가 남역을 감행햇다면 그것을 남장미인이라 칭하는 것이 아니라 여자로서 무대 위 남성적 창작으로 보아주어야 하는 것이다. 여자가 보는 '남자' 또는 여자가 연구한 '남자'가 저러케 교묘하고 핍진한 것을 여인소극장 여배우에게서 나는 보아 찬탄하엿다.[33]

당시 연출가 박노경의 이화여대 영문과 동료 교수이기도 했던 정지용은 그녀들이 이 극단을 이끌어 나아가기 위해 얼마나 "죽을 지경에" "무던히 애를 썼"는지 옆에서 본 소회를 전하고 있다. 여자들이 "죽지를 펴고" 무언가를 해보려 하니 좁은 조선 서울 땅 사면에서 말썽이 많았다는 것이다. 그러면서 여자끼리만 연극을 해야 할 형편이면 그렇게 할 수 있다는 것, 여성이 보고 연구한 남자를 단순한 남장으로 볼 것이 아니라 여

이 호기심과 동정의 대상이 되던 시기는 지나갔다면서, 여인소극장이 "여인에 안일하려는" 모습을 탈피하고 진지한 실력 배양에 힘쓸 것을 주문한다.

33) 지용, 「(文化) 「여인소극장」에 대하야」, 『民主衆報』(부산), 1949. 5. 13.

〈그림 2〉 연극 〈라인강의 감시〉 신문 광고 (1949.4. 1.)

자가 행한 남성적 창작으로 보아야 함을 역설하고 있다. 그러나 결국 세간의 비평과 비난을 견디기 힘들었던지 박노경은 제 3회 공연 〈라인강의 감시〉에서 정지용도 쓰고 있듯이 "남자청년을 네분 꾸어다 남자역을 맛긴"[34] 결정 즉 기존의 기조를 바꾸어 일종의 '타협'을 감행하게 된다. 성악가 김형노를 비롯해 서명석, 이수열, 조정환 등 남성 배우들을 처음 캐스팅한 것이다. 여기서 이 타협이 낳은 결과 또는 대가를 논하기 전에 먼저 〈라인강의 감시〉라는 작품이 '여인소극장' 무대에 오르게 된 배경을 잠시 살펴볼 필요가 있다.

앞에서 이 작품은 영화가 먼저 소개되고 이후 연극으로 수용되었다고 밝힌 바 있는데, 영화 〈라인강의 감시〉는 1946년 10월 20일 서울 국도극장에서 처음 선보인 이래 부산과 대구에서도 차례로 상영되었다.[35] "반나치스 지하투쟁에 전생명을 바치는 해방투사"[36]를 다룬 이 영화는 바로

---

34) 위의 글 참조.

35) 서울의 『자유신문』, 『한성일보』, 『독립신보』, 『민중일보』, 『세계일보』, 대구의 『대구시보』, 『부녀일보』, 부산의 『민주중보』 등에 1946~47년 사이 여러 차례 영화 광고가 실렸다.

36) 「라인강의 감시」, 『자유신문』, 1946. 10. 21에는 다음과 같은 영화 소개가 실려 있다. "리리안 헬만 여사의 무대극을 영화한 것으로 반나치스 지하투쟁에 전생명을 바치는 해방

헬먼의 3막 희곡을 워너브라더스에서 각색 제작한 것이다. 이 시기 미국 영화는 미군정이 설립한 중앙영화배급사를 통해 독점적으로 배급됐는데, 대체로 '강하고 아름다운 미국'의 이미지와 '민주주의의 우수성'과 같은 미국의 가치를 전파하는 데 큰 기여를 한 것으로 평가된다.[37] 영화 〈라인강의 감시〉 역시 그러한 맥락 안에 놓여 있는 것으로 볼 수 있다. 헬먼의 원작 희곡은 독일인 쿠르트 뮐러가 나치의 탄압을 피해 가족들과 함께 미국으로 이주하지만 독일과 내통하고 있던 루마니아인 백작으로부터 신변의 위협과 협박을 받은 끝에 그를 살해하고 동료 독일인들을 구하기 위해 독일로 돌아간다는 이야기를 담고 있다. 영화에서는 살인을 저지른 뮐러가 나치에 의해 살해 또는 실종됐다는 암시와 함께, 뮐러의 아들이 아버지를 찾아 독일로 떠나기로 결심하는 장면을 새로 추가하였다.[38]

박노경 · 오화섭 부부와 '여인소극장'이 헬먼의 작품을 번역 연출 그리고 출간하게 된 배경을 살펴보면 해방직후 이루어진 영화 체험이 결정적인 역할을 했음을 알 수 있다. 다음은 〈라인강의 감시〉 연극 평과 서평 가

투사를 주제로 한 해방이후 처음 보는 수작 미 영화이다(20일부터 국도극장에서)."

37) 이명자, 「미,소 군정기(1945~1948) 서울과 평양의 극장연구」, 『통일과 평화』 1권 2호, 서울대학교 통일평화연구원, 2009 ; 문원립, 「해방직후 한국의 미국영화의 시장규모에 관한 소고」, 『영화연구』 18호, 한국영화학회, 2002, 164~186면 ; 조혜정, 「미군정기의 영화정책에 관한 연구」, 중앙대학교 박사학위논문, 1997 참조. 이들 논문에 따르면 당시 미국영화의 상영 편수는 전체 영화 중 50%를 차지했고 유네스코 자료에서는 1948년 미국영화 점유율을 95%로 집계했다. 한편 이러한 '아메리카 영화'의 본격적인 침투에 대한 한국 영화계의 대응과 좌절에 대해서는 한영현, 「해방기 '아메리카 영화론'과 탈식민 문화 기획」, 『대중서사연구』 30, 대중서사학회, 2013 참조.

38) Bosley Crowther, "'Watch on the Rhine,' a Fine Screen Version of the Lillian Hellman Play, Opens at the Strand-New Bill at Rialto", *The New York Times*, Aug. 28, 1943. https://www.nytimes.com/1943/08/28/archives/watch-on-the-rhine-a-fine-screen-version-of-the-lillian-hellman.html

운데서 "해방이후 처음보는 수작 미 영화"[39]로서 이 영화에 대한 기억을 소환하고 있는 대목들이다.

〈가〉 영화 『라인강의 감시』의 감명을 깨트리는것이 두려워 가볼 뜻이 없엇다가 어떤 존경하는 벗이 극구 칭찬하기에 가보았던 것인데 라스트 · 씬에 이르러 흘러나리는 눈물을 참지못했다.[40]

〈나〉 해방 후 영화로 연극으로 아직도 기억이 새로운 이 작품을 지금 활자 (원문누락) '휴-매니즘'의 숭고함을 새삼스럽게 느낄 수 있는 동시에 작자 '헬먼' 여사를 이땅에 소개한 오설씨에게 감사를 드리는 바이다.[41]

〈다〉 해방후 가장 인상깊은 영화이엇던 미국 헬먼 여사의 〈라인강의 감시〉의 극본인 희곡이 나왔다. (…) 객년(客年) 여인소극장이 상연하여 절찬을 받았거니와 이제 책으로 읽을 때 그 감명에 새로움과 마지막 씬을 읽어 나려갈 때 흘러나리는 눈물을 막을 수 없음은 나 한사람의 쎈티멘탈리즘만은 아니리라.[42]

〈라〉 이미 연극이나 영화를 통해서 진보적 작취가 널리 알려진 '엘먼'의 '라인강의 감시(오설역)가 출간됨은 이땅의 희곡문학 발전을 위하야 좋은 촉매이다.[43]

39) 「라인강의 감시」, 『자유신문』, 1946. 10. 21.
40) 용구, 「극평, 음악가와 연극과-라인강의 감시를 보고」, 『조선일보』, 1949. 4. 6.
41) 박영준, 「『라인강』의 감시」, 『조선일보』, 1950. 3. 24.
42) 임호권, 「신간평 라인강의 감시, 오설 역」, 『국도신문』, 1950. 3. 28.
43) 「서평 라인강의 감시, '헬먼'작 오설역」, 『자유신문』, 1950. 4. 18.

위 연극평 또는 서평들은 '연극이 영화가 준 감흥을 깨뜨릴까 두려웠다'거나(〈가〉), "해방 후 가장 인상깊은 영화"(〈다〉)였다는 등의 말로 이 작품의 첫 번째 원 체험이었던 영화를 되새긴다. 영화에 이어 연극으로 그리고 나아가 활자로까지 만날 수 있게 되면서 '휴-매니즘'의 숭고함을 '새삼스럽게' 느끼게 되었음을 고백하고 있기도 하다(〈나〉). 물론 이는 광고의 성격을 포함한 것이기도 하겠으나 "흘러나리는 눈물"이나(〈가〉, 〈다〉), "이 땅의 희곡문학 발전을 위하야 좋은 촉매"(〈라〉)라는 표현의 진정성을 의심할 필요는 없을 것이다. 그렇다면 헬먼의 이 희곡을 처음 번역하여 아내인 연출가 박노경과 함께 무대에 올린 번역자 오화섭의 번역의 동기는 무엇이었을까. 당시 고려대 영문과 교수로 재직 중이던 오화섭은 1930년대 말 일본 와세다 대학 유학 시절 같은 유학생이었던 박노경과 만나 결혼했으며, 영미 희곡 번역에 주력하며 한국전쟁기 박노경의 사망 전까지 신극 운동의 동반자를 자처하였다.[44] 그는 당시 '오설(吳說)'이라는 필명으로도 활동하면서 헬먼 문학과의 첫 만남과 번역의 변 그리고 번역 전후의 내막에 대해 1950년 초 『국도신문』에 이틀에 걸쳐 연재한 바 있다.

한번 만난 일도 없는 사이기 때문에 더욱 그를 존경하고 애낄 수 있는

44) 오화섭(1916~1979)은 인천 출신으로 1935년 중동학교를 졸업하고 일본 와세다대학 영문과에서 수학하였다. 한국전쟁기 부산대 교수를 거쳐 1962년 연세대 교수, 1964년 숙명여대 교수 등을 거쳐 1965년부터 연세대학교 영문과 교수로 재직하였다. 해방 이후 영미 희곡문학 소개에 독보적인 역할을 했으며 소극장 운동에도 중요한 기여를 한 것으로 평가된다. 한상철, 「오화섭 교수의 번역문학세계」, 『현대극의 상황과 한국 연극, 1974-2008』, 현대미학사, 2008, 170면 참조. 오화섭의 연극 비평 활동에 주목한 연구로는 김옥란, 「한국현대연극비평의 기원으로서의 오화섭과 여석기 -1950 · 1960년대 신문비평을 중심으로」, 『민족문학사연구』 42, 민족문학사연구소, 2010 참조.

> 것-이것은 시간과 공간을 초월해서 누구나 어디서나 가질 수 있는 가장 숭고한 마음씨일 것이다. '헬먼'은 이 특권을 나에게 선사하였다. 내가 헬먼을 알게 된 것은 영화 〈라인강의 감시〉를 보았을 때다. 서울극장이었다고 기억되는데 나는 그 미국영화에도 이런 진솔한 것이 있고나 하고 놀랐다. '리리언 헬먼'의 이름을 본 것은 바로 그때다.[45]

이 글에서 오설(오화섭) 역시 영화 〈라인강의 감시〉를 통해 헬먼의 이름을 처음 접했으며 "미국 영화에도 이런 진솔한 것이 있고나 하고 놀랐다"고 적고 있다. 그런데 흥미로운 점은 유진 오닐, 아서 밀러, 테네시 윌리엄스 등 숱한 영미 희곡들을 번역해 온 그가 그 어떤 극작가에게서도 느끼지 못했던 숭고한 존경과 사모의 정을 헬먼에게서 느꼈다고 고백하고 있다는 것이다. 그것이 그가 헬먼을 이 땅에 적극 소개하고자 애쓰며 도의상의 문제일지언정 저작권 동의를 얻고자 노력한 이유이기도 하다. 당시 한국은 국제 저작권 협약에 가입되어 있지 않았기 때문에 법적인 저작권 계약이 통용되지 않던 시기였다. 그럼에도 번역자 오화섭은 "판권료를 지불할 의무는 없다고 하드래도 도의상 알리지 않을 수 없었"기에 "내가 미국엘 가던지 그대가 조선엘 오던지 바른길을 택하자"고 출판사를 통해 헬먼에게 편지를 넣었다는 것이다.[46]

그는 또한 이 글에서 〈사춘기〉(*The Children's Hour*의 번역), 〈여우〉(*The Little Foxes*의 번역) 등 미국 신흥 자본주의 하에서 인간의 탐욕과 추악함을 폭로한 헬먼의 희곡들을 차례로 소개하며 그녀의 작품 세

---

45) 오설, 「헬먼과 나」(상), 『국도신문』, 1950. 1. 29.

46) 오설, 「헬먼과 나」(하), 『국도신문』, 1950. 1. 30. 물론 이 편지가 헬먼에게 가 닿지는 못했고, 판권 동의를 얻으려는 오화섭의 시도는 불발에 그치게 된다.

계를 '르네상스적 인간 타입의 약동'과 '휴머니즘'이라는 키워드로 정리한다. 그리고 여기에서 한걸음 더 도약한 것이 〈라인강의 감시〉라는 점을 다음과 같은 상찬들로 장식하고 있다.

> 그는 이 희곡 가운데 상징과 예언의 화문석을 깔고 인간이란 이렇게 인류평화를 위해 싸워야 된다는 것을 눈물로써 호소하였다. (…) 헬먼의 휴-머니즘이란 고올즈워지의 그것과도 다르며 그렇다고 해서 쇼-와같은 '프로퍼갠더'도 아니다. 헬먼은 그 예리한 인텔리젠쓰로 시대의 타이프를 등장시켜서 새 세대의 인물을 창조했다.[47]

헬먼이 〈라인강의 감시〉를 통해 펼쳐 놓은 예술적 시대적 특징과 의미를 "상징과 예언의 화문석", "예리한 인텔리젠쓰", "세 세대의 인물 창조" 등으로 표현한 것에서 이 희곡에 거는 기대와 이를 한국에 소개하는 의의가 어떠한 것이었는지를 짐작하게 한다. 헬먼의 세계를 매우 지성적이며 독창적인 것으로 파악하고 있는 것인데, "쓸데없는 농담과 안타까운 멜로드라마의 제약을 면치 못한 오늘의 현실"[48]에 적합한 연극이 곧 〈라인강의 감시〉라는 평가가 따랐던 것도 이와 궤를 같이 한다. 특히 오화섭은 헬먼의 작가적 정체성을 '여성'과 '유태인'이라는 두 축에서 찾으면서, 동성애 관계에 놓인 핍박받는 여성들(〈사춘기〉), 자본주의적 탐욕과 갈등에서 벗어나 있는 소녀(〈여우〉), 혁명가 남편과 사위를 통해 '무지의 악'을 깨달으며 각성하는 아내와 장모(〈라인 강의 감시〉) 등 여성 세계의

---

47) 위의 글 참조.
48) 이인수, 「라인강의 감시」, 『경향신문』, 1949. 4. 12.

창조를 작가의 중요한 성과로 꼽고 있다는 점 또한 특기할 만하다.[49] 그런 점에서 보자면 여성의 세계를 여성 연출가가 여성 배우들만으로 구성해보겠다는 기획은 단지 아마추어들의 무모한 도전만은 아닌 충분히 합당하고 일리 있는 시도였다고 볼 여지가 충분하다. 그렇다면 박노경과 '여인소극장'이 〈라인강의 감시〉를 계기로 '여성들만의' 시도를 일부 수정 또는 포기하게 된 배경과 결과를 당대의 비평 담론과 젠더 지형과의 관련 속에서 살펴보기로 한다.

4. 〈라인강의 감시〉를 둘러싼 젠더 지형과 미완의 실험

3회 공연 〈라인강의 감시〉에서 남성 배우들을 대거 캐스팅한 것은 일단 "종래의 고집을 청산"[50]했다는 점에서 당시 평단에서 긍정적으로 받아들여졌다. 이 작품을 계기로 '여인소극장'의 이후 공연들은 "훨씬 전체 톤이 부드러워"졌다는 평가와 함께 이제 "확고한 궤도에 올라"섰다거나 "비약석인 진보"를 보여주었다는[51] 호평을 일부 이끌어내기도 했다. 그러나 〈라인강의 감시〉만을 놓고 보자면 남자 배우들을 캐스팅했음에도 불구하고 여전히 원작의 훌륭함에 비해 연출과 연기에 있어서는 미숙함

49) 릴리언 헬먼 극에서 여성 인물의 역할과 젠더적 해석이 큰 줄기를 이룬다는 점은 다음과 같은 연구들에서도 확인할 수 있다. 정효숙, 「릴리언 헬먼의 작품에 나타난 젠더 역할 연구」, 숭실대학교 박사학위논문, 2003 ; 이희정, 「릴리안 헬만의 극에 나타난 여성관 연구」, 한국외국어대학교 석사학위논문, 2004 ; 정효숙, 「릴리언 헬먼의 반파시스트 극 『라인의 감시』와 『스며드는 바람』에 대한 연구 : 여성인물의 도덕적 선택을 중심으로」, 『21세기영어영문학』, 21세기영어영문학회, 2021.

50) 유한철, 앞의 글 참조.

51) 「[단평] 여인소극장 제 사회 공연」, 『경향신문』, 1949. 7. 18.

을 벗어나지 못했다는 부정적인 반응이 더 많았던 것이 사실이다. "여자가 연구한 '남자'가 저렇게 교묘하고 핍진한 것을 여인소극장 여배우에게서 나는 보아 찬탄하였다."는 정지용의 찬사는 극히 드문 일이었던 것이다. 다음은 이 연극에 대한 당대의 비평들이 어떤 부분을 공략하고 있는지를 잘 드러내 준다.

> 라인강의 감시를 연출한 박노경씨는 리프레트 속에다 다음과 가튼 대담한 말을 햇스나 이론과 현실이 동상이몽의 결과를 형성하고 말앗슴은 못내 안타가운 일이었다. (중략)
>
> 이 연출은 희곡의 전체적인 정비가 돼잇지안코 전삼막을 통해서 초점의 설정이 흐미해잇섯고 연출의 실천적 방법을 어디다가 어떠케두워야 하겠다는 근본적 뎃쌍이 돼잇지를 안흔것가텃다.
>
> 연출의 근본적 뎃쌍이란 그 연극의 기본적 방향인 리어리즘을 말한다. 이 리어리즘이란 데텔이 정확할뿐더러 전형적성격의 올바른 전달을 의미한다.
>
> 이번 연출으로 등장인물들의 각개성을 각개인의 구성단위로 해버렷기 때문에 연극의 앙상불을 이저버렷고 전형적 성격을 창조하지 못햇기 때문에 리어리즘은 고사하고 일종의 뿌찌뿔적 취미주의에 빠지고 말앗다.[52]

해방기 극운동의 지향점과 방법을 리얼리즘에서 찾는 위 글의 필자는 '여인소극장'의 연출에 실천적 방법이 결여돼 있으며 초점이 흐리고 전형적 성격을 창조하지 못했다고 비판한다. 그리고 리얼리즘은 고사하고 '쁘띠부르주아적 취미주의'에 빠지고 말았다는 혹평을 가하기에 이른다.

---

52) 산우경(山牛耕), 「연출의 리아리즘 문제 라인강의 감시를 보고」, 『民主衆報』, 1949. 5. 6.

이는 극단의 '전위적 역할'을 강조하며 이념성을 명확히 드러낸 다분히 교조적 비평이라 할 수 있는데, "여성들의 손만으로 이땅의 신극문화를 위하여 꾸준히 싸워오고 있는 유일한 여성단체"[53]로서 갖는 그들의 전위성이 당대의 풍토에서 충분히 인정받기 어려웠음을 단적으로 보여준다. 즉 남성 배우를 쓰지 않아서도 문제이고 남성 배우를 써도 여전히 문제가 된다는 것은 〈라인강의 감시〉가 수용한 타협점이 결국 그리 효과적일 수 없었다는 것을 보여주며, 가부장적이고 남성 중심적인 문화계에서 '여성들만의 극단'이 맞닥뜨린 근본적인 제약 즉 젠더적 제약을 되비춰준다. 물론 당대의 모든 비판적 평가들을 단순히 여성들의 시도를 폄하하고자 하는 편견 또는 혐오의 언어라고만 이해할 수는 없는 노릇이다. 그들에게 내려진 "쁘띠부르주아적 딜레탕티즘"[54]이라는 평가는 이 극단의 출발에서부터 불가피한 면이 있었음을 부인하기 어렵다. 그들이 극단의 구성과 레퍼토리 선정에서부터 명백히 드러낸 이지적인 즉 '인텔리겐쓰'한 면은 당대의 일반 관객과의 거리감 즉 "현하 극장의 관객대중을 계산에 넣지 않었다"[55]는 진단과도 어느 정도 부합한다. 다음 글은 이 여성 극단의 진정성과 미래를 낙관적으로 호평하면서도 이러한 한계를 지적하고 있다.

> 현금의 무대상에서는 그러한 시대적 번민에 움직이고 있는 연극인을 발견하기에는 극히 곤란한 일이였으나 이러한 때 여성의 모임으로서 감

53) 「여인소극장 제 사회 공연」, 『경향신문』, 1949. 7. 11.

54) 산우경, 위의 글.

55) 김귀달(金貴達), 「「라인강의 감시」감상, 여인소극장 공연」, 『嶺南日報』(대구), 1949. 5. 18.

> 연 형극의 길을 뚫고 출발을 보게된 여인소극장의 식식한 모습을 볼 때 안도감을 금치 못했다. (중략)
>
> 여성만의 이 단체의 존재는 내일을 위하여 유의의(有意義)하며 앞으로 심각성이 있는 성실적인 활약이 기대되나 이와 같은 연구적인 모임의 특점인 체계연구와 실험적 형상을 거듭함으로서 연극계 혁신에 위대한 기여를 할 수 있을 것이 믿어지는 바다. (중략)
>
> 연출력의 모자람과 너무 원작에 충실하여 현하 극장의 관객대중을 계산에 넣지 않었다는 것과 삼막까지 동일한 무대효과이면서도 각 막의 피리오드가 없었다는 것이 결단점(缺短點)이라 하겠다. 꾸준한 노력을 빌 따름이다.[56)]

〈라인강의 감시〉 대구 공연 이후에 투고된 위 연극평은 "형극의 길을 뚫고 출발을 보게 된 여인소극장의 식식한(씩씩한-인용자) 모습"에 안도감을 느끼며 "연극계 혁신에 위대한 기여를 할 것이 믿어진다"는 큰 기대를 내비치고 있다. 레퍼토리 선정에서부터 극단의 진로가 엿보인다는 것, 대상 관객층을 상당한 지식층 계급으로 할 것이 예상된다는 것을 정확히 진단하면서, 다른 한편으로는 연출력이 부족한 데다 너무 원작에 충실한 점이 오히려 관객과의 호흡에 단점이 될 수 있음을 언급하고 있다. 사회극 성격이 강한 번역극을 고집한다는 점, 그리고 일반 대중의 눈높이보다는 지식층 고급 관객을 지향한다는 점 등은 '여인소극장'의 실험을 신선하고 도전적인 것으로 호평할 수 있는 요인인 동시에 엘리트주의적이고 부르주아적인 것으로 치부할 수 있는 동전의 양면이었다. 이화여대 출신이라는 희소한 위상의 여성 신인들로 신극 무대를 꾸민다는 낯

---

56) 위의 글.

선 시도 역시 미숙함이나 아마추어리즘으로 비치는 동시에 그것이 바로 "여인소극장의 여인소극장다운 힘"[57]이라는 역설적인 찬사의 근거가 되기도 하는 등 여성극단이자 신인극단으로서 '여인소극장'의 실험은 말 그대로 "가시덤불길을 헤치면서 걸어가는"[58] 길일 수밖에 없었던 것이다.

〈그림 3〉 헬먼 원작, 오화섭 역, 『라인강의 감시』, 문조사, 1950.

'여인소극장'의 실험이 만 2년 동안의 부지런한 행보를 끝으로 단명했음에도 그 나름의 독보성을 내세울 수 있는 지점은 당시 연극지형에서 독특한 '레퍼토리'에 있었다고 해도 과언이 아니다. 연출가 박노경 자신도 이를 내세우고 있는데, 문제는 1950년 초 제자들과의 불화설이 표면화되며 '여인소극장'이 위기를 맞게 된다는 점이다. 다음은 연출가 박노경이 이에 대한 심경을 피력한 글로 극단 내부의 갈등 상황을 어느 정도 엿볼 수 있다.

> 나를 모함하고 배반한 제자들이 내 바른쪽 뺨까지 때리지 못하도록 하는 것이 고작의 방위다. 나는 여인소극장을 문자 그대로 맨주먹으로 시작

57) 「[객석] 여인소극장 「매미는 껍질을벗다」」, 『경향신문』, 1950. 2. 9.
58) 위의 글.

했다. 나를 찾아오는 사람은 누구나 단원이었으나 애초에 인선을 신중히 하지 않고 무조건으로 믿었던 것이 큰 암이 된 것이다. (중략) 여인소극장이 연기의 미숙함에도 불구하고 사회의 아낌을 받아온 것은 오로지 그 '레퍼토리'에 있는 것이니 흥행가치를 노렸다는 것은 삼척동자라도 그 부당함을 지적할 수 있을 것이다. (중략) 나는 양심코 신극에 위반된 정신을 가져본 일이 없다.[59]

〈그림 4〉 〈라인강의 감시〉 공연 장면(〈그림3〉의 단행본 수록 사진)

이 글에서 박노경은 제자들이 자신을 "모함하고 배반"했다고 날이 선 어조로 불쾌감을 표시하는데, 이유인즉슨 극단의 배우들이 공개적으로 처우 문제와 레퍼토리 선정에 불만을 제기하고 연출가에 대해 비난을 가했다는 것이다. 박노경이 한국전쟁 발발 직후 사망하게 되는 사정과 별개로 극단 내부의 균열이 시작되었음을 짐작하게 하는 대목이다. 이 글에서 박노경은 "연기의 미숙함에도 불구하고 사회의 아낌을 받아온 것은

59) 박노경, 「연극수감(演劇隨感) 바른쪽 빰을!」, 『경향신문』, 1950. 3. 25.

오로지 그 '레퍼토리'에 있는" 것이라고 연출가의 역할을 강조하며 "양심코 신극에 위반된 정신을 가져본 일이 없다"는 말로 자부심과 떳떳함을 적극 피력한다. 이후 이 갈등이 어떻게 전개 또는 봉합되었는지에 대해서는 확실한 자료가 남아 있지 않다. 단 이 일이 있고 약 반년 뒤 일찍 세상을 떠나버린 박노경은 제자와 후배들로부터 "우리 연극계의 선각자"[60] 라는 칭호로 기억되며 역사의 한 페이지에 묻히게 된다. 뒤에 남겨진 제자들 예를 들면 '여인소극장' 2회 공연 〈인형의 집〉에서 남편 헬머 역할을 맡았던 이병복은 전쟁 이후 여인소극장의 명맥을 이어가려는 시도로 '극단 자유'와 '자유극장'을 설립했고,[61] 1966년에는 백성희, 강유정, 김자림 등이 주축이 되어 두 번째로 여성들만으로 구성된 '여인극장'이 만들어진다.[62]

박노경과 '여인소극장'의 번역극 운동은 여러 이유에서 미완의 그러나 독특한 실험으로 기억될 만하다. 미완이라고 할 수 있는 것은 우선 여성들만의 손으로 이루어내고자 했던 세계가 녹록지 않은 현실과 타협할 수밖에 없었다는 점, 그럼에도 여전히 태생적 한계로 인해 엘리트주의와 아마추어리즘 그리고 딜레탕티즘이라는 오명을 벗기 어려웠다는 점, 당대의 연극운동 지형과 대중 관객의 눈높이 또는 요구와 유리된 채로 명맥을 이어가고자 했다는 점, 핵심 인물이자 지도자인 연출가 박노경의 비운의 죽음으로 일찍 와해되었다는 점 등의 이유를 들 수 있다. 그럼에도 박노경과 '여인소극장'은 해방기 '극운동의 혁명'을 꿈꿨던 수많은 이

60) 서연호, 「이병복, 무대의상의 현대적 개척자」, 『문화예술[ARKO]』, 한국문화예술위원회, 1995. 4.

61) 서연호, 위의 글.

62) 유민영, 『우리시대 연극운동사』, 단국대학교출판부, 1990, 325면.

들의 여러 시도들 한가운데서 양질의 또는 최신의 번역극을 선보임으로써 해방기 문화의 자양분을 공급하고자 했다는 점, 대학 영문과라는 협소한 상아탑에서 시작하여 소극장 운동이라는 최전선으로 나아갔다는 점 등 적지 않은 의의를 가진다고 할 수 있을 것이다.

5. '여성들의 손으로' 시도해 본 문화실험

이 글은 해방기에 수용된 다양한 텍스트들과 무수한 문학적 문화적 실천들 가운데 그동안 한 번도 제대로 조명된 적 없었던 연출가 박노경과 '여인소극장'의 활동을 재구성해 본 것이다. 특히 박노경의 해방 전후의 행적을 확인할 수 있는 자료를 최대한 발굴하였고, '여인소극장'에서 무대에 올린 연극들의 면모를 당대의 자료들을 망라하여 살펴보고자 했다. 이 과정에서 특히 미국 영화로 먼저 국내에 소개되고 '여인소극장' 제 3회 공연으로 선택된 릴리안 헬먼의 〈라인강의 감시〉를 둘러싼 담론과 논점을 중점적으로 검토하여 당대 비평 장의 논리와 젠더 역학을 고찰하였다.

최초의 여성 연출가 박노경은 이화여전 출신으로 와세다대학 재학 시절 '동경학생예술좌' 단원으로서 연극 및 영화배우로 출발한 이력이 있는 인물로, 해방 이후 이화여대 교수로서 제자들과 함께 '여인소극장'을 만들었다. 1950년 한국전쟁이 발발하고 얼마 되지 않아 사망하면서 그녀의 삶은 해방기 '소극장운동사'의 짧은 페이지를 장식한 채 비운으로 마감했는데, 이 글에서는 박노경의 해방 이전 행적을 추적해 보는 것 또한 목표로 하였다. 이화여전 졸업 후 문학 지망생 시절과 잡지 『중앙』의 기자 시절 쓴 꽁트, 인터뷰, 수필 등의 자료를 발굴하여 '최초의 여성 연출가'를 넘어 '새로운 극운동의 혁명가'가 되고자 했던 박노경의 짧지만 뚜렷한 족적을 재구성해 볼 수 있었다.

'여인소극장'은 여성들만으로 이루어진 최초의 극단으로서 해방기 극계와 문화계에서 단연 이채를 띠었으며 그만큼 세간의 관심과 호기심, 폄하와 비난을 한 몸에 받게 된다. 입센의 〈인형의 집〉과 같은 유명 작품뿐만 아니라 당대의 최신 영미 희곡은 물론 중국의 차오위의 작품에 이르기까지 당대의 최근작들을 번역극으로 선택하는 과감한 레퍼토리를 선보여 신선하고 도전적인 신극운동의 하나로 받아들여졌다. 헬먼의 반파시즘 휴머니즘 희곡을 충실히 재현한 〈라인강의 감시〉는 '여인소극장'이 여성들만의 무대를 포기하고 남성 배우를 처음으로 캐스팅한 작품이다. 여성들에 의해 모든 작업이 이루어지는 데 대해 '비정상'이자 아집이라는 비난이 뒤따르자 타협점을 찾은 것이라 할 수 있는데 이러한 현실적 타협 또는 좌절은 양면의 날로 작동할 수밖에 없었다. 여성들만으로 극을 꾸리더라도 또한 남성 배우들을 영입해 소위 당대 평단이 요구한 '정상화'를 하더라도, '여인소극장'의 행보는 '아마추어리즘', '딜레탕티즘' 등의 수사와 함께 흔히 미숙함을 공격받곤 했다. 여기에는 여성들만의 신생 신극운동을 호기심과 동정어린 눈으로 또는 색안경을 끼고 바라보는 당대의 젠더 지형이 한몫했다고 하지 않을 수 없다. 그러나 또 한편으로는 이 극단이 당시 사회에서 드문 최고학력 여성들로서 지식층을 위주로 한 고급 관객을 지향하며 번역극을 주로 선보이면서 갖게 된 한계 또한 무시할 수 없다. 즉 자기만의 고정 관객을 확보하는 데에는 어느 정도 성공했으나 당대 대중들과의 호흡과 눈높이라는 측면에서는 이러한 극단의 성격이 딜레마로 지적받기도 했던 것이다.

2년이 채 되지 않는 기간 동안 7편의 새로운 번역극을 연달아 내놓으며 '여성들의 손으로 이루는 문화 실험'이라는 도전을 멈추지 않았던 '여인소극장'은 연출가 박노경이 1950년 한국전쟁 초기에 사망하면서 사실상 막을 내린다. 박노경과 '여인소극장'의 경우는 수없이 명멸했던 해방기의 실천들 가운데 하나의 사례라고 할 수 있을 터인데, 한국전쟁과 냉전을 거치면서 잊힌 몸짓과 목소리들을 적극적으로 발굴하고 조명하려는 노력이 계속 이어져야 할 것이다.

제2부

해방의 전망과 소설의 정치

해방기 김남천 문학의 연속성
-『대하(大河)』,『동맥(動脈)』,「삼일운동(三一運動)」을 중심으로

정하늬

1. '대하'에서 '동맥'으로

그러므로 중간의 공백을 빼 놓고 세월을 맞붙여 놓는다면 우리 소설 문학의 토구(討究)와 논의도 5,6년 전 소설론의 연장이요 그대로 계속이라고 생각할 수도 없지 않을 것이다.

그러나 여기에 중요한 사태가 그 가운데 끼여 있다. 즉 8월 15일이 그것이다. 왜냐하면 정치상이나 경제적으로 문화적 견지에서만 아니라 실로 소설 문학에 있어서도 8월 15일은 그 역사상 결정적인 의의를 가지는 것으로 여하한 의미에서든간 8월 15일 이전과 그 이후는 연장이나 계속이나 연○이나 개량이나 부분적 수정일 수 있는 까닭이 여기에 있다. 시방은 모든 것을 원칙적으로 설계하고 혁신할 혁명기요 어떠한 타협이나 미봉이나 호도로서 문제를 부분적으로 제기할 시기가 아니다.

문제는 그러나 언제든지 구체적이다. 차량을 전부 떼어놓고 기관차 하나만이 질주하여도 문제가 해결되는 것은 아니다. 그러므로 문제를 원칙적으로 제기하고 설계하고 토구한다고 하여도 출발점과 단초가 될 곳은 이 역시 조선 문학 40년의 역사요, 소설 문학이 도달한 성과가 아닐 수 없는 것이다.[1]

일제 강점기, 카프(KAPF)의 맹원으로 활동하며 카프 제1차 검거 때 맹원 중 유일하게 기소되어 실형을 언도받았던 김남천은 1935년 카프 해산 이후 창작방법론과 장편소설론에 대한 고민을 비평과 작품을 통해 보여주었다. 1945년 8월 16일, 김남천은 임화와 함께 '조선문학건설본부'를 설립하였는데, 1946년에 조선문학건설본부는 조선프롤레타리아문학동맹과 통합되어 '조선문학가동맹'이 되었고 김남천은 이곳의 중앙집행위원회 서기국 서기장과 문학대중화운동위원회의 위원으로 선출되었다. 이후 월북하기까지 김남천은 활발한 비평 활동을 하였고[2], 『1945년 8.15』(『자유신문』 1945.10.15.-1946.5.)과 『동맥(動脈)』(『신문예』 1946.7.-10., 『신조선』 1946.10.-1947.5.), 희곡 「삼일운동(三一運動)」(『신천지』 1946.3.-5.), 꼬마소설 「정거장」(『아동문학』 1945.12.) 등을 발표하였다. 인용한 글에서 볼 수 있는 것처럼 김남천은 문학적 논의의 공백기-국민문학 시기-를 뛰어넘어 '중간의 공백' 이전의 소설에 대한 논

1) 김남천, 「본격 소설의 완성-내외면의 분열 초극」(『조선일보』, 1945.11.24.), 정호웅 · 손정수 엮음, 『김남천 전집』1, 박이정, 2000, 744-745면. 앞으로 김남천의 평론은 이 책(김남천, 정호웅 · 손정수 엮음, 『김남천 전집』, 박이정, 2000.)에서 인용하며, 인용 말미에 '『전집』'의 권수와 면수만 표기하기로 한다.

2) 「문학의 교육적 임무」(『문화전선』 1945.11.), 「건국과 문화건설-해방과 문화건설」(『서울신문』 1945.11.2.-5.), 「본격 소설의 완성-내외면의 분열 초극」(『조선일보』 1945.11.24.-25.), 「문학자의 성실성 문제」(『서울신문』1946.11.), 「새로운 창작방법에 관하여」(『중앙신문』 1946.2.13.-16.), 「조선문학의 재건」(『민성』 1946.4.23.), 「순수문학의 제태」(『서울신문』1946.6.30.), 「대중투쟁과 창조적 실천의 문제」(『문학』3, 1947.4.) 등

의를 해방 이후에 연결해서 살펴봐야 함을 강조하였다. 물론 '8월 15일'은 연장선상의 논의에 "개량이나 부분적 수정"을 가할 수는 있지만, 기본적으로 해방 이전과 이후의 문학은 연속성을 지닌다는 것이 김남천의 생각임을 확인할 수 있다. 김남천 문학의 연속성을 보여주는 단적인 예로 그의 장편소설의 연속성을 언급할 수 있다. 일제 강점기에 발표된 소설 『사랑의 수족관』의 주인공 이경희와 김광호는 해방 직후 연재된 소설 『1945년 8.15』에서는 5-6년이 흐른 기성세대가 된 주인공의 형 세대로 등장한다. 또 본고의 논의 대상인 『대하(大河)』(1939)의 2부에 해당하는 『동맥』도 1946-47년에 연재되었다. 여기에서 김남천이 '비평-창작-비평-창작'의 순서로 창작방법론과 그를 토대로 한 소설을 창작했다는 점을 상기해야 한다. 김남천의 창작방법론은 분절적인 논의가 아니다. 1940년, 관찰문학론을 제출하면서 김남천은 "자기고발-모랄론-도덕론-풍속론-장편소설 개조론-관찰문학론에 이르는 나의 문학적 행정(行程)은, 나에게는 있어서 적어도 필연적인 과정이었다."[3]고 했다. 관찰문학론으로 창작한 『사랑의 수족관』이 해방 후 『1945년 8.15』와 연결되는 것을 보아도, '비평-창작'의 '양도류(兩刀流)의 글쓰기'는 해방 이전과 이후 연속성을 가지고 진행되었음을 볼 수 있다. 또한 '카프'라는 이념적 지향성과 단체의 측면에서 보아도 김남천 문학의 연속성을 확인할 수 있다. 1935년 카프의 해산계를 제출했던 김남천이 해방과 동시에 리얼리즘을 추구하는 문학 단체 결성에 주도적 역할을 했다는 점 역시 그의 문학과 문학의 지향점 역시 연속선상에 있음을 말해주는 것으로 볼 수 있다. 그러므로 해방기의 김남천 문학을 이해하기 위해서는 창작방법론의

3) 김남천, 「체험적인 것과 관찰적인 것」(『인문평론』 1940.5.), 『전집』1, 610면.

연속성뿐 아니라 '소설론의 연장'이라는 측면에서 김남천이 일제 말기에 발표한 작품과 해방 이후에 발표한 작품이 어떻게 연결되는지를 살펴볼 필요가 있다.

이에 본고에서는 『대하』와 『동맥』, 희곡 「삼일운동」을 통해 해방기 김남천의 글쓰기에 나타나는 그의 문학의 연속성의 특징을 살펴보고자 한다. 『대하』는 1939년 1월, 인문사(人文社)의 '전작장편소설' 기획의 첫 작품으로 발표되었다. "작자 왈, 이것은 『대하』 제2부 『동맥』 중의 일절이다"라고 부기되어 있는 「개화풍경」(『조광』, 1941.5.)은 해방 이후 발표된 『동맥』의 4, 5회에 해당한다. 한편 『대하』의 2부인 『동맥』[4]은 『신문예』 2호(1946.7.), 3호(1946.10.), 『신조선』(『신문예』가 개제) 1호(1947.2.), 2호(1947.3.), 4호(1947.5.), 5호(1947.6.)에 총 6회가 연재되었지만, 미완으로 연재가 종료되었다.[5] 「삼일운동」은 1946년 '3.1절 기념 연극대회'를 위해 창작된 희곡이다.[6] 그런데 『동맥』 3회(『신조선』 1호)에 들어있는

---

4) 『동맥』 1회는 박참봉네 집에서 오랫동안 절게살이를 했으나 원산에 도로공부로 떠났던 두칠-쌍네가 돌아와서 '동명여관'(박리균의 여관을 빚 대신 받음)을 운영하게 된 이야기와 최관술의 이야기, 2회는 갱고지의 홍영구의 이야기, 3회는 형선의 처 정보부가 형걸의 편지를 발견하고 남편을 형걸에게 보낼 결심을 하게 되는 이야기와 시어머니 최씨의 이야기, 4회는 교회 낙성식 행사 이야기, 5회는 낙성식 연설회에서 연설을 한 홍영구가 그 연설 때문에 폭행을 당한 이야기, 6화는 아버지에게 형걸의 편지를 보여주고 유학을 허락받는 형선의 이야기이다. 즉 1회가 『대하』에서 형걸의 출가 2년 후 박참봉의 집안 이야기로 서두를 여는 격이고, 2, 4, 5회는 홍영구를 초점인물로, 3, 6회는 정보부와 박형선을 중심으로 전개된다.

5) 『대하』와 『동맥』을 함께 논의한 연구는 다음과 같다. 김외곤, 「〈대하〉와 〈동맥〉에 나타난 개화 사상과 개화 풍경」, 『한국현대문학연구』1, 1992. ; 이선옥, 「김남천의 〈대하〉, 〈동맥〉 연구」, 『원우론총』11, 1993. ; 조남현, 「『大河』 1, 2부 잇기와 끊기」, 『한국 현대문학사상 연구』, 서울대학교출판부, 1994. ; 양문규, 「『대하』와 『동맥』의 비교를 통해 본 해방 후 김남천의 문학적 행방」, 『현대문학의 연구』64, 2018. ; 이행미, 「일제 말기 김남천 문학에 나타난 풍속의 의미」, 『한국근대문학연구』21(2), 2020.

6) 1946년 조선연극동맹은 '3.1절 기념 연극대회'를 개최하였다. 조선연극동맹 소속인 김

"前回까지의 대강"의 첫 부분에는 "(文壇뿐만 아니라 社會全般의 絶讚을 받은 金南天氏의 全作長篇 『大河』의 第二部는 數十萬讀者가 苦待했음에도 不拘하고 끝끝내 倭政下에선 發表되지 못하고 解放後에야 비로소 해빛을 바라게 되는것인데……)"[7]라는 편집자의 설명이 들어있다. 「개화풍경」이 『동맥』의 4, 5회의 내용과 일치한다는 점, 박헌호가 지적한 것처럼 『인문평론』의 '문단일지'를 보면 김남천이 1941년 1월에서 3월 무렵에 『동맥』을 집필했을 것임을 추정할 수 있다는 점[8] 등으로 미루어 볼 때, 과연 『동맥』을 해방기 작품으로 볼 수 있는가 하는 문제가 제기될 수 있다.[9] 그런데 『동맥』 5회가 「개화풍경」을 그대로 옮긴 것이 아니라는 점, 3회와 6회는 일제 강점기 가족사소설에서 전환기의 끝으로 여겨졌던 3.1운동을 향해 전진하는 서사라는 점, 또 김남천 스스로 "한번 발표한 것을

태진이 김남천에게 희곡을 청탁했고, 김남천은 짧은 시간에 이 작품을 썼다고 한다. 이 당시 김남천은 『1945년 8.15』를 연재하고 있었다. 이민영은 해방기의 3.1운동에 대한 기억은 정치적 투쟁으로 전환되었다는 점을 지적한다. "해방기의 3.1기념식은 역사화된 기억을 마주하게 되는 시작 지점이면서 동시에 기념되지 못하는 기억들이 역사의 이면으로 사라지기 시작하는 지점"이며, 그것은 "갈등하는 현실에 대응되는 현재작 의미를" 지닌다는 것이다.(이민영, 「기념되는 역사와 부유하는 기억들-3.1운동 서사를 중심으로」, 『한국현대문학연구』58, 2019, 58-59면.)

7) 김남천, 「동맥」 3회, 『신조선』 1947.2.

8) 박헌호, 「1930년대 후반 가족사연대기 소설의 구조와 의미」, 『식민지 근대성과 소설의 양식』, 소명출판, 2004, 339면.

9) 김외곤은 「동맥」 3회의 편집자의 설명을 토대로 『동맥』이 일제 강점기에 창작되었을 것이라고 본다.(김외곤, 앞의 글, 135면 각주 17번.) 이선옥 역시 해방 전에 창작되었을 것이라고 하는데, 3회의 편집자의 설명, 「개화풍경」의 부기의 내용뿐 아니라 『대하』와 「개화풍경」 사이에 『동맥』 1-3회 내용이 들어가는 것을 보면 앞부분만 해방 후에 썼다고 보기 어렵기 때문이라고 했다. 또 「삼일운동」이 『동맥』 이후의 사건을 다룬다는 점에서도 『동맥』이 일제 강점기에 창작되었을 것이라고 본다.(이선옥, 앞의 글, 252-253면.)

개작하는 경우는 극히 드물다"고[10] 했어도 해방 이후의 현실을 반영한 수정 정도는 가능했을 수 있다는 추정을 무시할 수는 없다.[11] 무엇보다도 로만개조의 목적으로 창작된 『대하』가 그것으로 끝이 아니라 "금후는 『대하』의 길다란 속편이 나의 창작의 중심이 될 것이"라 했던 작가의 말[12]을 고려해 보면, 『대하』를 발표한 이후 창작하기 시작했던 『동맥』을 해방 이후에 '발표'했다는 것에는 분명 이유가 있을 것이다.[13]

『대하』와 『동맥』은 1946년 3.1절 기념 연극대회에 올려진 김남천의 희곡 「삼일운동」과도 연결된다. 「삼일운동」은 '희곡'인데다가 박성권 일가가 등장하지 않지만, 공간적 배경이 성천읍이며, 『대하』와 『동맥』에 등장하는 신식학교(동명학교-동일학교)와 교사의 이름(문우성-현우성)이 비슷하고, 기독교와 천도교가 등장하는 점 등이 『대하』의 연장선상에 있는 서사로 읽히게 한다. 또한 「삼일운동」의 시간적 배경은 미완으로 끝난 『동맥』의 이후인 1919년 3.1운동 시기이다. 이렇게 본다면 발표상으로는 '『대하』-「개화풍경」-「삼일운동」-『동맥』'의 순서이지만, 작품 속 시간상으로는 '『대하』-『동맥』(「개화풍경」)-「삼일운동」'의 순서임을 알 수 있다.[14] 또한 1940년을 전후한 시기에 발표되었던 '가족사연대기 소설'들이

10) 김남천, 「양도류(兩刀流)의 도량(道場)」(『조광』 1939.7.), 『전집』1, 512면.

11) 이선옥과 양문규는 『동맥』 2회의 홍영구 서사가 부자연스럽다는 점을 언급하면서, 『동맥』이 해방 후 수정되었을 수 있다는 점을 언급한다.

12) 김남천, 「양도류(兩刀流)의 도량(道場)」, 『전집』1, 514면.

13) 조남현은 『동맥』의 연재 중단 시기가 김남천의 월북 시기가 비슷하다는 점에 주목한다.(조남현, 앞의 글, 269면.)

14) 『대하』와 『동맥』뿐 아니라 「삼일운동」까지 『대하』의 연장선상에서 논의해야 한다는 점은 이선옥과 장문석도 지적하였다. 이선옥은 『동맥』이 해방 전에 창작되었다는 근거로 그보다 앞서 창작되고 발표된 「삼일운동」을 언급하면서, 『동맥』이 중단된 이후 삼일운동이 확산되는 시기까지를 다루면서, 김남천이 "지속적으로 민족사를 소설화하려는 의도를 가지고 있었으며, 상황의 변화에 의해 소설이 중단되었다가 희곡으로

대부분 미완으로 끝났는데 미완 지점이 발표 당시에는 언급할 수 없었던 1919년 3.1운동이라는 점도 주목해야 한다.[15] 3.1운동이 보여준 민족적 저항을 두려워했던 일제가 여전히 식민지배를 하고 있고 게다가 전쟁 중인 시기에 3.1운동이라는 역사적 사실은 이야기될 수 없는 사건이기 때문이다. 그래서 이 시기의 가족사연대기 소설들은 청년들이 3.1운동으로 향하는 지점에서 이야기를 중단할 수밖에 없었을 것이다. 가족사연대기 소설에 대해 언급했던 김남천도 『대하』에서는 1910년 무렵의 성천을 다룰 수밖에 없었다.[16] 근대 전환기의 조선의 상황이 어떻게 1919년 3.1운동의 민족적 각성까지 이어지는지는 3.1운동을 이야기할 수 있는 시점이 되어야만 형상화할 수 있다. 그러니 『대하』에서 시작되고 『동맥』을 통해 준비되었던 이야기의 종착지는 3.1운동 기념 연극이라는 기회를 통해

다시 창작되는 과정을 거친 것으로 볼 수 있다"고 하였다.(이선옥, 앞의 글, 252-253면.) 장문석은 해방기의 김남천이 "새로운 한국 근대문학 건설의 조건을 탐색하였던 20세기 초반 한국의 계몽이라는 역사적 기획에 다시금 주목"했고, 『대하』와 「개화풍경」의 문학적 실험을 계승하는 또 하나의 중요한 문학적 실험이 「삼일운동」이라고 보았다.(장문석, 「한국 근대문학의 알레고리-김남천의 희곡 「삼일운동」에 관한 몇 개의 주석」, 『동방학지』208, 2024, 214면.)

15) 1940년을 전후한 시기의 가족사 소설을 세대론적으로 읽으면서, 미완의 지점이 3.1운동과 관련되었다는 논의는 정하늬, 「1940년 전후 가족사 소설의 세대론적 고찰-한설야의『탑』과 김사량의 『낙조』를 중심으로」(『인문과학연구논총』36(4), 2015.) 참조.

16) 김종욱은 『대하』의 시간적 배경에 주목하여 이 작품이 '세대적 시간성'을 전면화했다고 보았다. 그는 김남천이 언급한 시대적 배경과 작품 내적 시간이 일치하지 않음을 지적하였다. 김남천이 「직업과 연령」((『조광』1940.11.), 『전집』1, 643-648면.)에서 『대하』의 시대적 배경이 1906년이고 박성권은 1867년생이라고 했지만, 1906년이 배경이라면 박성권이 부친상을 치르고 갑오년 난을 맞았다는 서술이 모순을 일으키고, 공간적 배경을 고려해도 『대하』의 박성권이 마흔 살이려면 작품의 시대적 배경은 1910년을 전후한 시기이어야 한다는 것이다. 김남천이 객관적 공적인 시간을 상대적으로 소홀히 다루었지만, 대신 세대적인 시간성을 전면에 부각시키고 있다고 하였다. (김종욱, 「김남천의 『대하』에 나타난 개화풍경과 그 의미」, 김남천, 『대하』, 푸른사상, 2013, 306-309면.)

「삼일운동」이라는 희곡의 형태로 발표되었다고 볼 수 있는 것이다. 이는 '관찰적인 것'을 그리려 했던 김남천의 의도와도 부합한다. 김남천은 『대하』 발표 이후 그것을 '『대하』 제1부'라 칭하며 "지금 내가 계획하고 있는 상당히 길고 거대한 자연소설의 단초에 불과"하다고 했다.[17] 또 "금후는 『대하』의 길다란 속편이 나의 창작의 중심이 될 것이요 기타의 단편 신문소설, 중편 등은 역시 일종의 테마나 재료나 기술의 실험장소로 생각하고 일하려 한다. 경향이나 기법이 전연 특이한 것들이 생겨날지도 모르겠으나 이러한 개별적인 실험은 『대하』의 속편에서 종합되리라고 생각하고 있다"고 밝혔다.[18] 결국 김남천이 보여주고자 했던 근대 전환기의 현실은 '고발의 정신'(리얼리즘)에 따라 풍속을 상세히 보여주고 그 속에서 배태된 민족의식이 성장하여 1919년 3.1운동을 통해 분출되는 모습을 '관찰'한 바를 작품을 달리하며 보여주는 것이라 할 수 있다. 『대하』와 『동맥』(「삼일운동」까지)을 함께 논의한 기존의 연구에서는 종교의 문제(기독교와 천도교), 풍속의 문제 등에 초점을 맞추어 논의되었다. 그렇지만 이 세 작품이 『대하』에서부터 시작된 긴 가족사연대기 소설로 묶인다는 점에서 본다면, 이 세 작품은 세대론의 측면에서 살펴볼 수 있을 것이다. 이에 본고에서는 창작방법론의 연속성으로, 특히 연속된 서사의 세대 문제에 착목하여 『대하』-『동맥』-「삼일운동」을 읽어보겠다.[19] 이를 통

---

17) 김남천, 「작품의 제작과정」(『조광』 1939.6.), 『전집』1, 496면.

18) 김남천, 「양도류(兩刀流)의 도량(道揚)」(『조광』 1939.7.), 『전집』1, 514면.

19) 창작방법론의 연속성 측면에서 김남천의 소설을 읽는 것은, 김남천으로 김남천을 읽는다는 측면에서는 한계가 있을 수 있다. 그렇지만 본고의 논의 대상인 『대하』-『동맥』-「삼일운동」을 김남천이 밝힌 창작 의도대로 『대하』의 연장이라고 본다면, 그의 글쓰기의 행장은 창작방법론에만 해당하는 것이 아니라 그것을 동력으로 창작된 소설에서도 나타날 것이란 점은 전제되어야만 한다. 다만 창작 및 발표 시기에 따라 그 시기의 현실에서 관찰되는 것이 분명 달라질 것인 바, 본고는 김남천 글쓰기의 연속성 위

해 해방기 김남천의 글쓰기가 목표로 하는 바가 무엇이었는지를 찾을 수 있을 것이다.

2. 고발에서 관찰로, 창작방법의 연속성

1930년대 후반, 김남천이 제출한 문학론의 시기와 작품이 창작된 시기를 고려했을 때, 『대하』는 모랄론-풍속론을 제출한 시기에, 『동맥』은 관찰문학론을 제출한 시기에 창작되었다고 볼 수 있다. 『대하』에서 풍속과 가족사 연대기라는 창작방법으로 전환기의 현실을 충실하게 묘사하려 했던 김남천의 시도는 「개화풍경」 및 『동맥』에 이르러서는 모랄과 풍속 위에 관찰을 더한 것으로 볼 수 있다. '관찰문학'의 방법은 해방기 김남천의 글쓰기를 고려했을 때 『동맥』과 「삼일운동」에 더욱 확실히 드러난다. 이 세 작품이 창작 · 발표되던 시기 김남천이 제출한 창작방법론을 살펴보자.

김남천은 '고발문학'은 곧 '리얼리즘 문학'으로, 리얼리즘을 구체화하는 문학적 방법 즉 "객관적 진리의 반영"이 바로 '고발'이라고 했다.[20] 그가 카프 해산 이후 계속해서 창작방법론을 제출한 것은 '장편소설 개조'를 위한 것이었다. 그는 자본주의 사회의 전형적인 장르인 '로만(roman, 장편소설)'이 조선에서는 본래의 형태를 갖추고 발전하지 못하고 기형적으로 진행되어 왔기 때문에 고발문학을 거쳐 새로운 창작이론으로 로

에서 시기별로 나타나는 개별성을 함께 논의할 것이다.

20) 김남천, 「최근 평단에서 느낀 바 몇 가지」(『조선일보』1937.9.11.-16.), 『전집』1, 260면.

만을 개조해야 한다고 강조했던 것이다.[21] 김남천은 "풍속이라는 개념을 문학적 관념으로서 정착시키고 그것을 들고 가족사로 들어가되 그 가운데 연대기를 현현시켜 보자는" 생각으로 가족사 소설을 전범으로 한 로만개조론을 제시했는데 그에게 가족사소설은 '전환기'를 그리는 연대기여야 하고 "시대정신을 가족의 역사 속에서 찾"는 것[22], 즉 고발의 정신 위에, '제도'와 '제도의 습득감'이라는 풍속을 현현시킨 것이다.[23] 연대기적 형식 위에 풍속을 현현시키는 것은 마치 사실(史實)을 기록하듯 사실주의적이다. 『대하』는 이러한 목적 위에 쓰인 작품이다. 김남천은 조선문학에서 찾은 "풍속 세태의 문학적 가치"와 외국문학에서 찾은 "가족사나 연대기에 관한 가치"를 통해 '모랄론'을 장편소설에서 실험해 보고자 했던 것이다.[24]

> 무엇보다 풍속개념의 재인식과 가족사와 연대기에의 길을 제시하는 것은 가장 적절한 장소일까 생각한다. 다시 말하면 **풍속이라는 개념을 문학**

---

21) 김남천, 「조선적 장편소설의 일고찰」(『동아일보』1937.10.19.-), 『전집』1, 279-281면.

22) 김남천, 「산문문학의 일년간」(『인문평론』1941.1.), 『전집』1, 691면.

23) "풍속이란 사회적 습관과 밀접한 관계를 갖고 있다. 그리고 사회적 습관, 습속은 사회의 생산기구에 기한 인간생활의 각종의 양식에 의하여 종국적으로 결정을 본다. 이리하여 이것은 일방으로 '제도'를 말하는 동시에 타방으론 '제도의 습득감'을 의미한다. 풍속, 습속은 생산관계의 양식에까지 현현되는 일종의 제도(예컨대 가족제도)를 말하는 동시에 다시 그 제도 내에서 배양된 인간의 의식인 제도의 습득감(예컨대 가족의 감정, 가족적 윤리의식)까지를 지칭한다. (...) **그러므로 도덕 '모랄'의 문학적 관념은** 도덕률이나 도덕 감정도 아니고 또한 혹정의 습관, 습속뿐만도 아니고, **이러한 모든 현상을 그것 자체로서 파악하려고 하는 하나의 인식의 입장을 말함이다.** 과학적 개념은 이러한 도덕을 대상으로 함에 의하여 종국적으로 구체화되어 문학적 표상에 도달하는 것이다."(김남천, 「일신상 진리와 모랄」(『조선일보』1938.4.17.-4.24.), 『전집』1, 359면, 강조:인용자)

24) 김남천, 「장편소설에 대한 나의 이상」(『청색지』2, 1938.8.), 『전집』1, 389-390면.

> **적 관념으로서 정착시키고 그것을 들고 가족사로 들어가되 그 가운데 연대기를 현현시켜 보자는 것**이다. (중략)
>
> 이렇게 평가된 풍속을 갖고 가족사와 연대기로 들어간다는 것은 그러면 구체적으로 무엇을 결과하고자 하는 때문인가.
>
> 풍속을 가족사로 들고 들어가면 우리 작가가 협착하게밖에 살펴보지 못하던 넓은 전형적 정황의 묘사가 가능할 수 있으리라고 생각한 때문이고 그것을 다시 연대기로서 파악하자는 생각은 우리의 정황의 묘사를 전형화하고 그 묘사의 핵심에 엄밀한 합리성과 과학적 정신을 보장하겠다는 심사이다. 다시 말하면 작가의 지적 관심을 높이겠다는 심사이다. 한편 우리가 현순간에서 발견하지 못하였던 **발랄한 생기 있는 인물로 된 이데를 현세인의 형성 내지는 생성과정에서 잡아보려는 야심을 일으키어 현세인 그 자체에 대한 새로운 발견이 가능하지는 않을까**. 그것을 희망하는 마음도 실인즉 없지 아니하다.
>
> '모랄'의 확립, 정황의 전형적 묘사, 생기 발랄한 인물의 창조, 지적 관심의 앙양 - 이것은 족히 '로만' 개조의 기본적인 내용이 될 수 있으며 동시에 상실한 소설성을 작히 탈환할 수 있을 것이라고 생각하였다.[25] (강조: 인용자)

김남천은 풍속과 가족사연대기를 통해 '넓은 정황의 묘사'가 가능할 것으로 보았다. 가족을 중심으로 그들이 관계 맺는 사건과 인물들을 객관적으로 묘사하는 것을 통해 '발랄한 생기 있는 인물로 된 이데'를 발견할 수 있기 때문이다. 이 가족사연대기 소설의 또 다른 목적은 그렇게 그려낸 '생기 있는 인물로 된 이데'가 소설이 발표된 당대인에게 끼친 영향

25) 김남천, 「현대 조선소설의 이념-로만 개조에 대한 일 작가의 각서」(『조선일보』 1938. 9.10.-18.), 『전집』1, 403-405면.

을 파악할 수 있기 때문이다. 이는 1940년 무렵의 조선과 조선인의 이데가 어떻게 만들어졌는지를 『대하』에서 생생하게 묘사된 1910년경 '인물로 된 이데'를 통해 확인할 수 있다는 것이다.[26] 풍속과 가족사 연대기라는 창작방법은 김남천이 생각해 낸 '리얼리즘'적 방법으로 '조선'이라는 '객관적 세계'를 그려내는 것이었다. 중요한 것은 '고발', '모랄', '풍속', '관찰' 모두 '묘사의 정신', 리얼리즘의 방법이라는 것이다.

김남천은 창작방법에는 두 가지 방향-'리얼리즘'과 '아이디얼리즘'-이 있다는 것을 수차례 언급하면서[27], 객관 세계를 묘사하는 리얼리즘과 작자의 주관이 섞인 채 현실을 보는 것을 구분해야 한다는 점을 강조하였다. 즉 리얼리즘은 객관적으로 현실을 보는 것이고, 아이디얼리즘은 주관적 관념의 틀로 현실을 보는 방법이라는 것이다.[28] 그러므로 그의 문

---

26) 김남천은 『조광』 1940년 11월호의 '작중인물지 특집'인 「직업과 연령」의 서두에서 다음과 같이 말한다. "작품 중에서 사망하지 않은 사람은 나의 머릿속에서는 언제나 생활을 영위하고 있는 사람들이다. 내가 소설을 쓰는 날까지 그들은 나의 주위에서 살아나가고 있을 것이다. 직업과 연령은 작품에 나왔을 때의 것이니까 그것을 주의하여서 보아주기 바란다. 예컨대 『대하』의 박성권은 그때(광무 8년)에는 40세였지만 쇼와 15년(1940)에는 74세의 노옹일 것이다 등등."(『전집』1, 643면.) 이처럼 김남천은 '발자크적'인 방법으로 객관적 세계를 문학 내에 구성하려 한 것으로 볼 수 있다.

27) 이도연은 김남천이 구체적인 현실을 고려하려는 문학적 입장을 견지했음을 강조하였다. 김남천은 리얼리즘과 아이디얼리즘을 분류했는데 '셰익스피어적인 것'과 '쉴러적인 것', '발자크적인 것'과 '톨스토이적인 것', '벽초적인 것'과 '춘원적인 것', 궁극적으로는 '관찰적인 것'과 '체험적인 것'으로 나누었는데 김남천은 늘 전자에 방점을 찍었으며, 그의 사유는 이를 따라 점차 현실의 저항을 감지하는 쪽으로 나아갔으며, 이러한 경향과 방향성이 카프 해산 이후 김남천의 문학적 사유를 객관적 현실에 기반한 리얼리즘으로 정초하는 데 밑바탕이 되었다고 보았다.(이도연, 「김남천 비평의 해명과 '리얼리즘'이라는 기표」, 『Journal of Korean Culture』44, 2019, 94-95면.

28) "리얼리즘은 객관적 현실에 주관을 종속시키려는 창작태도이고 아이디얼리즘은 주관적 관념에 의하여 객관적 현실을 재단하려는 태도이다. 즉 리얼리즘은 거침없이 객관적 실재의 본질을 전형으로써 묘사하는 것이고 아이디얼리즘은 추상적 주관으로부터 출발하였든가 그렇지 않으면 현실적 소재를 이상화하고 인위적으로 억지로 타입

학적 행정을 거쳐 도달한 관찰문학론은 "고발 정신의 위에 서 있는 것"이고, "작건 크건 '모랄'을 거쳐왔고, 자기 고발을 경과"한 후 이제는 관찰하는 단계에 이른, 문학의 정신을 풍부하게 할 수 있는 "강렬한 묘사의 정신"이다.[29] 리얼리즘적 창작방법에 대한 강조는 해방 이후에도 동일하다. 제목부터가 「창작방법의 신국면」(1937)을 떠오르게 하는 「새로운 창작방법에 관하여」(1946)에서 김남천은 '창작방법'이라는 것이 리얼리즘/아이디얼리즘으로 작가를 갈라놓고 레테르를 붙이기 위한 것이나 어떠한 방식을 강요하기 위한 것이 아니라 "작가의 생활내용을 충실히 하고 사상내용을 풍부히 하기" 위한 것이라고 설명한다.[30] 창작방법이 바탕이 되어야 '혁명적 로맨티시즘'을 계기로 하는 '진보적 리얼리즘'의 민족문학을 건설할 수 있다는 것이다.

> 그러면 이러한 리얼리즘이 현실적으로 진보적 리얼리즘이어야 하는 까닭은 어디에 있으며 또 그것이 혁명적 로맨티시즘을 계기로서 내포하지 않으면 안 되는 까닭은 어디에 있는 것일까. 그것은 첫째로 우리가 거족적으로 총역량을 집결해서 싸우고 승리적으로 해결해야 할 민족적 역사적 과제가 진보적 민주주의의 건설이라는 데 있지 않으면 안되겠다. 다시 말

을 창조하든가 현실의 일상 쇄사만을 과장하여 그리는 것이다. 전자는 기성의 선입견에 거침없이, 그리고 그러한 선입견에 있어도 그것을 격파하고 철저하게 현실에서부터 출발하는 것이며, 후자는 가정된 모종의 관념을 가지고 현실을 그것에 맞도록 들어맞추려 한다. 그러므로 후자는 선입견에 의하여 현실을 왜곡하든가 혹은 전도된 현실을 반영한다. (...) 그러므로 고발문학은 수미일관한 모사의 인식론에 입각한 현대 유물론에 입각한 현대유물론과 관련된 이 땅의 리얼리즘 문학이라고 말할 수 있을 것이다." (김남천, 「창작방법의 신국면」(『조선일보』 1937.7.13.), 『전집』1, 238-239면.)

29) 김남천, 「시대와 문학의 정신」(『동아일보』 1939.5.7.), 『전집』1, 494면.

30) 김남천, 「새로운 창작방법에 관하여」(『중앙신문』1946.2.13.-16.), 『전집』1, 756면.

하면 현재의 조선 혁명의 성질이 진보적 민주주의 혁명의 단계라는 데서 오는 것이 아니면 안되겠다. 왜냐하면 창작방법으로서의 리얼리즘이 문학작품으로서 창조되고 또 그것을 중심하여 거대한 운동으로서 전개되는 경우에는 그것은 언제나 역사적으로 시대적으로 특정되는 경향을 가지고 구체화되는 것이 사실이요, 그렇다면 현재의 역사적 시대에 있어서도 진보적 민주주의 건립의 민족적 과제와 떠나서 여하한 구체적인 리얼리즘도 있을 수 없는 것이기 때문이다. 이것이야말로 또한 과거의 문학사상에 나타난 여하한 리얼리즘과도 우리의 그것을 구별하는 하나의 성격이 아닐 수 없을 것이다.

둘째로 그것은 과학적 유물론, 더 정확하게는 유물변증법과 맞붙는 리얼리즘이 아니면 안되겠다. 왜 그런고 하면 리얼리즘은 언제나 그대로 리얼리즘이 아니요 구체적으로는 어떤 세계관과 관련하는 것이므로, 우리는 현실을 유동성과 발전성에 있어서 파악하는 과학적 유물론의 무장 없이 진정한 진보적 리얼리즘을 이해할 수 없다고 생각한다.

셋째로 그것이 혁명적 로맨티시즘을 커다란 계기로 하여야 하는 이유는 무엇일까. 도대체 로맨티시즘의 토대가 되는 것은 현실에 만족하지 않고 명일과 미래에로의 부단한 진진, 다시 말하면 현실적인 몽상, 미래를 위한 의지, 가능을 위한 치열한 꿈 등인 것인데, 일본 제국주의에 의하여 해방은 되었으나 국수주의와 봉건적 잔재와 일본 제국주의적 잔재를 소탕하고 토지문제의 혁명석 해결과 전취(戰取)에 의하여 비로소 민주주의적 과제의 해결을 볼 수 있는 현재의 민족적 과제야말로 이것을 위하여 싸우는 민족의 거대한 꿈과 영웅적인 정신과 함께 정히 민족의 위대한 로맨티시즘이 아닐 수 없기 때문이다.

그러므로 한마디로 말하여 혁명적 로맨티시즘을 계기로 내포한 진보적 리얼리즘이란 하나의 종합적인 스타일을 갖추는 민족문학 수립의 커다란

기본적 창작태도라 말할 수 있을 것이다.[31)]

인용에서 볼 수 있듯이, 김남천은 리얼리즘적 창작방법을 통해 민족문학을 건설할 수 있다고 본다. 해방 이후에도 여전히 고발문학에서 관찰문학을 거쳐 객관적으로 현실을 묘사하는 리얼리즘적 창작방법을 강조하는 것이다. 김동석은 이를 두고, 김남천의 해방기 리얼리즘론은 1930년대 그의 리얼리즘론과 "현저한 질적 차이를 갖는다고 보기는 어렵"지만 그가 "현실에 대한 철저한 묘사"라는 리얼리즘 위에 서 있기 때문에 아이디얼리즘(관념성, 추상성)의 침범을 심각하게 우려하고 리얼리즘의 본래의 정신인 분석적 묘사 정신으로 돌아가 객관적 현실의 난관을 뚫고 나가야 함을 강조했다고 보았다.[32)] 해방기는 또 다른 전환기였다. 문학론은 이전과 달라질 것이 없다 해도, '8.15'라는 '중요한 사태'는 현실의 많은 점을 변화시켰다. 일제 말기에는 이념적 지향을 내보일 수 없었고, 리얼리즘적 창작방법을 이야기한다 해도 그것이 무엇을 목적으로 하는지를 선명하게 제시할 수 없었다면, 해방은 리얼리즘적 창작방법을 통해 보여주고자 하는 현실과 그 목적을 명확히 제시할 수 있다. 그러니 해방 이후에는 "형식에 있어서는 민족적이오 내용에 있어서는 민주주의(반제, 반봉건, 반국수)적인 민족문학이 건설"되어야 하고[33)], 문학은 인민의 투쟁 무기가 되어야 했다.[34)] 1930년대 후반에 리얼리즘적 창작방법을 통해 전환기 식민지 조선의 현실을 관찰하고 객관적으로 충실하게 묘사하

31) 김남천, 「새로운 창작방법에 관하여」, 『전집』1, 760-761면.
32) 김동석, 「해방기 진보적 리얼리즘에 대한 일고(一考)-1930년대 후반 리얼리즘론과의 관련성을 중심으로」, 『한국근대문학연구』11, 2005, 316면.
33) 김남천, 「조선문학의 재건(再建)」(『민성』6, 1946.4.), 『전집』1, 769면.
34) 김남천, 「문학의 교육적 임무」(『문화전선』1, 1945.11.), 『전집』1, 732면.

여 기록으로 남겨놓는 것에 김남천 문학의 목적이 있었다면, 해방 이후의 리얼리즘적 창작방법은 '민족문학 건설'이라는 혁명적 로맨티시즘을 보여주기 위한 리얼리즘이어야 한다는 것이다.

그렇다면 『대하』-『동맥』-「삼일운동」은 어떻게 읽을 수 있을까. 세대의 문제는 『대하』에서 『동맥』·「삼일운동」을 통해 더욱 잘 드러난다. 이미 언급한 것처럼 『대하』가 1910년 무렵의 풍속(제도와 제도의 습득감)을 묘사하면서 '인물을 통한 이데'를 보여주었다면, 『동맥』과 「삼일운동」은 『대하』의 박성권 일가라는 울타리를 넘어 성천읍의 다음 세대의 모습에 집중하여 관찰한 바를 '발자크적'으로 보여주었다. 『대하』는 성천 지역에 자리잡은 박성권 일가의 이야기를 그리는 가족사소설이다. 박성권의 치부(致富)와 차함(借銜), 형준과 형선이 장가를 가고 서자인 형걸이 탈가(脫家)하기까지의 이야기로 소설의 배경이 되는 1910년을 전후로 한 시기의 풍속을 풍부하게 묘사하면서 당대의 현실을 여실히 그려냈다. 통상 『대하』를 박성권과 서자인 형걸을 중심으로, 근대인으로서의 형걸의 성장에 초점을 맞추어 논의한다. 『대하』는 분명 박성권 부자의 세대 차이를 보여주는 것처럼 읽힌다. 아버지의 세계에 자리잡지 못하는 서자 형걸이 아버지의 집을 떠나고, 『동맥』에 이르면 형걸은 서울에서 '근대'를 공부하는 것으로 알려지면서, 세대의 시대정신의 차이를 명확하게 보여준다. 그렇지만 엄밀히 말하자면, 『대하』는 형걸이 아니라 자본주의의 생리를 꿰뚫고 봉건적인 세계에 살고 있지만 세상이 돌아가는 것과 자본의 흐름에 기민하게 반응하는 과도기의 기성세대 '박성권'의 이야기다.[35)]

---

35) 실제로 『대하』의 상당 분량은 박성권의 이야기이다. 사건과 행사를 대하는 박성권의 생각과 일처리에 대한 서술이 자식 세대에 대한 서술보다 많은 분량을 차지하는 점에서 보아도, 『대하』는 아버지 세대인 박성권의 서사로 볼 수 있다. 『동맥』과 「삼일운동」

박성권은 근대 전환기의 흐름을 타고 움직인다. 그는 '갑오년 난'을 만나 치부하고 성천에 자리를 잡는다. 박성권의 시대정신은 비슷한 세대인 다른 밀양 박씨, 박리균 형제의 그것과 판이하게 다르다. 여전히 '열녀'와 '가문'에 집착하면서도 마방과 국숫집을 운영하는 '양반' 박리균 형제와 달리, 박성권은 일찍부터 '돈'의 논리와 흐름을 재빠르게 파악했다. 그는 자본주의 시대의 생리를 파악했으며 그것을 자신의 세대 정신으로 받아들인 '신흥 자본가'이다. 이는 세간의 이목에도 상관하지 않고 처첩을 한 집 살림을 시키면서 부를 축적한 것에서도 볼 수 있다. 자본력이 선행되면 명예와 지위 등도 쉽게 갖출 수 있다는 자본주의의 생리를 박성권은 잘 알고 있었기 때문이다. 그래서 어느 정도의 자본을 축적한 이후에야 그는 처첩을 독립시키고 아들들의 이름을 항렬자를 따 고치고, 차함 참봉이 되면서, '졸부'에서 '자본가'로 면모를 바꾼다. 자본력을 갖추었음에도 '참봉'을 사고 봉건주의적 면모를 보이는 것은 모순처럼 보이지만 이는 당시 조선의 권력이 무엇을 기반으로 하고 있는지를 박성권이 매우 잘 파악하고 있음을 방증하는 것이기도 하다. 흥미로운 것은 '박참봉'이 된 이후에도 그는 여전히 집안의 모든 일-특히 금전과 관계된-을 자신의 손으로만 관리한다는 것이다. 그는 큰아들 형준은 자신이 이룩한 것을 잘 관리하며 살면 된다고 생각해 그에게는 신식 공부도 시키지 않았으면서도, 형준에게 후계자 수업을 시키지도 않는다. 36계에 빠지고 권태에 깊이 침윤된 형준의 무기력함은, 다음 세대로의 세대 이행 과정을 수행하지 않고 여전히 살림의 주도권을 쥔 박성권 때문이다. 이런 상황

으로 넘어가야 비로소 자식 세대의 이야기가 중심이 되고, 자식 세대에 초점이 맞추어졌을 때 부모 세대(박성권, 최씨, 최관술 등)의 모순적인 면이 대비되어 드러나게 된다.

에서 형준은 자신의 세대 정신을 갖지 못하고 당연히 자기 세대의 인정투쟁에 나서지도 못한다. 『동맥』에서 형준이 등장하지 않는 것은 어찌 보면 당연한 결과라 할 수도 있다. 무기력한 형준은 어떠한 이데도 보여줄 수 없기 때문이다.

물론 『대하』에서는 개화기와 근대의 전환기에서 근대로의 탈출을 감행하는 형걸의 이야기도 비중 있게 전개된다. 박성권이 전환기라는 거센 파도를 타고 있다면, 형걸은 거기에서 벗어나 새로운 파도로 옮겨 간 것이다. 그 새로운 서사가 해방기에 발표된 두 작품, 『동맥』과 「삼일운동」으로 이어진다. 『동맥』은 동명학원을 중심으로 한 청년세대의 서사라 할 수 있다. 「삼일운동」에서 종교와 성별, 계급에 상관없이 연대하여 삼일운동에 앞장서는 동일학원의 교사 현우성은 『동맥』의 형걸 · 형선 · 보부 · 영구의 세대이다. 1930년대 후반에는 한 가족, 박성권 가족을 중심으로 했던 서사였으나 해방 이후 발표된 서사에서는 그들을 포함하여 민족의 구성원을 두루 포함하는 세대의 횡적 확장을 보여준다. 근대적 전환기를 지나온 청년 세대가 보여주는 민족의 미래에 대한 이상, 그에 대한 동경이 혁명적 로맨티시즘이라면 그것을 '인물을 통한 이데'로 묘사하는 방법이 진보적 리얼리즘인 것이다. 3장과 4장에서는 『동맥』과 「삼일운동」의 청년 세대가 어떻게 묘사되는지, 이것이 해방기에 어떤 의미를 갖는지를 살펴보겠다.

3. 세대의 횡적 확장과 청년세대의 연대

『대하』에서 『동맥』과 「삼일운동」으로 넘어오면서, 박성권 일가에 집중되었던 서사는 아들 세대의 서사로 확장된다. 이 청년세대의 이야기가 해방 후 발표된 서사의 핵심이 된다.

『대하』에서 박형걸은 "박의 서자, 19세, 형선과는 달로 차이가 있다. 동명학교 생도. 서자로 서의 차별 대우에 불만하여 신분제도 적서 차별 관습에 반역하고 개화사상에 공명. 작품 종말에서 집을 버리고 출향"[36]하였다. 서자인 형걸은 출생부터 차별을 받아 왔기 때문에 아버지의 세계 안에서 안온하게 자란 다른 동기들과는 다른 시대정신을 선취할 수 있었다. 그러나 형걸은 박참봉 집안의 다른 이들보다 '상대적으로' 깨어 있을 뿐, 근대적이지는 못하다. 그의 출가도 근대에 대한 강렬한 열망 때문이라기보다는, 집에 있을 이유를 잃었기 때문이라고 보는 것이 옳을 것이다. 형걸은 적서 차별에 반항했을 뿐이고, 개화사상에 '공명'했을 뿐, 그것을 온전히 자신의 시대정신으로 받아들이지는 못한 상태에서 집을 나갔다. 형걸이 쌍네에게 마음을 품고 난 후 그에게 존댓말을 하거나, 기생 부용의 영민함에 반해 여느 남성들처럼 기생 대하듯 하는 것이 아니라 마음이 있는 여인에게 하듯 마음을 주는 것은 그가 봉건적 신분제도에 반항하는 근대적 변화와 맞닿아 있다는 것뿐, 그가 문우성만큼 근대적인 것은 아니다. 부용의 방에 아버지 박참봉이 들어 있다는 것을 알게 되고, 부용의 집을 나와서 쌍네와 마주치면서, 형걸은 아버지, 부용, 쌍네와 헤어진다. 이는 아버지의 세계와의 결별을 의미한다. 『대하』의 마지막에서 형걸이가 찾는 존재는 문우성이다. 그는 성천 밖에서 성천으로 들어온 인물, 박참봉의 세계 밖에서 온 인물이며, 형걸이 좇아야 할 선구자였고,

36) 김남천, 「직업과 연령」, 『전집』1, 644면.

출가를 결심한 형걸에게는 동역자가 된다.[37] 문우성은 성천의 청년세대에게 근대 지식인의 상을 제시하고 학생들에게 영향을 준 후 성천을 떠났다. 문우성을 좇는 것에서 그칠지, 그의 길을 따라 그를 넘어설지 결정하는 것은 동명학교 학생들의 몫이다. 『동맥』에서 동명학교에는 형걸도 문우성도 없다는 것은 주목할 만하다. 과도기적 학교는 새로운 근대적 표상에 자리를 내어준다. 성천 내 근대적 가치관의 구심점이 사라진 자리에 교회의 새 예배당이 들어서면서 기독교의 세력이 확장되고, 천도교는 갱고지로 밀려나면서, 성천은 동서양의 종교와 문화가 대립되는 장이 된다.[38]

『대하』와 『동맥』의 차이이자 『대하』가 그리는 근대 전환기의 한계는 형걸-형선의 관계에서 드러난다. 박성권의 집을 중심으로 작동하는 가부장적 봉건적 세계관은 집밖에서는 근대에 밀려날 수밖에 없다. 『동맥』에서는 사라진 형걸 대신 그의 동기 박형선이 부각된다. 형선보다 한 달 먼저 태어났지만 형걸은 서자이기 때문에 셋째가 되고, 혼인 문제에서도 후순위로 밀린다. 정보부와 혼인 말이 오갔던 것은 형걸이었으나, 정보부는 형선과 혼인하게 되고 형걸은 남전 최초시네 딸과 혼인하기로 했지만 집을 나가버려 혼인하지 못한 채이다. 학교와 집에서의 생활을 보아

---

37) "문선생한테로 가자! 그러나 문선생을 찾아가는 목적은 아까와는 판판 달랐다. 어떻게 할 바를 몰라 해결의 방도를 상논하고 위안을 받으러 가는 것이 아니고, 새로운 결심을 실행하는 첫 계제로 그를 찾는 것이다. 문선생은 벌써 선도자의 지위에서, 수단을 조력해주는 원조자의 지위에 내려선 것이다." (김남천, 『대하』, 푸른사상, 2013, 286면.)

38) 이행미는 『동맥』에서 전환기 서양과 동양의 문화이념에 대한 고찰이 기독교와 천도교의 대립을 통해 나타난다고 보았는데, 『대하』에서는 전통과 외래문화의 갈등이 크게 부각되지 않았으나 『동맥』에서는 대립이 표면화되고, 기독교와 동학의 대비가 보편과 특수라는 문제로 논의된다는 점에 주목하였다.(이행미, 앞의 글, 112-113면.)

도 형걸과 형선은 돈독한 형제라기보다는 라이벌인 것처럼 생각되지만, 둘은 '동명학교'를 중심으로 연결되어 있다. 집안에서는 적서차별이 있었지만, 동명학교의 신식 교육을 받은 이들은 전환기의 시대적 인식이나 가치관 면에서 공유하는 점이 많다. 둘의 또 다른 연결고리는 문우성 선생과 교회이다. 평양에서 더 들어간 성천 지역의 유일한 신식학교인 동명학교의 교사 문우성은 그 근방에서 가장 근대적 정신과 사고방식, 태도를 갖춘 사람이다.[39] 형걸이 문우성에게 영향을 받아 교회에 나가고 전도 활동도 했던 것처럼, 형선 역시 교회에 나갔다. 또 서울에 간 형걸의 편지를 받은 형선이 형걸과 함께 서울 유학을 결심하고 출향(出鄕)을 허락받는 등(『동맥』 6회) 형선과 형걸은 같은 세대로 공유하는 지점이 많다. 물론 누구에게도 알리지 않고 집을 떠나는 형걸의 인정투쟁 방법이 아버지에게 허락을 구하는 형선의 그것에 비해 좀 더 급진적이라는 차이는 존재한다. 결국 박참봉의 집을 떠나야 비로소 근대에 설 수 있는 것이다. 김남천이 『대하』에서 그렸던 인물의 이데란 근대 전환기의 신흥자본가의 그것이었기 때문에 『대하』는 당시의 풍속을 잘 보여주었지만, 3.1운동에 이르는 민족적 자각이나 근대적 사고에는 다다르지 못했다. 『동맥』이 그리는 세대의 횡적 확장에서부터 비로소 민족적 자각과 근대인의 이데를 보여줄 수 있는 것이다. 이런 점에서 볼 때 『동맥』은 해방 후를 이끌어나갈 세대의 정신적 지향이 어디에서부터 시작되었는지를 보여주는 역할을 담당하고 있다고도 볼 수 있다.

이런 점에서 『동맥』이 서사 속에서 사라진 형걸보다 형선에 집중하는

39) 성천의 '근대'는 나카니시 상점을 중심으로 한 근대의 물건들이 중심이 되어 서술되는데, 동명학교와 문우성 선생은 자본주의적인 물성이 아닌 정신성을 강조하는 위치에 놓인다. 문우성 선생이 오면서 비로소 성천은 근대의 속성을 갖춘 공간이 될 수 있다.

것에도 주목할 만하다. 형선은 '관찰자'이다. 문우성이 학교를 그만둔 후, 형선도 학교를 그만두었는데 그의 아내 정보부의 눈에는 그저 친구와 함께 시간을 보내고 공부도 하지 않는 것처럼 보인다. 그러나 그는 예배당과 연설회 등을 다니면서 자신이 속한 청년 세대의 변화를 낱낱이 관찰한다. 연설회 이후 동명학교 학생들이 연설회 후 홍영구를 찾아갔을 때에도 "박형선이가 좀 떨어져서 역시 아무 말 없이 우두머니 서 있었다."[40] 그는 형걸이나 혈기 왕성한 다른 친구들처럼 생각한 바를 곧바로 행동을 옮기지 않는다. 형걸의 편지를 받고도 한참을 고민하다가 떠날 결심을 한 것도 그렇다. 이런 점에서 형선은 형걸보다는 홍영구와 비슷한, 회의(懷疑)하는 인물에 가깝다고 할 수 있다.

『동맥』에는 새로운 인물, 홍영구가 등장한다. 홍영구는 최관술에 이어 천도교를 대표하는 이이며, 천도교의 청년 세대를 대표한다. 「개화풍경」은 교회 낙성식과, 그곳에서 열린 연설회에서 동명학교 청년대표(이자 기독교인) 이태석과 천도교 청년대표인 홍영구가 연설을 하고, 이후 동명학교 학생들이 홍영구의 연설 내용에 분개해 싸우는 내용을 그리고 있다. 해방 후 발표된 『동맥』에서는 이 연설회(4-5회)의 앞뒤로 이야기가 더 전개되는데, 연재 2회분은 갱고지의 홍영구의 이야기다. 2회의 홍영구 서사는 『동맥』을 가족사소설 『대하』의 2부로 보기 어렵게 만드는 요소로 여겨지기도 했다. 성천과 박성권 일가의 범위에서 벗어난 갱고지의 홍영구 이야기는 이질적으로 느껴질 수 있다. 그러나 엄밀히 말하면 갱고지의 홍영구 역시 박성권과 완전한 타인은 아니다. 박성권의 처남인 최관술의 아버지, 전주 최씨 최한룡이 왕노릇하는 갱고지에서, 최관술에

40) 김남천, 「동맥」 5회, 『신조선』3, 1947.5.

게서 개명사상과 천도교를 배운 이가 바로 홍영구이기 때문이다.[41] 홍영구는 천도교로 최관술과 연결되어 있고, 동명학교로 형선 · 형걸 형제와 연결되어 있다. 평양 〉 성천 〉 갱고지의 공간의 위계는 근대성의 공간적 위계를 보여주는데, 갱고지로 갈수록 근대와 여전히 거리가 먼 것으로 그려진다.[42] 이 공간적 위계는 종교적 차이도 보여준다. 기독교 교회당이 크게 들어서면서 성천이 기독교를 보여준다면, 최관술의 본거지인 갱고지는 쇠락해가는 천도교의 공간이다. 그러한 성천과 갱고지를 연결하는 것이 신식학교인 동명학교라는 점은 '근대' 교육이 이 종교적 차이를 어떻게 판단하는지를 보여준다.

『동맥』에서 천도교는 중요한 소재이다. 갱고지의 천도교는 최관술의 이미지로 갈음된다. 『대하』에서 최관술이 혼자 신식 옷차림을 뽐내며 개화한 겉모습에 집중했다면, 2년이 흐른 후인 『동맥』에서는 주문을 외는 모습을 다른 이들에게 보이면서 엄숙한 종교인의 모습을 보여주려 애쓴다.[43] 그러한 엄숙함은 근대적이기보다는 오히려 미신적으로 보인다. 그

41) "전주 최씨네가 세도하는 이 갱고지서 최향수네와 한 문중도 아니면서 제법 고개를 들고 살아나가는 집은 홍영구네 뿐이었다. (...) 그에게 한문을 가르쳐 준 것은 최향수였고 그에게 개명사상과 천도교를 일러 준 것은 최관술이었다." (김남천, 「동맥」2회, 『신문예』3, 1946.10.)

42) 『동맥』 4회에는, "천도교의 도인이 전 조선의 삼백만을 세이고, 이 군내만 하더라도 최관술이는 항용 불려서 삼만도인이라 칭호하지만, 고을 교구에 시일예식마다 참석하는 도인 수는 불과 오십 명을 넘지 못하였다. 그것도 갱고지나 수덕이나 돌경이 같은 가까운 촌락으로부터 일부러 참석해서 겨우 고만 머릿수밖에 차지 못한다. 고을서 천도교를 믿는 집은 박참봉네 작인이 세 집, 박참봉의 돈을 빌려 쓴 집이 두 집, 그리고는 촌으로부터 고을로 들어와 사는 다섯여섯집, 그런 숫자밖에는 되지 못하였다. 삼만 도인의 대부분은 모두 읍내가 아닌 촌락에만 퍼져서 널려있는 것이다. 동명학교로 말해도 학도 이백명에 천도교를 믿는 사람은 홍영구와 촌으로부터 유학 온 두세학생밖엔 찾아볼수없을 지경이었다."(김남천, 「동맥」4회, 『신조선』 1947.3., 123면.)

43) "최교령 최관술 교구장은 하인이 깔아놓은 자리 옆에 청수를 모셔놓고 고요히 자리를

는 듣지도 못하고 말도 못하는 손녀를 걱정하는 누이 최씨에게 '선약'을 추천한다. "사십구일의 기도를 올리고 강령에 의해서 영부를 친히 받아가지고 내려온 신령한 도인이 있는데" "청수올린 물에다가 그 노파가 써주는 영부를 태워서 타가지고 하루 세때 정성된 마음으로 장복을해서 효험을 본 도인이 벌써 수십명"이라면서 "천지만물의 생명이며 사람의 생혼이며 세상을 살리는 하늘의 대혼백인 영부를 두시고 다른 약이 있을리 있겠"냐면서 두 종류로 된 아흔 장의 부적 쓴 종이조각을 누이에게 준 것이다.(『동맥』3회) 최관술의 천도교는 동학이 강조했던 인내천보다는 미신에 더 가깝다. 이런 미신적 성격은 종교의 공간적 위계에서 점점 더 중앙으로부터 밀리고, 과학적 합리적 사고가 바탕이 된 '근대'에서도 밀려날 수밖에 없다.

신식학교에서 근대교육을 받은 홍영구는 비판적이고 회의(懷疑)적인 청년 지식인이다. 홍영구는 천도교의 천덕송이 아니라 '아이들 시절에 즐기던 노래'인 "새야 새야 녹두새야"를 부른다. "어렸을때에 멋모르고 부르면서 놀던 이 노래가 동학란을 두고 불려진 것이오「녹두」는 전봉준이 애명「파랑새」는「팔왕새」의 와전된 것「팔왕」은 전짜의 파자인 것

정지하고 앉었다. (...) 나직하나 말 힘이 들어 보이는 최교령의 주문 외는 소리가 들리기 시작한다. 한번 두 번을 기듭할수록 음성은 커지고 도통한 사람처럼 목소리는 떨려서 문풍지를 울리는 것이라. 세 번을 되풀이하고는 성주를 그만두고 깊이 생각에 잠겨서 염주를 시작한다. 예식이외에는 그저 속으로 묵념만 하는 것이나 교구장은 일반도인과는 달리 세 번은 소리를 내어 송주하는 버릇이 있었다. 일반도인과 자기를 구별하려는 생각은 이러한 일상수련 행사에도 나타내려고 애써본다. 개화경 쓴 눈을 지그시 감고 자개수염 달린 입술을 허물허물 떨 듯이 허면서 그때에 그의 누이되는 최씨가 안방에서 나와서 안마당으로 통하는 샛문을 열고 기웃하니 동정을 엿보는 것을 알았으나 그런 것에는 전혀 정신이 없다는 듯이 손목에 걸은 염주를 한 알씩 넘기면서 강령문과 불망사를 묵념하기에 여념이 없었다."(김남천,「동맥」1회,『신문예』1946.7.,87면.)

을 들은 뒤엔 그는 이 단조로운 동요를 천덕송보다도 즐겨서 노래하였고 녹두를 심은 밭샛길을 걸을 때엔 언제나 입속으로 이것을 흥얼거"린다.[44] 홍영구에게 '천덕송'과 '새야 새야'는 다른 의미이다. 그는 '동학'과 '천도교'를 구분해서 인식한다. 즉 종교화되기 전, '민중'을 위한, 민중에게서 시작된 동학의 정신을 담은 노래인 '새야 새야'가 동학의 본질을 더 잘 알려주고 있다고 생각하는 것이다. 동학의 본질은 '인내천 사상'이다. 그렇지만 『동맥』에서 나타나는 천도교(최관술로 대표되는)에는 '인내천'이 보이지 않는다. 갱고지에서 살아온 홍영구에게 천도교는 선택 없이 수용된 것인데, 근대를 배우는 청년에게 천도교는 그가 배운 지식과 맞지 않는 것들이 많다. 연설회에서 할 연설 내용을 준비하면서도 홍영구는 "위생사상은 수심정기의 이치에다 붙여서 은근히 천도 교리를 밝히려 하는 것이나 새로 배우는 생리학과는 어디선가 조금씩 동착을 일으키는 듯한 것을 막연히 느"낀다.(『동맥』 2회) 그에게 천도교리는 일정 부분 "허전한 공허감"을 느끼게 하고, 학교에서 배우는 수학, 생리학, 역사와 부조화되는 듯한 느낌만 받는다. 홍영구의 비판적 인식은 여기에서 그치지 않는다. 그가 교회 낙성식 연설회에서 최관술이 초한 연설문이 아닌, 자신이 쓴 〈여심(汝心)과 오심(吾心)〉을 웅변하는 것에서도 알 수 있다.

> 조금만 사리를 주의해서 듣는 이라면 이태석이가 말한 것이 천도교인 것 그리고 맹물 운운한 것이 청수봉전을 두고 빗대어 말한 것임은 누구나 다 알 수 있는 일이었다. - 나는 적진 중에 앉아 있는 것만이 아니다 - 난 이미 선전의 포고를 받았다. 적은 나에게 도전하였다. 그런 생각이

44) 김남천, 「동맥」2회, 『신문예』3, 1946.10.

> 막연히 머리에 떠오르면서 홍영구의 정신은 차차 가라앉기 시작하였다. 「인제는 내 차례다. 나도 입이 있다. 나에게도 나의 주장을 발표할만한 언권이 있다.」(중략)
>
> 「(...) 동학이야말로 우리 겨레의 반만년 정신사의 가장 진수를 핵심으로 해서 사람 성품과 우주의 자연물리에 쫓아 이루어진 종교인 때문이올세다. (..) 사람이 곧 하눌 여심이 곧 오심 많은 종교가 한 가지로 하느님을 섬기고 공격하되 스스로 천도교와 판이한 까닭은 또한 여기에 있지 않으면안되는것이오니 인내천이라함은 하느님이 저 허공이나 혹은 다른곳에 따로이 있는 것이 아니라 우리 사람자체속에 있다는 것을 말하는 것이올세다.[45]

홍영구는 이태석이 공박한 '미신'이 천도교의 한 모습임을 알고 있었다. 그리고 이것은 이미 "그의 마음속에 막연히 자라나고 있던 의혹"이었다. 이태석의 공격에 흥분한 것도 영구 자신이 "수도법식의 의혹점으로 생각해 오던 것"이었기 때문이다. "새로운 과학을배우고 그리고 그것을 전심으로 믿어야 한다고 생각하는 홍영구에게는 의심 없이 수긍할 수 없는 이단사설이 아닐 수 없"는 것이 바로 천도교가 보여주는 미신적 믿음이었다. 홍영구의 세대가 가진 시대정신은 '과학적 사고', '합리적 사고'이다. 근대의 세례를 받은 이들에게 미신은 늘 회의 대상이 된다. 그래서 홍영구는 천도교가 아니라 '동학'을 호명한 것이다. 그는 기독교를 '서학'의 자리에 놓고, '동학'을 강조한다. "우리 조선사람과는 아무런 상종도 없었던 저 유태인의 원시적인 민족신"을 섬기는 서양 종교 또한 "틀림없는 미신 새로운 귀신을 섬기라는 것"이라는 주장이다. 홍영구는 기독교를 유

45) 김남천, 「동맥」5회, 『신조선』3, 1947.6., 105면.

태인의 '민족신앙'으로 범위를 축소하면서 우리 민족에게는 우리의 신앙이 필요하다는 점을 강변한 것이다. 여기에서 홍영구가 강조하고 싶은 것이 무엇인지 알 수 있다. 홍영구는 '천도교'가 아니라 '동학', 우리 '민족'의 정신을 강조하고 싶은 것이다. 「동맥」 2회에서 "새야 새야" 노래를 부른 것 역시 같은 맥락이다. 근대의 과학적 합리적 사고를 시대정신으로 가지고 있는 홍영구에게 '기독교-근대 vs. 천도교=민족주의'으로 단순화해서 볼 수만은 없다. 홍영구에게는 우리 민족'만'의 것이 더 중요한 것이다.

종교의 대립이 위계를 만들기는 하지만, 김남천이 이러한 구도를 통해 천도교를 민족 종교로 자리매김하려 했다고 보기는 어렵다.[46] 이는 「삼일운동」에서 더욱 확실하게 나타난다. 「삼일운동」에서 동일학교 학생들은 토론회에 갔다가 천도교 청년들과 주먹다툼을 했는데, 그 원인은 천도교 청년대표 박관영이 한 강연 〈여심(汝心)과 오심(吾心)〉 때문이었다.

> 두일 (...) 演說이 折半 以上 지내가자 自己 教義의 說明이기보다는 西學 西學하면서 其實은 우리 예수教를 攻擊하는 言辭가 露骨的으로 들어나게 되었습니다. 더구나 天道教의 東學은 조선 사람의 心中에서 조선사람의 環境 가운데서 스스로 생겨나고 우러나온 조선사람의 생각이요 理想이요 宗教임에 反하여 저 西學은 事大的인 洋人 崇拜와 洋人 追隨로서 極端으로 말하면 朝鮮을 精神上으로 西洋에 팔아 넘기려는 浮薄한 생각의 所致라 指摘하고, 都大體

46) 양문규는 김남천이 다른 좌익 작가들과 달리 해방 이전부터 종교계의 민족부르주아의 행방에 관심을 보였고, 해방 이후 이 관심이 본격화했다고 보았다. 그래서 『대하』와 『동맥』에서 기독교와 천도교의 민족부르주아의 형성 과정을 그리면서, 김남천이 천도교를 통해 근대화의 민족민중적 성향에 주목하려 했다는 점을 강조하였다.(양문규, 앞의 글, 236면.)

> 유대國이 우리 조선과 무슨 相關이며 유댓나라 木手의 아들이 우리 조선사람과 무슨 關係가 있느냐고 鼓吹했습니다.[47]

박관영의 강연은 홍영구의 연설과 제목과 내용이 동일하다. 이 강연의 핵심은 '너와 나' 모두 같은 민족, '조선사람'이라는 것이다. 조선에서 나온 조선의 정신의 중요성에 대한 강조가 종교의 대립이라는 외피를 쓰고 드러난 것이다. 『동맥』에서는 연재 중단으로 이 연설회 이후 기독교 청년들과 천도교 청년의 대립이 어떻게 마무리되는지 알 수 없다. 하지만 「삼일운동」에서 〈여심과 오심〉 이후의 전개를 예측해 볼 수 있다.

> 고영구 (...) 그런데 아까 내가 밖에서 잠간 엿듣자니 仔細히는 몰라도 天道教와 어떤 不祥事가 생긴 것 같은데 時日**이** 三月 一日**로** 迫到**해 있는만큼 모든** 感情**이나** 教義**와** 主旨**의** 差異**를 넘어서** 玄 先生 **스스로** 率先**하여** 急速**히** 統合**을** 實行**하여 이날 우리** 民族**의 커다란** 擧事**에 남김없이 힘을 모으도록 하여야 될 줄 압니다.** 實은 나도 오늘은 단순한 基督教徒인 것만은 아닙니다. 來日이라도 곧 손을 나누아 힘이 미치는 데까지 秘密裡에 統一事業을 決死的으로 展開하여平壤이나 或은 어떤團體로부터 指令이 있는대로 全國的인 歷史的 擧事에 積極的으로 參與할 態勢를 갖추는 것이 必要하다고 생각합니다.[48] (강조:인용자)

고영구는 거사일(3.1운동)을 앞두고 있으니 "모든 감정이나 교의와 주

47) 김남천, 「삼일운동」, 『삼일운동』, 아문각, 1947, 164면.
48) 김남천, 「삼일운동」, 173면.

지의 차이를 넘어서" 힘을 모아야만 한다고 강조한다. 만세운동은 조선의 독립을 위한 것이고, 조선의 독립을 위해서는 힘을 합쳐야 한다는 것이다. 일제라는 적이 있는데 우리 민족끼리 싸운다는 것은 옳지 않다. 화합을 방해하는 모든 요소들은 일단 덮어둘 필요가 있다. '여심과 오심'은 '조선 독립'으로 수렴된다. 고영구는 그 단 하나의 목적을 다시금 일깨운 것이다. 이러한 점에서 봤을 때, 김남천이 천도교(동학)를 더 중요하게 보았다고 할 수는 없다. 양문규는 해방기에 김남천의 천도교에 대한 새로운 관심이 작품을 통해 나타나는데, 동학과 천도교가 근대와 민족주의 노선의 중요한 축을 담당하게 하면서 동학이 과거의 사건으로 끝난 것이 아니라 3.1운동을 견인하는 중요한 역할을 했음을 『동맥』과 「삼일운동」에서 보여주려 했다고 주장했지만,[49] 『동맥』의 홍영구와 「삼일운동」의 고영구를 보면 김남천이 강조하려 했던 것은 특정 종교가 아니라 '조선 사람', '조선'이라는 민족의식임을 확인할 수 있다.

동일학교의 현우성 교사와 학생들은 고영구의 이 말을 받아들이고 3.1운동을 준비한다. "천도교 구장으로 안경 쓰고 자개수염 기른 최 관술과 박 관영을 선두로" 한 농민과 부녀 무리, "조성일 목사가 인솔한 기독교도의 일단" 등이 모이고 현우성 교사가 이들에 앞서 독립을 선포한다. 만세를 외치는 조선인들을 향해 일본군이 총을 쏠 때, 박관영은 가장 앞에서 "흩어지지 말고 일시에 합력해서 돌격하면 무기를 점령할 수" 있으니 돌격하자고, "피를 흘리지 않고 독립은 올 수 없"다고 앞서 나가지만 결국 총에 맞고 쓰러진다. 박관영이 총에 맞은 것을 보고 총자루를 빼앗자고 나선 것은 그와 다툰 김두일이다. 이 청년들은 종교는 다를지라도 나

49) 양문규, 앞의 글, 229-232면.

라와 민족을 사랑하는 마음만큼은 동일하다. 종교와 상관없이 자신을 희생하면서까지 민족을 위해 화합한 이들의 삼일운동 정신, 그것이 바로 '여심과 오심'이다.

1946년, 김남천은 다양한 생각을 가진 여러 청년세대를 '관찰'하고 그들의 모습을 있는 그대로 그려낸다. 해방기의 이합집산은 굉장히 복잡해 보였지만, 사실 이들이 부르짖었던 것은 '민족문화 건설' 하나였다. 그 함의가 달랐을 뿐. 이러한 모습은 3.1운동 전, 서로의 가치관과 생각의 차이로 분열되고 싸우는 모습과 같아 보였을 것이다. 3.1운동에 참여하여 한 가지 목적을 가지고 "단합하면 이기고 흩어지면 진다"는 것을 보여주는 청년세대가 바라는 것은 바로 화합과 연대이다. 청년세대의 연대는 3.1운동에 참여한 종교단체의 기성세대와 청년세대의 차이에서도 볼 수 있다. 최관술과 조목사는 일제에 검거되자 자신들은 현우성이 시키는 대로 했다고 하면서 다가올 환난으로부터 빠져나가려고만 한다. 그렇지만 박관영은 가장 먼저 총에 맞아 죽었고, 현우성은 최관술과 조목사의 진술을 인정하면서 모진 고문을 받는다. 청년세대의 연대는 종교와 이념을 초월한다. 이들의 화합과 연대는 주변인들을 변화시키고 나아가 민족을 각성시키고 민족문화를 건설할 수 있는 힘을 만들어낼 수 있다는 것을, 김남천은 형선 · 형걸, 영구, 동일학교의 두일과 관영 세대를 통해 보여준 것이다.

4. 여성 청년의 약동

김남천의 소설에서는 여성에 주목해야 한다. 해방 이후 김남천은 부녀

운동의 중요성에 대해 이야기하면서 "광범한 정치적, 사회적, 경제적 투쟁과 병행하여" 여성들을 "문맹에서 깨게 하고 인간으로서의 가치를 각성케하여 명실공히 민주주의 국가의 한 성원이 되게" 만들어야 한다고 강조한다.[50] 관찰의 방법으로 조선 청년을 보는 김남천에게 여성 청년들은 차세대의 새로운 주역이었다. 여성의 사회 참여에 대한 관심은 해방 후에 생겨난 것이 아니라, 일제강점기에 발표한 『대하』에서부터 엿볼 수 있다. 1910년경을 배경으로 하는 『대하』와 『동맥』에서 집안 여성들 중 박참봉의 둘째 며느리 정보부를 강조하는 것도 그러하고, 1919년 3.1운동을 배경으로 하는 「삼일운동」에서 박관영의 약혼녀 최진순을 현우성과 마찬가지의 투사로 설정한 것을 보아도 알 수 있다.

박성권의 둘째 며느리 정보부는 "기독교 성서를 시집올 때 장롱 속에 넣어가지고"[51] 온 인물이다. 김남천은 『대하』를 창작할 때 "장남, 차남, 사남, 큰며느리, 작은며느리 등을 각각 버라이어티를 두도록 만들되, 차남의 아내 정보부에 기독교의 책임을 지우고 중요시"[52]했다고 밝혔다. 정보부의 아버지 정주사[53]는 『동맥』에서는 장로가 되었고 자신의 재산을 내어놓아 예배당을 건축할 정도로 기독교에 열과 성을 쏟는다.

50) 김남천, 「여성 해방운동 관견(管見)-부총(婦總)의 결성과 그 방향」(『조선일보』 1945. 11.24.-25.), 『전집』2, 256면.

51) 김남천, 「직업과 연령」, 『전집』1, 644면.

52) 김남천, 「작품의 제작과정」(『조광』1949.6.), 『전집』1, 499면.

53) 『대하』에서는, "마침 사돈되는 정봉석(鄭鳳錫)이가, 이즈음 예수를 믿기 시작했다는 말이 돌아다닐 만큼 개화사상에 흥미를 갖는 이"(『대하』, 23면.)라고 설명한다. 개화한 집이어서인지, 열아홉 형선과 혼인하는 보부 역시 나이 열아홉으로, 당시 풍속으로 치면 늦은 나이에 결혼하는 것이었다.("색시두 열아홉인걸. 이즈음 개화한 사람들이라 그래야 된답데.", 같은 책, 27면.) 정보부의 사촌오라비인 정영근은 진위대에 장교로 있었고, 현재는 학교에 체육교사로 있다. 이런 점에서 정보부의 집안은 박참봉네 집과 다르게 개화한 분위기라는 것을 알 수 있다.

"작은형님은-" / 하고 들고 섰던 빗자루로 맷돌이 지나간 뒤를 한 번 쓸어올리고, "작은형님은 아마 성경책을 보던가, 바누질을 하던가 그러구 있겠지." "성경책?" / "그럼, 예수책 말이야. 찬미책 말구 또 하나 두꺼운 거 있지 않네."

형걸이는 잠깐 덤덤히 서 있다. / "머 작은형님은 예수 믿는다던?" / 하고 좀 있다가 물으니, 보패는 비를 놓고 멍석귀로 나앉아서 쌀장난을 하면서,

"내가 한번 물어봤더니 믿지는 않는대. 믿는 사람은 이방 사람관 혼사 안 한다는데."[54]

『대하』에서 정보부는 개화한 집의 딸로, 시집올 때 성경책을 가져온 것을 시댁 식구 대부분이 알지만 스스로는 예수를 믿지는 않는다고 말한다. 그는 시댁의 풍속에 따라 교회에 나가거나 자유롭게 종교 생활을 하지는 않았지만, 본가에서 산후조리를 할 때는 기독교식 생활을 하는 등, 집안에 종교로 인한 분란이 없도록 조심하면서도 신념은 지킨다.[55] 그가 교회에 나가지 않았을 뿐, 남편 형선도 시어머니도 시누이인 보패도 그가 기독교를 믿는다는 것은 눈치채고 있다.[56] 정보부가 시집올 때 성경을

---

54) 김남천, 『대하』, 127면.

55) "사실 보부는 시댁에서 지내는 습속이나 가도에 대해서는 단 한마디의 대답이나 묻는 말에도 히술히 하려하시 않었다. 이미 처녀쩍부터 예수교의 물리에 대해서 가라침을 받어온 그이었고 또 덕기를 낳으려 친정에 간뒤에는 교회당에만 단기지 않었지 집안의 풍속을 따라 기독교인으로서의 일상율법을 직혀왔었다. 그러나 시가에 와서는 결코 그러한 내색을 보이지않었고, 아까 시어머니가 천도교의 부작을 가리고 건너와서 새로운 미신과 마귀를 섬기려 하는것을 눈치채고도 그것에 대하여는 일언반구의 티를 보이지 않었다. 제가 아무러한 생각을 품고 있어도 그리고 시댁에서 하는 행사가 저이집 풍습과는 낯설은 일이 아무리 많다고 하여도 박씨집 사람이 된 이상에는 시집의 습속대로 따라가야만 한다는 것을 그는 하나의범할수없는 부덕으로 믿고 있는 것이다."(김남천, 「동맥」3회, 『신조선』 1947.2., 133면.)

56) "작은 아들 형선이가 지금 예수를 믿는다고한다. 금년 열네 살 되는 보패도, 봄부터 학

가져왔다는 것은, 박성권의 집에서 '평등'을 생각할 수 있는 유일한 인물, 당시로서는 가장 근대적일 수 있는 인물이었다는 것을 의미한다.[57] 이 점은 상당히 아이러니한데, 박성권은 신흥 자본가이면서도 동시에 매우 봉건적으로 집안을 유지하는 인물이기 때문에 집안에서 여자, 그것도 둘째 며느리가 시아버지의 가치관에 반하는 자리에 있다는 설정이 매우 흥미롭다.

그렇지만 정보부가 기독교를 '대표'하는 자리에 있는 것만은 아니다. 정보부는 홍영구가 그러했듯 종교의 본질, 가치관을 생활에 반영하며 살아가려는 청년세대이다. 즉 그 가치관이 이들의 시대정신이 되는 것이지 그들을 특정 종교의 대표자 격으로 그려내지는 않는다. 작품의 시대적 공간적 배경을 고려했을 때 정보부가 형걸처럼 집을 떠나기는 어려울 것이다. 대신 정보부는 집 안에서 다른 이들을 각성하게 하고 민족의 구성원으로서의 책무를 다하도록 독려하는 역할을 한다.

학교를 그만두었지만 집에 있지 않고 바쁘게 밖으로만 돌아다니는 남편 형선을 기다리던 보부는 비단조각을 찾으러 옷장을 뒤지다가 형선에게 온 형걸의 편지를 발견한다.

교에 단니면서 역시 오래비를 따라 공일마다 예수교회당엘 단닌다. 작은 며느리 보부는 아직 내놓고 믿는다고는 안하지만 그의 아버지되는 정봉석 정좌수는 이 근래에 극성스러운 예수꾼이 되어서 장로까지 되었고 교회당짓는데는 도맡아서 거액의금전을 연보하였다고 말한다. 최씨는 아들이나 딸들이 회당에 단니고 찬송가와 성격을 보는 것을 말리지는 아니한다. 학교에서 배우는 책이나 창가와같이 생각되는 것이다. 그러나그들이 하나님을 믿는다던가 예수의 행동이나 기적을말한다던가 그것을 믿으면 천당에 간가던가 할때엔 곧이 들리지가 않었다."(김남천, 「동맥」3회, 132면.)

57) 『대하』에서 정보부는 집안의 종 격인 쌍네와도 주인-종의 관계보다는 좀 더 친밀한 관계를 맺고 있는 것처럼 묘사된다. 큰며느리보다도 둘째며느리인 정보부가 시어머니, 시누이와도 더욱 친밀한 관계를 맺고 있는 것을 보면, 집안 내 여성들의 관계성에 정보부가 핵심 역할을 한다는 것을 알 수 있다.

> 뿌듯하니 떠올라서 가슴을 뚜들고 피를 설레게하는 이상한 흥분을 맛보아가면서 보부는 시동생 형걸에게서 온 편지의 중요한 대목을 두 번세 번 되푸리하여 읽었다. 편지의 길다란 글빨을 양손에 들고 보부는 잠시 생각에 잠긴다. 한편에 백설같은 용마를 채찍질하여 넓은 신작로를 화살같이 내달리는 길손이 있다하면 한편에는 비츨거리며 비루먹은 나귀색기를 타고 고불 고불한 작다란 길을 더듬고 있는 답답한 행인이 있는 것과 같은 그런 느낌이 벙하니 머리에 떠올으는 것이다. 지구위에 있는 문명각국을 준마에 비긴다면 동양의 한구석에서 꿈을 깨지 못하고 오므적거리고있는 우리들은 틀림없이 저 비루먹은 나귀색기가아닌가- 그러나 이러한 생각은 그대로 형걸이와 형선의 비교로 올라갔다. 말을 타고 자꾸만 앞으로 달리는 사람은 다름아닌 형걸이요, 느린 나귀색기에 올라앉아있는 파라직직한 골샌님은 시골에 처백혀서 무위도일하는 자기의 남편 형선일것처럼 느껴지는 것이다. 이런 생각에 그의 마음이 붓잡히면 그는 이이상 편지를 들고 앉었을수가 없었다.[58]

보부가 형걸의 편지를 읽고 "뿌듯하니 떠올라서 가슴을 뚜들고 피를 설레게하는 이상한 흥분을 맛"본 것은, 형선과 혼인하기 전 보부가 형걸을 먼저 마음에 담았었기 때문이 아니다. 기독교를 통해 받아들인 근대적 세계관을 가지고 있었을 적 보부에게 형걸이 편지에 쓴 "국내와외국의 정세의긴박한 상태에 대"한 "청년의 울분"에 공명한 것이다. 보부는 서울에서 근대 학문을 배우면서 앞서가는 시동생 형걸과 학교도 그만두고 친구들과 어울려 다니는 남편 형선을 '말과 비루먹은 나귀'에 비교하고, 그렇게 비교한 스스로에게 모욕을 느끼지만 질투심을 참을 수는 없었다.

58) 김남천, 「동맥」3회, 135-136면.

"자기의 남편인 형선이도 남처럼 박람하여야한다. 남처럼 출신하여야 한다. 뒤져서는 아니된다. 나귀를 버리고 말을 탈때엔 형선이도 뒤늦지 않게 말을 바꾸어 타야한다"(『동맥』3:136)는 생각에 설렌다. 처음에는 형걸과 남편을 비교했으나 "지구덩이위의 백만장부들이 한결같이 경주장리를 달"리는 것으로 비교 대상이 확장되면서 이런 편지를 받고도 두 달이나 편지를 숨겨 둔 남편을 답답하게 생각한다. 그런데 순종적이고 봉건적인 부인이라면 답답해 하고 말았을 테지만, 보부는 "늦어도 남편이 들어오기까지 잠들지 않으리라"고 생각한다. 보부는 남편을 형걸처럼 나귀에서 말로 갈아 태워야 한다고 생각한 것이다. 물론 형걸의 편지를 보고 받은 자극을 보부가 스스로에게 적용하여 신여성이 되는 방법도 있지만, 보부는 그렇게까지 하지는 않는다. 이러한 점이 정보부의 캐릭터를 설정한 『대하』-『동맥』을 창작한 시기의 시대적 한계일 수 있다. 대신 그는 고민하는 남편의 등을 밀어준다. 보부는 남편의 근대에 대한 욕망과 고민하는 지점, 쉽게 탈가(脫家)를 선택할 수 없는 상황까지도 잘 알고 있다. 그래서 더욱 그를 다그친다. 보부는 아버지 박참봉에게 유학 허락을 받는 것을 미루는 남편을 재촉하고, 서울에 갔다가 색시를 얻어서 집으로 돌아오지 않으면 어쩌냐고 하는 남편에게 그것은 어쩔 수 없으니 그래도 가라면서, "아부님께서 무어라구 큰소리를 치서두 휭 나와버리지 말으시구 머리를 땅에 대구 죽여주십시오 하시라니께"[59]라면서 용기를 내지 못하는 남편을 독려한다. 가장 중요한 것이 진정한 근대인이 되는 것임을 보부는 너무도 잘 알고 있기 때문이다. 이러한 보부의 모습이 일견 남편의 입신양명을 위해 내조하는 전통적인 부인상에 가까운 것처럼

59) 김남천, 「동맥」6회, 『신조선』1947.6., 106면.

보일 수도 있다. 그런데 전술한 것처럼 해방기에 김남천이 '여성'을 어떤 맥락에서 호명하고 있는지를 살펴보면, 김남천이 정보부를 근대적 청년, 약동해야 하는 인민으로 부르고 있음을 알 수 있다.

> 천하의 대세를 절관하오니 전구(全球)가 대벽하고 열강이 경진하야 지학(智學)으로써 상쟁하고 치법으로 서로 밝히지 않음이 없으니 우리사천년역사이래 일찍이 경험치 못한 일대변회라 하겠나이다. 아국이 만약 스스로 자기를 보전코저한다면 구속을 진혁하고 유신에 일의하야 내이백료와 외이사민이 막불진력하여 타인의 경모함이 없이된 연후에야 이루어질 수 있겠사오니 **인민**은 재하대상하고 준령봉법하야 내즉생재이족용하고 외즉양병이고봉 할지니 **인민**지권은 즉 일국의 대본야라 하겠나이다. 시이로 상이백직과 하이사민이 각기 그 직을 다하고 그 힘을 다한 연후에 국가이녕이오 민가이안이라 하겠거늘 아국이 만국과 교통한 이래로 우금이 십여년의시일이로되 아직 문명의 경위를 깨달음이 없으니 개탄사 이위에 더 큼이 업사외다.-[60] (강조:인용자)

형걸의 편지에는 '인민'이라는 단어가 등장한다. 김남천은 해방 후 글에서 '인민'이라는 단어를 여러 번 사용하는데, '인민'은 주로 해방 이후 조선의 문화와 관련된 장에서 호명된나.[61] 즉, "우리 문화의 진정한 해방을 위하여" "광범한 투쟁을 전개"해야 하는데, 이를 통해 "문화를 인민의

60) 김남천, 「동맥」3회, 『신조선』 1947.2., 135면.

61) "요컨대 문제 제출의 기본을 인민의 중에 두는 데 의하여서만 문학은 살 수 있고 소설은 허다한 자체 내의 대립과 분열을 초극하고, 아름답고 양양한 축복받은 그의 장래는 기대할 수 있을 것이다."(김남천, 「본격 소설의 완성-내외면의 분열 초극」, 『전집』1, 745면.)

다대수로 하여금 향유케 하고 동시에 인민의 대다수로 하여금 문화의 창조의 면에서 거대한 저수조(貯水漕)가" 될 것이라고 말이다.[62]

> 동지 제군이여 얼마나 아름다운 일이냐. 호미를 든 농민의 하나하나가 낙토(樂土)를 보며 아코디언을 울릴 수 있고 노동의 휴식 속에서 근로하는 부녀자가 고급소설을 즐길 수 있고 거리마다 촌락마다 도서관과 미술관과 극장과 영사장(映寫場)이 준비되어 있다면 그리고 이들의 하나하나가 모두 시를 짓고 노래를 부를 수 있다면 통틀어 문화의 향유와 창조의 길이 이들 인민의 다대수의 앞에 열려진다면 아마 그것은 얼마나 아름답고 축복 받은 일이 아닐까 보냐. 실로 이것 없이는 우리는 문화의 진정한 해방을 짓거릴 수 없으며 이러한 모든 것의 설계 없이 우리는 문화의 참된 건설을 운위할 수 없는 것이다.[63]

이러한 점에서 낙성 축하식의 웅변대회를 그린 「개화풍경」이 『동맥』의 시작으로 제시된 점은 눈여겨봐야 한다. 김남천이 그리는 인민이 향유하는 문화는 창작 주체와 향유 주체 모두 인민인 그래서 내용과 형식 모두 인민이 중심이 되는 문화이다. 이를 염두에 둘 때, 교회 낙성식 행사 자리는 이러한 인민의 문화생활의 일면을 보여주는 것이라 할 수 있다. 교회당 신축 낙성 기념 축하식은 '남녀성경아동학도의 각종 창가합창', '성극', '열혈 청년웅변대회'로 구성되었는데, 노래와 연극뿐 아니라 웅변대회를 넣어 다방면의 문화 향유가 가능하게 하였다. 교회의 성도들이 창작 주체가 되고, 천도교 청년대표까지 참여하는 웅변대회를 축하식에

62) 김남천, 「건국과 문화건설」, 『전집』1, 739-740면.
63) 위의 글, 740면.

포함한 것은 '인민'의 문화 향유의 모습을 보여주는 것이라 할 수 있다. 김남천은 조선의 사회주의 문학은 "형식에 있어서는 민족적이오 내용에 있어서는 민주주의(반제, 반봉건, 반국수)적인 민족문학"[64]이 건설되어야 한다고 강조하면서, 조선 장편소설의 방향의 하나로 "인민의 역사"를 제시한다.[65] 김남천은 민족문학의 담당자였던 민족 부르주아지는 3.1운동을 거치면서 그 자격 없음을 증명하였고 반면에 3.1운동-6.10 만세사건-광주 학생 사건 등은 프롤레타리아들에게 영도되었다는 점을 강조한다. 『대하』가 전환기의 민족 부르주아지 박성권 일가를 중심으로 한 조선의 현실을 그렸다면, 『동맥』은 박성권 일가의 종적 세대에서 횡적 세대로 이야기의 범위가 확장되면서, 시대정신에 대한 '인민'의 횡적 연대를 강조하려는 것으로 읽을 수 있다. 박성권 일가를 중심으로 한 세대의 횡적 확대와 그들의 연대가 "인민의 역사" 서술의 단초가 되는 셈이다.

여기에서 '여성'이 세대 확장의 중심 역할을 한다는 것에 주목해야 한다. 일반적으로 가족사소설은 부계(父系)를 중심으로 한 세대 이행이 핵심이 된다. 그런데 『동맥』에서는 (가출하여 소설 속에서는 등장하지 않는) 형걸의 동지로서 그의 동기 형선을 호명하고, 주저하는 형선을 독려

64) 김남천, 「조선문학의 재건(再建)」(『민성』6, 1946.4.), 『전집』1, 769면.

65) "조선문학의 교육적 임무에 관련하는 것으로 특히 본격적인 대작품의 집필을 거쳐서 이루어져야 할 과제에 대하여 말하고자 하는데, 주지하는 바 우리 조선사람은 우리들의 바른 역사를 가지고 있지 못합니다. 국수주의적인 조선 역사가 아니고 실로 인민적인 인민의 역사를 짜는 사업은 무엇보다도 긴급히 요청되고 있으므로 서상(敍上) 학술원과의 협동에서도 역사편집에 협력할 것을 말해왔으나, 그것과는 달리 조선의 대장편소설이 걸어가야 할 방향의 하나로 우리는 이 인민의 역사를 생각하고 싶은 것입니다. 더구나 인민의 착취의 역사, 인민의 해방의 역사, 인민의 수난의 역사 등을 대장편소설로 완성하는 길은 조선문학의 교육적 임무를 위해서나 또는 조선적 장편소설의 방향의 탐구를 위해서나 가장 활발히 논의되어야 할 문제 중의 하나라고 생각합니다." (김남천, 「문학의 교육적 임무」(『문화전선』1, 1945.11.), 『전집』1, 736면.)

하는 주체적인 외유내강의 인물로 여성, 둘째며느리인 보부를 등장시킨 것이다.

정보부는 형걸-형선 세대의 다음 세대인 동생 세대, 박보패와 박형식에게도 영향력을 끼친다. 신식학교에 다니는 박참봉의 딸 보패는 천도교식 부적을 써서 조카의 병을 고치겠다는 어머니 최씨가 천도교를 믿고 자식들에게도 천도교를 믿으라 할까봐 걱정을 한다. 또 교회 낙성식에서 한 꼭지를 맡을 정도로 보패는 부모 세대와는 확연히 다른 길을 간다. 보패는 교회에서 '근대'를 배운다. 성천의 교회는 종교적 장소라기보다는 종교와 그에 따라오는 근대를 배울 수 있는 장소인 것이다. 정보부는 보패와 기독교적 가치관으로 연결되어 있으며 그를 지지할 수 있는 윗세대, 좋은 시대정신을 알려줄 수 있는 윗세대이다. 이렇게 본다면 『대하』에서 『동맥』으로 이어지면서, 세대의 주도권은 장자로 상속되는 것이 아니라 둘째 세대(형선, 형걸, 보부)로 이어진다는 것을 확인할 수 있다. 서자인 형걸의 비판적인 시대정신이 박참봉의 모순적인 시대정신을 부각시켜 보였다면, 같은 나이이면서도 집안에서는 둘째에 여성 청년인 정보부는 박참봉의 집안에서 가장 먼저 개화'사상'을 체득한 인물이며 그것을 지혜롭게 드러내며 남편의 근대화를 독려하고 다음 세대인 동생 세대의 시대정신 정립에 도움을 줄 수 있는, 매우 문제적인 인물인 것이다.

『대하』-『동맥』-「삼일운동」이 서사 내적 시간의 연대기순으로 진행된다는 점, '관찰적인' 창작방법을 사용했을 것임을 상기하면, 『동맥』의 핵심인 청년 세대는 「삼일운동」에서는 3.1운동의 핵심 역할을 하는 세대로 등장할 것임을 알 수 있다. 정보부와 박보패 같은 여성 '인민'의 모습은 「삼일운동」에서도 찾을 수 있다. 「삼일운동」에서 동일학교 교사였으나 현재는 독립운동을 위해 집을 떠나 있는 고영구의 처제이자 천도교 청년

대표인 박관영과 약혼한 최진순을 통해 운동의 중심이 된 여성 청년의 모습을 볼 수 있다.

> 조곰뒤에 眞順을 앞세우고 岡田 晝長이 그 門으로 들어 온다.
>
> 岡田 앉어. 소꼬 스와레.
>
> 眞順 덤덤히 걸상에 앉는다. 岡田 앞뒤로 왔다 갔다 한다. 拷問 道具를 이것저것 만저보며 슬슬 눈치를 살피나 眞順 눈을 내려 뜬채 암찍도 안한다. 그때 吉浩一이 다시 들어온다.
>
> 岡田 비진다네.
>
> 吉浩一 흥(하고 코방귀를 뀐뒤) 아니 예수가 이방사람과 婚姻하면 天堂에 못간다구 했는데 眞順인 어째 天道敎꾼 허구 婚事를 지낼려구 했었나, 허긴 하느님이 영특해서 罪를 免케 하노라구 式 이루기 前에 新郞을 불러서 地獄으루 보냈지만. (김남천, 「삼일운동」, 234)

> 眞順 昶賢 오빠가 熱病으루 누은 뒤에 相論이 있었구 그 相論이 있은 뒤에 各處로 交涉을 떠났으니까 昶賢 오빠는 처음부터 事件의 內容에 對해선 아무것도 몰났을겁니다. 또 熱病이란 것은 한번 들렸다가 죽지 않고 나어서 起動을 하세 되드라도 적어도 그동안 달포는 남아 걸린다는게 보통이니까 三月 一日에 擧事하는데 아모 活動도 못할 오라반이에게 그런걸 알릴 사람은 없었을거예요.
>
> 吉浩一 그래두 昶賢인 나 보구 自己두 關係했노라구 허든데.
>
> 眞順 그럼 좋도록 헐 것이지 날 보구 묻긴 웨 물어. (...)
>
> 眞順 (발딱 일어선다) 때릴테면 때리구 죽일테면 죽여, 개자식들 같으니, 사람 대접을 해서 공순히 대답해 주니께 어디서 내가 저이를

참말루 사람 푼수에 치는 줄 아는가.(김남천, 「삼일운동」, 236)

최진순은 자신의 의사에 반하고 종교도 맞지 않는 박관영과의 약혼을 탐탁지 않아 하지만, 만세운동에서 박관영이 앞장서 나가고 총에 맞아 죽자, 결기를 가지고 모진 고문에도 굴하지 않으며 박관영의 죽음의 뜻을 이어받는 강인한 인물이다. 그는 일본 헌병이나 죽는 것을 두려워하지 않고 담대하게 대한다. 모진 고문에도 굴하지 않고 신념을 지키는 시점에서 최진순은 현우성과 같은 위치에 놓인다. 열병에 걸려 만세운동에 참여하지 못한 그의 오라버니 최창현이나 다른 곳에서 운동에 참여하느라 성천의 만세운동에는 신경쓰지 못한 고영구와 달리, 고영구의 가르침에서부터 시작된 성천의 만세운동은 현우성과 그의 동지인 최진순을 통해 꺾이지 않는 신념을 보여준다. 최진순과 함께 논의해야 하는 중요한 여성 인물은 고영구의 어머니 나씨이다. 그는 청년세대는 아니지만, 일제의 수탈에 의해 논밭과 집 등 삶의 터전을 잃은 이들을 대표할 수 있는 인물, '인민'이다. 그는 자신처럼 삶의 터전을 잃게 된 공동체 구성원의 현실을 대변한다. 그리고 고영구의 어머니답게 두려움 없이 일제에 맞선다. 박관영과 현우성, 최진순 등이 근대 지식인 청년의 대표자들이라면, 나씨는 농민과 부녀를 대표한다.[66] 독립을 하면 빼앗긴 것을 되찾을 수

66) "羅氏: (...) **그 땅이 다 어디로 갔는가.** 國有, 東拓, 金融組合, 中西商店. 이 지경을 겪으면서 獨立運動 아니헐 개놈이 어디 있겠습니까. 나는 인저 땅 한때기 성한걸못가지구 있는 기구한 八字를 등에 지구 댕기는 늙은 寡婦가 되고 말었습니다. 내 땅을 어디가 찾습니까 죽은 영감이 술한잔 푸지게 못 자시고 모아 놓았던 財産이외다. 이제 저승에 가서 무슨 낯짝으로 죽은 영감을 대합니까. 獨立밖에 없읍니다. 獨立**하는 밖에 이 땅을 찾을 길이 없습네다**. 그래서 이 늙은것도 못난 子息의 본을 따서 이렇게 여러분을 따라 나선겁니다."(김남천, 「삼일운동」, 207-208면. 강조:인용자)

있다는 나씨의 말에서 '빼앗긴 것'은 국권 즉 '조국'뿐 아니라 수탈로 빼앗긴 논밭도 포함된다. 나씨와 같은 농민들에게 논밭은 조상 때부터 내려온 유산 즉 과거인 동시에 현재이고 미래이다. 이런 측면에서 빼앗긴 전답을 찾는다는 것은 빼앗긴 나라를 찾는다는 것의 확증같은 것이다.[67] 나씨의 희생은 비슷한 처지의 농민들을 위한 것이기도 하다. 그의 죽음은 칠성이를 각성시키고, 고영구를 비롯한 다른 이들에게 큰 각성의 효과를 주기 때문이다.

김남천은 일제 강점기의 소설에서도 시대정신을 파악하고 자기 세대의 시대정신을 찾아 나가는 여성 청년을 그려왔다. 1910년대를 배경으로 하는 『대하』와 『동맥』에서도 여성 청년들은 시대적 한계 안에서 자기 세대의 시대정신을 찾아 나가고 청년세대의 약동을 보여주는 인물들로 형상화된다. 정보부의 동생 세대인 박보패는 「삼일운동」에 이르면 만세운동의 가장 앞에 서는 최진순의 세대가 된다. 이런 점에서 시대의 변화에 반응하고 주체적인 가치관과 시대정신을 세워나가는 것은 가부장제에 매여 있는 남성 청년들보다 여성 청년들의 약동에서부터 시작되는 것이었음을 김남천의 해방기 작품은 보여주고 있다.

67) 나씨와 같은 농민들이 3.1운동을 대하는 모습은, 해방기의 소설에서 많이 보이는, 해방 후 일본이 물러가고 나라가 세워지면 잃었던 땅을 되찾을 수 있을 것이라 생각했던 해방기의 농민들의 모습을 생각나게 한다. 그렇다면 (물론 3.1운동 기념 연극을 위한 희곡 창작이지만) 김남천이 청년세대를 중심으로 극을 진행하면서 동시에 나씨와 같은 농민들의 입장을 드러내 보이는 것은 해방기 농민들의 생각이나 사회주의자들의 이념을 투영하려는 의도로도 읽을 수 있을 것이다.

5. 전환기와 리얼리즘적 글쓰기

해방기 김남천의 글쓰기는 일제 말기, 카프 해산 이후 김남천의 글쓰기와 연속선상에서 살펴볼 수 있다. 비평과 창작이 연계되어 있는 글쓰기를 김남천 스스로 '양도류의 글쓰기'라 하였다. 그는 로만개조론을 제출하면서 고발문학론을 거쳐 모랄론, 풍속론을 이야기하면서 전작장편 『대하』(1939)를 발표하였다. 『대하』는 김남천이 소설화하려 했던 건강한 이념형의 인간이 태어나 근대를 경험으로 선취하는 청년 세대가 될 때까지의 역사를 구성하려는 시도 즉 모랄과 풍속을 주지로 하는 관찰문학론과 가족사연대기를 활용하는 로만개조론이 연결된 중요한 작품으로[68] 이후의 『대하』 연작-『동맥』, 「삼일운동」-은 역사의 변화에 따라 변하는 풍속과 모랄, 그 속에서 자기 세대의 시대정신을 가진 청년 세대가 인정투쟁을 통해 역사를 이끌어 갈 이념형 인간으로 서는 과정을 보여준다고 할 수 있다. 1910년대, 전환기의 성천의 박성권 일가의 풍속을 중심으로 한 가족사소설 『대하』는 서자인 형걸이 집을 떠나는 것으로 끝을 맺지만, 김남천은 그것이 『대하』 제1부이며 이후에는 『대하』의 속편이 그의 창작의 중심이 될 것이라 했다. 『대하』 제2부인 『동맥』의 일부분이라고 부기된 「개화풍경」(1941)은 해방 이후 발표된 『동맥』 내에서 읽어야 그 의미가 확실하게 드러난다. 『대하』가 개화기에서 근대로 넘어가는 시기, 시대의 흐름을 읽은 박성권이 신흥 자본가가 되어 성천 내에서 자신의 입지를 세우는 과정을 그렸다면, 『동맥』은 박성권의 아들 세대가 중심이 되

---

68) 배준, 「역사를 소설화하는 전향자의 세대론적 시선과 목소리-김남천의 『대하』의 창작배경을 중심으로」, 『현대문학의 연구』52, 2014, 185면.

어 근대를 체화하는 과정을 그리고 있다. 그러므로 로만개조론의 일환인 '가족사소설'은 『대하』에만 해당하는 것이 아니라, 『대하』에서 『동맥』까지, 나아가 서사적으로는 「삼일운동」까지 이 연대기 소설을 구성한다고 보아야 옳을 것이다. 세대를 중심으로 가족사소설을 이야기할 때, 『대하』는 아버지 세대(박성권)의 이야기이고, 『동맥』(과 「삼일운동」)이 자식 세대의 이야기이기 때문이다. 자식 세대의 시대정신은 근대성을 바탕으로 형성된 '민족정신'으로 수렴된다. 그러나 『동맥』의 연재 중단으로, 근대의 국제정세를 읽어내고 근대를 배울 필요성을 느낀 형걸과 형걸의 권유를 따라 서울로 유학을 허락받는 형선의 이야기는 성천을 떠나기로 한 것에서 그친다. 이들의 시대정신이 다다르는 1919년 3.1운동의 이야기는 『동맥』에서는 서술되지 못하지만, 『동맥』이 연재될 무렵 발표된 희곡 「삼일운동」에서 비로소 완성된다. 「삼일운동」은 집을 떠난 형걸 · 형선 세대가 3.1운동의 주축인 현우성 선생 세대가 되었을 때의 이야기다.

이 세 작품의 연속성은 제목에서도 드러난다. 『대하』는 박성권 일가를 중심으로 근대의 신흥 자본주의가 자리잡고, 근대정신이 '큰 물'처럼 자식 대에게로 흘러가는 것을 그린다. 박성권을 중심으로 그 집안의 역사를 통해 개화기에서 근대로 이행하는 전환기의 물결을 보여주고, 그 흐름을 탔던 박성권이 주춘하는 사이, 근대라는 흐름으로 바꿔 탄 아들 세대의 선택을 보여주는 것이다. 『대하』의 제2부가 "『대하』 제2부"가 아니라 『동맥』이라는 새로운 제목을 가진 이유는 무엇일까. 전환기를 흘러내린 새로운 물결은 새로운 시대의 '동맥(動脈)'이 된다. 박성권이 아닌, 형걸 · 형선과 갱고지의 홍영구까지 박성권 일가 안팎에 이르는 횡적으로 확장된 세대는 새로운 세대의 주역이 된다. 이들이 근대 조선의 피를 심장에서부터 저 말초 끝까지 옮기는 동맥이 된다는 것이다. 조선의 동맥이 되는 자식 세대의 약동은 며느리, 딸 등 여성 청년에게서도 나타난다. 이 확장된 세대는 1919년 삼일운동의 주역이 된다. 해방 후, 미완으로 끝난 『동맥』의 마지막을 메우는 것은 「삼일운동」일 것이다.

해방 후 이념으로 분열된 조선에 가장 필요한 것은 이념을 뛰어넘는 하나됨이었다. 형걸 · 형선 · 영구 · 보부 세대가 자기 세대의 시대정신을 갖추면서 성장해나가는 과정이 발표될 수 없었던 것은 하나된 민족에 대한 희구 때문이었을 것이다. 해방기라는 전환기에는 이념보다도 민족을 위한 연대가 필요했다. 삼일운동은 바로 그 역사적 사실이었고, 형걸 세대가 도달했을 미래였다. 이 세대론적 인정투쟁 과정과 삼일운동에 앞장선 청년세대를 관찰하고 기록하는 리얼리즘적 글쓰기가 바로 김남천이 주장한 '새로운 창작방법'을 반영한 창작인 셈이다. 이것이 바로 김남천이 말한 '혁명적 로맨티시즘'을 계기로 한 '진보적 리얼리즘'일 것이다. 민족의 역사에 있던 '혁명적 로맨티시즘'을 보여준 3.1운동이라는 사건은 해방 이전에는 말할 수 없는 사건이었지만 해방 이후에는 그 역사적 기억을 호명해 재현할 수 있는 사건이다. 그러므로 『대하』의 연장선상에 있는 『동맥』과 「삼일운동」은 삼일운동의 주역이었던 민중의 시대정신에 대한 기록이며, 그 세대가 조선의 '동맥'과 같이 흐르며 뛰기를 바라는 기성세대 작가의 세대론적 호명으로도 읽을 수 있을 것이다.

1946년 10월 항쟁과 해방기의 소설

조윤정

1. "쌀을 달라"는 말의 함의

1946년 9월 13일 경성 철도파업과 9월 23일 부산과 대구 철도파업으로부터 번진 10월 항쟁은 노동자, 학생, 농민 등을 포함한 대중적 저항 운동으로 확대되었다. 노동자의 파업이 농민의 전국적 봉기로 확장될 수 있었던 원동력은 무엇이었을까. 이 질문에 답하기 위해선 조선노동조합전국평의회가 발표한 「총파업투쟁선언서」에 주목해야 한다. 조선노동조합전국평의회(이하 전평)는 「총파업투쟁선언서」를 발표하고 쌀 배급과 임금 인상 등 12개조의 요구 조건을 내건다.[1] 전평이 선언서에 내건 조건

1) 1. 쌀을 달라. 노동자, 사무원, 모든 시민에게 3홉 이상 배급하라 2. 물가등귀에 따라 임금을 인상하라 3. 전재민, 실업자에게 일과 집과 쌀을 달라 4. 공장폐쇄, 해고 절대 반대 5. 노동운동의 절대 자유 6. 일체의 반동테러 배격 7. 민주주의적 노동법령을 즉시 실시하라 8. 민주주의운동의 지도자에 대한 지명수배와 체포령을 즉시 철회하라 9. 검거 투옥 중인 민주주의 운동자를 즉시 석방하라 10. 언론 · 출판 · 집회 · 결사 · 시위 · 파업의 자유를 보장하라 11. 학원의 자유를 무시하는 국립대학안을 즉시 철회하라 12. 『해

은, 공산당을 향한 미군정의 전면적 공격 태세에 대해 "경제투쟁의 토대 위에서 정치투쟁을 전개한다"는 운동 노선을 구체화한 것이다. 더불어 그것은 당시 노동자의 경제적, 정치적 현실을 반영하기도 했다. 그 가운데 1항과 3항은 "쌀을 달라"를 공유한다. 특히, 3항 "전재민, 실업자에게 일과 집과 쌀을 달라"와 같은 조항은 '매일 남북에서 오천 명 이상 몰려든 전재민의 집결지'[2)]인 대구 사람들에게는 더없이 필요한 '말'이었다.

기존 논의에서 언급된 것처럼 9월 총파업이 남로당의 신전술에 영향받은 것과 달리 10월 항쟁은 조선공산당의 지령이나 세포 조직에 의해 치밀하게 주도된 사건이 아니다. 그것은 대구 지방에서 시작되어 경북을 비롯해 전국으로 확산된 자연발생적 저항이었다. 1946년, 기아와 민생고에 시달리던 대구의 빈민들은 식량 배급을 요구하는 '기아 시위'를 여러 차례 벌였다. 미가 공정가격 실시로 쌀을 구하지 못한 시민, 쌀의 자유 반입 · 매매 금지에 항의하는 시민이 경북 도청 앞에 섰다. 또한, 콜레라와 홍수가 휩쓸고 간 7월 1~2일에는 빈민 수천 명이 대구 부청 앞에서 기아 시위를 벌였고, 경찰이 출동하여 주동자들을 구속했다. 8월 19일에는 기아로 탈진한 시민 수백 명이 부청과 도청 앞에 누워서 시위를 벌였다. 이미 10월 항쟁 전에 미조직 대중의 기아 시위가 자연발생적으로 일어난 것이다.[3)]

생산 체계의 붕괴와 인구 급증이란 상반된 상황하에 식량 부족이 심각한 사회문제로 대두되자 미군정은 식량 수급 통제 정책을 폈다. 그러

방일보』, 『인민보』, 『현대일보』 기타 정간 중인 신문을 즉시 복간시키고 그 사원을 석방하라. 성한표, 「9월 총파업과 노동운동의 전환」, 『해방전후사의 인식』2, 한길사, 2011, 442면.

2) 「대구는 전재민의 집결지」, 『동아일보』, 1945.12.26.

3) 김상숙, 『10월 항쟁 1946년 대구 봉인된 시간 속으로』, 돌베개, 2016. 58면.

나 미군정이 실시한 미곡자유거래제에 따른 쌀값 폭등은 일본으로의 밀수출과 투기꾼의 매점매석 등의 원인으로 작용했다. 쌀이 시장에 나오지 않고 비싼 가격으로 밀매되어 빈민은 자멸 상태에 놓였다. 또한, 미군정의 공출제 실시에 따라 농민들은 심각한 생계의 위협을 받았다. 미군정의 공출 정책은 일제하에서도 하지 않던 하곡까지 대상으로 했다. 미국 정보국 조사에서도 1945~48년간의 농민항쟁 중 양곡 수집에 대한 반발이 전체 66.3%를 차지했다.[4]

그러므로 "쌀을 달라"는 말은 단순히 배고픈 대중이 끼니를 요구하는 말이 아니다. 계속된 노동에도 굶주림을 벗어날 수 없는 착취의 현실을 환기하고, 갑작스런 실업 상태에서 노동할 권리를 요청하는 정치적 언어이다. 미군정의 쌀 배급과 양곡 수집 정책, 식량 공출 과정에서 일어난 폭압, 친일 관료와 경찰의 재등용에 따른 좌파 세력을 비롯한 민중의 탄압, 지주와 소작인 사이의 갈등 등 당시 실업자, 전재민, 농민을 포함한 빈민에게 배고픔은 해방 이전의 식민지 트라우마를 되살리는 가장 가혹한 통증이자 비참함이었다. 당시 파업 투쟁 선언서의 "쌀을 달라"라는 요구는 노동자와 농민의 계급적 차이를 넘어 공감할 수 있는 매우 노골적이면서 상징적인 말이었다. 특히, 이 말은 식량난에 대한 사법적이고 규율적인 일련의 조치들을 행하는 통치 권력의 '생명정치'[5] 감시 체제를 가시화한다.

1946년 10월 항쟁에서 노동자와 농민이, 미군정하 치안 문제를 전담했던 경찰과 대치하게 되는 것은 피할 수 없는 일이었다. '대구 폭동', '영

---

4) 급박한 식량 부족 문제에 직면하자 미군정은 자유시장경제체제 원칙에서 후퇴하여 〈미국수집령〉(군정청법령 제15호, 1946.1.25.)과 〈중앙식량규칙 제2호〉(1946.8.12.), 〈개정미곡매매공가 및 법령 제105호〉(1946.8.3.) 등을 공포하였다. 김재훈, 「해방 후 양곡유통체계의 개편」, 『사회경제평론』26, 한국사회경제학회, 2006, 47-48면.

5) 미셸 푸코, 오트르망 역, 『안전, 영토, 인구』, 난장, 2011, 55-88면.

남 폭동', '소요', '인민 항쟁', '대구 10.1 사건' 등 다양한 용어로 지칭되던 10월 항쟁은 정해구, 정영진, 김상숙 등의 자료 조사 및 정리에 힘입어 당대의 맥락에서 재조명되었다.[6] 미군정 초기에 경찰은 정규군이 없는 상황에서 법과 질서를 강제할 가장 강력한 조직이었다.[7] 10월 항쟁이 계엄령하에서 인민을 중심으로 진행된 사건이라는 점은 주목을 요한다.

10월 2일, 계엄령 선포로 정상적인 법질서가 사실상 중지된 공간에서 빈민은 일시적으로 주권자처럼 행세하는 경찰과 대치했다. "쌀을 달라"라는 요구에서 알 수 있듯 농민은 생물학적 신체가 정치적 신체와 구별되지 않는 비구분의 지대에서 싸웠다. 생명 통치의 중심에서 경찰과 대치하며 그들이 경험한 극한의 대립적 감정은 집단성으로 이어졌다. 이것은 미군정 시기의 대중이 식민지 시대의 자기와 마주하는 것과 같은 경험을 낳았다. 3.1운동과 10월 항쟁이 서로 계승적 관계에 놓여야 한다면, 그것은 해방과 독립에의 의지라는 대의명분 때문이 아니다. 오히려 둘 사이의 연속성은 정상적인 국가 질서를 상실한 상태에서 인민이 경험한 분노와 원한 같은 집단 감정의 분출에서 발견되어야 할 것이다.

'10월 항쟁'을 서사화한 작품으로는 조선문학가동맹 기관지 『문학』에 실렸던 황순원의 「아버지」 박찬모의 「어머니」, 강형구의 「연락원」, 전명선의 「방아쇠」, 김현구의 「산풍」(1947. 2), 황순원의 「황소들」(1947. 7) 그리고 『문학평론』에 실렸던 안회남의 「폭풍의 역사」와 박승극의 「길」(1947. 4), 『광명일보』에 연재되었던 김남천의 「시월(十月)」(1947. 7. 1~1947. 8. 14, 미완) 등이 있다. 기존의 많은 연구들은 분석 대상을 『문학』

6) 정해구, 『10월 인민항쟁 연구』, 열음사, 1988 ; 정영진, 『폭풍의 10월』, 한길사, 1991 ; 김상숙, 앞의 책, 2016.

7) 김상숙, 위의 책, 50면.

의 인민항쟁 특집호에 한정하거나, 특정 작가의 작품을 선택적으로 논의하였다. 이들이 공유하는 바는 조선문학가동맹의 정치적 슬로건과 창작 실천 사이의 관계를 조명하는 관점이다. 그리고 그것을 바탕으로 정치적 위기 상황에 몰린 조선문학가동맹이 3.1운동과의 연장선에서 '10월 인민 항쟁'을 부각하여 정치 · 문학적 위상을 갱신하려 했던 욕망을 읽어 냈다.[8] 최근에는 10월 항쟁이 일어난 시기의 문제 상황을 공유하는 작품이나 월북 작가의 작품을 분석 대상으로 확장하여 해방기 민중을 민주적 주권국가 수립을 욕망하고 그 의지를 실현하려는 능동적 행위자로 재조명하는 연구[9]가 제출되기도 했다. 이들 연구는 조선문학가동맹이라는 단체의 정치성에 갇혀 있던 10월 항쟁의 역사적 의미를 민중의 관점에서 복원하려는 의도를 보여준다.

정판사위폐사건(1946. 5) 이후 조선공산당은 불법 단체가 되고 『해방일보』, 『인민보』, 『현대일보』 등의 좌익 계열 신문의 정간으로 극단적 상황에 몰린다. 조선문학가동맹은 3.1운동을 계승한 역사적 사건으로서 '10월 인민 항쟁'을 미화하여, 우익 측에 의해 '폭동'이나 '소요'로 폄훼된 대중의 열기를 '혁명'으로 재조명한다. 이는 미군정의 압박 속에서도 조

---

8) 전흥남, 「10월 인민항쟁의 소설적 형상화에 관한 고찰」, 『한국 근 · 현대 소설의 현실 대응력』, 북스힐, 2003, 253-270면 ; 홍성식, 「해방기 인민항쟁과 창작실천의 문제」, 『한국문예비평연구』45, 한국현대문예비평학회, 2014, 321-336면 ; 손미란, 「'10월 인민항쟁'을 통해 본 '시간의 정치학'」, 『반교어문연구』38, 반교어문학회, 2014, 423-450면 ; 조은정, 「'10월항쟁'의 역사화 투쟁과 문학적 표상-조선문학가동맹의 1947년 위기 극복의 방법론」, 『한중인문학연구』48, 한중인문학회, 2015, 47-72면.

9) 김경민, 「10월 항쟁의 문학적 형상화 연구」, 『우리말글』89, 우리말글학회, 2021, 123-151면 ; 임세화, 「잊혀진 항쟁: 1946년 10월 항쟁과 냉전기 민중운동사의 궤적」, 『민족문학사연구』86, 민족문학사연구소, 2024, 355-399면. 이 글을 단행본에 수록하는 과정에서 그 사이 10월 항쟁의 문학적 형상화와 관련해 제출된 최근의 연구를 검토하고 그 내용을 보충했음을 밝혀 둔다.

선문학가동맹이 문학운동의 투쟁성을 강화해 나가며 문화대중화운동에 매진하는 위기 극복의 과정에 놓여 있었다.[10] 그러나 3.1운동이 치밀한 계획하에 진행된 사건이었던 데 반해, 10월 항쟁은 신전술을 꾀했던 박헌영파의 강경 노선도 '예상치 못한 전개'[11]였다. 그러므로 조선문학가동맹이 추진한 '인민 항쟁 특집'이나 '기념 소설 청탁'과 같은 행위는 '인민'의 사건을 사후에 '당'의 사건으로 전유하려는 의도를 내포한다. 또한, 우익 작가들은 10월 항쟁을 서사화한 작품을 '당의 문학'이나 '인민에 복무하는 문학'으로 일축하고 '인간의 문학'과 대립시킨다. 이 논리를 통해 인민 표상의 정치성에 대한 거부감을 드러낸다.

그렇다면 우리는 그 사건을 서사화한 작품이 얼마나 당대 현실을 반영했는가가 아니라, '인민' 항쟁에 대한 당대 작가들의 민감한 반응이 무엇을 향하고 있는지 살펴야 할 것이다. 무엇보다 기존의 연구에서는 10월 항쟁(의 서사화)에 대한 우익 작가들의 견해를 조명하지 않았다. 이 때문에 특정 사건이 해방기 문단의 헤게모니 장악의 수단으로 이용되고, 좌우익의 갈등 속에서 인민이 재현된 양상을 드러내지 못했다. 그러나 좌익 작가들이 지속적으로 인민의 정치적 속도에 자신들이 뒤처졌다고 반성하는 장면, 인민 항쟁을 서사화한 소설에 대해 우익 측 작가들이 보인 실망감의 정체는 모두 당대 문단의 좌우익 갈등을 전제하지 않고는 이해할 수 없다. 왜냐하면, 그것이야말로 특정 사건을 매개로 작가가 보인 문학적 · 정치적 '태도'이기 때문이다. 이 글에서는 10월 항쟁을 서사화하려는 작가적 의도, 인민의 문학적 표상에 개입된 감정의 문제, 10월 항쟁

10) 조은정, 앞의 글, 67면.

11) 정해구, 「해방 공간에서의 10월 항쟁: 그 의미와 평가」, 『통일문제연구』30, 영남대학교 통일문제연구소, 2011, 17면.

서사에 대한 당대 작가들의 비판적 목소리를 고찰할 것이다. 그리고 작가와 사건 사이에 거리가 확보되지 못했을 때, 그 작품은 결국 실패할 수밖에 없음을 드러낼 것이다.

2. 만들어진 기원과 인민의 문학적 표상

10월 항쟁은 단일 요인으로 발생한 사건이 아니다. 미군정 통치 정책의 실패와 우파 세력, 조선공산당의 정치적 전략, 지방 좌파 세력과 민중의 행동 등 복합적 요소가 작용했다. 1946년 7월 조선공산당은 미군정과 우익에 대한 공세적 압박과 정당방위의 자위전술을 중심에 둔 '신전술'을 채택했다. 총파업 역시 신전술의 정책 방향하에 이루어진 것이다. 조선문학가동맹 측 작가들은 10여 일 만에 실패로 끝난 총파업을 항쟁의 기원에 두고 '인민 항쟁'을 서사화한다. 이는 '9월 총파업'을 '항쟁'의 조짐으로 정리하고자 하는 조선문학가동맹의 욕망[12]에 기인한다. '인민항쟁 특집' 소설에서 '철도국 거사', '대구 사건', '철도 종업원 총파업', '파업이 시작된 지 엿새째'[13] 등으로 지칭된 9월 총파업은 10월 항쟁의 시발점으로 기능한다. 인용문을 보자.

> 현술이는 몇일전 주인에게차박질닌 **그모욕**을위해서도, 이번 철도국거사에 귀를막고 가만히있을수없었다. 먼저날의 세사람과더브러 다시의론하

---

12) 손미란, 앞의 책, 443면.

13) 강형구, 「연락원」, 『문학』삼일기념임시증간호, 조선문학가동맹중앙집행위원회서기국, 1947. 2, 12면.

고, 먼저날의실패를 거울삼어, 삼십명전직공과 한자리에 모이게되였을때 에는, 두말없이 일을 멈추고라도 철도국과 같은길을것자고, 의견이 일치되였든 것이다. 이리하야 구일철공소도 드디여 파업으로 드러가게된것이다.

그 날은 빼저린 **일년동안의서름을치르고난, 주리고 억눌린 인간**들의 큰모임이 있는날이였다.

봄부터 **식량에곤란**을 격거온 늙은이 젊은이, 해외에서 풍상격다가 해방이라고 **고국에도라와 낙심한이재민들**! 아침부터 밀물닥치듯 모이기 시작한 **군중**은, 정거장마당에 수만명이나 벅차흘렀다.[14)]

서울에서는 철도종업원이 총파업을 일으키어 기차가 완전히 정지되였다는것. 이 소식을듣자 대구에서도 노동자와 학생과 그리고 농민들이 수만명 동원하여 쌀과 자유와 민주독립을 달라고 천지가 진동하도록 부르짖었는데 경관이 함부로 군중을 쏘아죽이자 **군중**은 그 시체들을 둘러메고 경찰서를 처들어갔다는것.[15)]

"제이차해방이 와야한다. 일이 일어나야지 이대로는 않되겠다."고, 무**의식군중의 입에서까지 이런말이 쏘다지게된것은 벌써 오래전부터의일**이다. 극히 사소하고 비열한 법적(法的)구실밑에, 정치운동은 방해되고, 애국투사들이 감옥으로 유치장으로 끌려가게되고, '테로'는 각일각으로 심해가고해서, 드디어 신전술을 채택치아니치 못하게되었다고한다. **인민항쟁에 대한 보복과 더부러 제선(制先)의 기세로 검거와 '테로'가 겸행하여저, 이 지방에도 한때 가지가지의 분란**이 일어났었다.[16)] (강조 인용자)

14) 전명선, 「방아쇠」, 위의 책, 8면.
15) 박찬모, 「어머니」, 위의 책, 31면.
16) 박승극, 「길」, 『문학평론』3, 문학평론사, 1947.4, 123면.

소설에는 철도 파업과 10월 항쟁을 통해 3.1운동과 같은 특정 사건을 기념하는 조선문학가동맹 측의 정치적 이념과 욕망이 반영된다. 여기서 주목할 것은, 철도 파업 자체보다는 그 이전부터 누적되어 온 군중의 감성[17)]이며, 그것의 연속성 문제이다. "모욕", "설움", "낙심", "부르짖음", "원한" 등의 어휘에서 감지되는 것은 '비통함'이다. 그리고 그 비통함은 "무의식 군중의 입"을 통해 "제이차 해방"에 대한 당위성을 이끈다.

인용문에서 알 수 있는 것처럼 작가들은 감정의 주체를 '군중'으로 명명했다. 이 명명법은 당시 10월 항쟁을 보도하는 좌우익 신문 기사에서 동시에 나타난다. 인민의 집합체 개념인 군중은 좌익에게 국가 건설 주체를 뜻하지만, 우익에게는 공포의 대상으로 나타난다.[18)] 인민-군중을 둘러싼 통념의 기원에 10월 항쟁의 서사화가 놓여 있다. 문제는 3.1운동과 10월 항쟁이 지닌 사건의 유사성이 아니라 비통함의 연속성이며, 그 연속성이 야기한 집단 감성의 폭발력이다. 좌익 작가들은 그 감성을 복원하여, 공적 영역에서 마음이 작동하는 순간을 재현하고 주장하여 국가(또는 국민)가 입은 상처를 인정하게 한다.[19)] 국가적 위기의 증상으로서 나타난 이 감정적 유대는 갈등 국면을 통해 공공의 영역을 가시화하고,

---

17) 감정적 존재로서의 인민 표상은 소설에만 한정되지 않는다. 당대 엘리트들이 해방 직후 담론 공간에서 인민을 살아 있는 유기체-감성적 존재, 욕망의 주체-로 표상하고, 더 나아가 민족 · 국가애의 주체로 표상한 점에 대해서는 임종명의 논의를 참고할 수 있다. 이 글에서는 인민의 감성뿐 아니라, 그것이 해방 공간 이전부터 이어져 온 기제였음에 주목한다. 임종명, 「해방 공간과 인민, 그리고 민족주의와 민주주의」, 『한국사연구』167, 한국사연구회, 2014, 221-226면.

18) 박지영, 「복수의 '민주주의'들-해방기 인민(시민), 군중(대중) 개념 번역을 중심으로」, 『대동문화연구』85, 성균관대학교 동아시아학술원, 2014, 81면.

19) 비통함의 정치적 힘에 대해서는 파커 J. 파머의 논의를 참조했다. 파커 J. 파머, 김찬호 역, 『비통한 자들을 위한 정치학』, 글항아리, 2015, 111-117면.

문제의 원인을 응시하게 만든다.

황순원은 『문학』 2호에 「아버지」를 발표하고 나서 『문학』 7호에 「황소들」을 발표했다. 이 때문에 지금까지 그의 작품은 발표 순서대로 논의되었다. 그러나 작가가 작품 말미에 표기한 창작 연월을 보면, 그 반대이다. 「황소들」을 1946년 12월에, 「아버지」를 1947년 2월에 썼다. 「아버지」는 조선문학가동맹의 요청에 따라 급히 창작하여 바로 그달에 발표한 작품으로, '대구사건'과 '3월 투쟁'의 항쟁적 가치를 '의도적 설명'으로 부각했다. 이에 반해 「황소들」은 공출 과정의 폭력성, 경찰의 횡포, 농민들의 봉기, 동네들 사이의 연계, 경찰서와 지주 집에 일으킨 방화 등 10월 항쟁의 경과를 항쟁 직후에 구체적으로 형상화한 작품이다. 이 소설에서 황순원이 강조하는 것은 대구사건과 3.1운동의 유관성이 아니라, 해방 이전 순사의 공출과 해방 이후 경찰의 공출 과정에서 나타난 폭력의 유사성이다. 우익 측에서 인민-군중을 폭도로 모는 상황에서 작가는 폭력의 근원을 되짚는다.

소설에서 바우는 엊그제 어디선가 공출 관계로 많은 농사꾼이 붙들려갔다는 소문을 듣고, '해방 전해 겨울 공출 때 아버지가 왜놈 순사에게 몹쓸 매를 맞은 뒤 충주로 붙들려 갔을 적'을 떠올린다. 그리고 바우는 해방 후에도 공출 문제 때문에 총부리로 맞았던 춘보를 떠올린다.

> 바우의 눈 앞에는 엊그제 어디선가 수탄 농사꾼이 붙들려갔다는 생각과 함께 한무리의 총뿌리가 떠올랐다. 가슴이 떨린다. 그러자 어둠속을 통해 쏜살같이 내려치는 한개의 총뿌리가 있었다. 그것은 지난밀보리 공출 때 공출 시키러 나왔던 사나이의 총뿌리였다. 범 같은 사나이는 이역 본보이기라도 보이랴는듯이 마침 경작면적이 틀려 공출미납이 된 춘보를 동

> 리사람들 앞에 끌어내더니 내따 총뿌리로 어깨죽지를 내려첫다. 그러나 춘보는 첫매에는 움찍안었다.[20]

황순원은 이 작품에서 농민을 비유하는 '황소들'과 '분함' '치떨림' '울부짖음'과 같은 감정 언어를 겹쳐 놓는다. '범 같은 사나이'의 폭력에도 흔들리지 않는 '황소들'의 강인함은 충주로 향하는 말 없는 발걸음에 비장함을 실어준다. 일제 강점기부터 누적된 폭력에 대한 저항감은 농민의 자각에서 비롯된 것이다. 소설에서 농민은 대를 이어 반복되는 문제를 해결하기 위해 행동하는 주체로 표상된다. 강압, 압제를 통한 통합이 더 이상 불가능한 사회를 저변으로부터 하나로 통일시켜주는 연대의 원리는 감성의 영역에서 가능해진다. 해방기의 소설은 인민들에게 공통의 집합체를 구성해주어야 하는 '정치적' 사명을 떠안고 있었다.

종래 맑스주의에서 농민은 능동적인 행위 주체라기보다는 '노동계급의 혁명적 지도를 받아야만 자기 해방이 가능한'[21] 의존적 존재로 정의되었다. 『문학』 특집호에 선택된 소설이 대부분 '대구 총파업'을 신호탄으로 언급한 것은, 신전술 아래에서 이루어진 노동자 총파업에 자극받아 농민이 전국적인 봉기를 일으킬 수 있었다는 설정에 부합하기 때문이다. 그러나 '10월 항쟁'에서 농민을 포함한 빈민의 봉기는 사상적 지도나 지식인의 계몽을 매개한 것이 아니었다.

김영석은 「문학자의 새로운 임무--문화공작자로서의 문학자」라는 평론에서 "우리 文學者가 客觀的現實의 發展과 愛國的熱情에 불탄 人民大

20) 황순원, 「황소들」, 『문학』공위재개기념특집호, 1947.7, 29면.
21) 조선공산당중앙위원회, 「조선공산당 1945년 8월테제」, 『해방공간의 비평문학』3, 1991, 태학사, 227면.

衆의 政治的進出에 比하야 멀리 뒤떨어져 있다는 事實"[22]을 강조한다. 그는 '인민대중'과 '문학자' 사이의 정치적 진출을 '속도'의 문제로 환기한다. 그것은 '투쟁'이 이념적 지식의 선진성에 기인하지 않음을 방증한다. 여기에서 비로소 사건의 진짜 기원으로서의 '감정' 문제가 대두될 수 있다. 이 감정들이야말로 치안의 정치에 대항할 가능성을 열어주기 때문이다. 미군정은 농민 개념의 탈정치화, 즉 '쌀을 생산하는 자로서의 농민'[23]이라는 정체성 강조의 직분론을 내세웠다. 그러나 10월 항쟁에서 성실, 선량, 우직, 순종과 같은 농민의 이미지는 전복되고, 작가들 역시 그 사건을 목도하며 자신이 느낀 놀라움을 작품에 반영한다.

작가들은 농민을 포함한 군중을 감성적 존재, 욕망의 주체로 표상한다. 소설에서 그들은 사고 능력을 지니며 그에 기초해 행위할 수 있는 존재, 인격의 주체로 거듭난다. 박찬모의 「어머니」, 김현구의 「산풍」, 황순원의 「황소들」에서 노동자와 농민은 어떤 매개자 없이 기아와 폭력에 순종하지 않는 신체로서 모습을 드러낸다.[24] 소설에서 인민은 욕망의 존재를 넘어 '민주독립', '제이차해방'처럼 '국가 이념'의 소유자로 표상된다.

---

22) 김영석, 「문학자의 새로운 임무-문화공작자로서의 문학자」, 『백제』, 1947.2, 36면.

23) 해방기 『농민주보』를 통해 전재민을 포함하여 뭇 없이 배제된 자들을 '농민'으로 호명하고, 그들을 순종적 신체로 재현한 통치 권력에 대해서는 장세진의 논의를 참고할 수 있다. 장세진, 「치안과 정치 사이에서-해방기 빈곤 대중의 존재론」, 『현대문학의 연구』 56, 현대문학연구학회, 2015, 259-260면.

24) 이밖에도 김남천은 「시월」을 통해 '해방 이후 투쟁 속에서 발전한' 농군 봉남이 농민조합의 간부로 활동하는 모습을 보고 의과 대학생 동호가 느끼는 "경이와 감탄"을 그려낸다. 작품에서 봉남은 지역 사회운동 조직 내 "노선의 차이"와 "파벌"을 경험하며 지식인을 비판적으로 보고, 농민의 현실을 타개하려 노력한다. 김남천, 「十月」, 『광명일보』, 1947.7.12-15.(김남천의 이 소설은 2007년 이희환에 의해 발굴, 소개되었다. 이 논문에 인용된 작품 내용 역시 발굴 자료에 근거한다. 이희환, 「김남천의 연재소설 『十月』」, 『민족문학사연구』 35, 민족문학사학회, 2007, 479-480면에서 재인용)

그리고 그들은 해방 이전부터 공권력을 행사해온 경찰과 대치한다.

> 대구에는 그 T서외에, 시가지온저리의 군을단위로한 D서라는것이 새로생겼고, 또 거기다가 요지음에 경상남북도를 통괄하는, K청이라는것이 또하나붙어서, 도합 세개의 무장대가 버티고있는것이였다. 열두시싸이렌이 얼마남지않은 한나절에, 그들은 별안간 식량배급대신에 총해산을 명녕하기시작하였든것이다. 그들은 정거장에서 서쪽을향하야 무기를겨누고 군중을에워싸기시작하였다. 마치 수만리타국에서와서, **아지못할 위험한인간들**을 노리고있는 거와도같이! 그날의지휘자는 일본놈밑에 고등계형사로있다가, 해방후 오히려 주임으로승차한, L이라는 인간이였다.[25)]

인용문에서처럼 10월 항쟁 관련 소설들에는 공통적으로 '경찰'이 등장한다. '면장', '주임'과 같은 지역 관리나 유지는 사리를 취하기 위해 경찰의 공권력을 지지한다. '공출'과 '배급'이라는 말에서 알 수 있듯 미군정하에서 경찰은 생명 정치의 주권자로서 군림한다. "공출조사"를 나왔다가 농민을 구타하고 주재소로 끌어다가 "비국민"이라고 반죽음을 해놓은 '최순사부장', "일제 때부터 사람 잘 치기로 유명했던 면에 이주임"[26)], "대한독촉지부장"이 된 정 주사에게 공출을 하지 않은 마을의 "반역자"를 때리라고 종용한 순사부장[27)] 등이 그 예이다. 해방 후에도 사람들에게 '순사'와 '주재소'는 공포의 상징이다. '순사'는 일본 국가주의를 위해 동원된 언어를 해방 후에도 그대로 쓰며, 하층민에 대한 폭력과 낙인찍기를 고

25) 전명선, 「방아쇠」, 『문학』 삼일기념임시증간호, 1947.2, 10면.
26) 김현구, 「산풍」, 위의 책, 17면.
27) 박찬모, 「어머니」, 위의 책, 29면.

수한다. 해방 후, 제국의 언어와 폭력에 노출되어 있던 농민들은 그 일상화된 공포에 저항한다. 그들은 '주재소와 면사무소를 습격'한다. 능동적으로 "위험한 인간들"이 되어 경찰에게 그 공포와 불안을 되돌려준다.

특히, 이 소설들에서는 '전재민'의 모습이 두드러진다. 「방아쇠」의 현술, 「어머니」의 칠성과 영수는 모두 징용을 갔다 돌아온 인물이며, 「시월」의 주인공 동호도 학병에 나갔다 온 인물이다. 그들은 항쟁의 중심에서 활약한다. 이 외에 「산풍」에서는 '함경도'와 '평안도' 출신 전재민 순사들의 잔혹성이 두드러진다. 두 유형의 전재민은 귀환했거나 월남하여 삶의 방향성을 새롭게 설정해야 하는 인물이었다. 전자에 속하는 인물은 강제 이주나 징용과 징병 등으로 고향을 떠났다가 돌아와 '농민조합'이나 '농민학원'을 지지하며 현실의 변화를 추구한다. 후자에 속하는 인물은 북에서 온 자신의 정체성 때문에 의식적으로 좌익 세력을 더 가혹하게 탄압한다. 그들은 자신이 선택한 현실에서 의도적으로 '전위'가 된다.

두 유형의 전재민 중 전자는 '인민 대중'을 이끄는 방식으로, 후자는 '반공 국민'임을 증명하는 방식으로 자신의 정치적 권리를 행사한다. 한쪽이 인민을 혁명주의적 대중운동의 전거로 제시했다면, 다른 한쪽은 인민을 소거해야 할 폭도로 구별 지으며 자신의 존재를 정당화했다. 소설에서 항쟁 속 인민은 대부분 군중으로 지칭되지만 농민, 민중, 대중, 인민대중, 백성 등으로도 불린다. 그리고 이점은 뒤에서 살펴볼 우익 측 작가들의 소설 및 평문에서도 나타나는 현상이다.[28)]

28) 해방기에 '인민' 개념이 국가, 민족, 민중이란 말과 비슷하게 쓰이지만 사회계급적인 의미를 지닌 채 사용되고 있었던 정황에 대해서는 당시 잡지 기사를 통해서도 감지된 바 있다. 琢人, 「文學이 人民에게 드러가야 한다 力說하는 林和氏」, 『민중조선』 창간호, 1945. 11, 55-56면.

이러한 현상이 일어난 것은 인민이 정치 · 사회적 의제에 추동되어 구성된 '관념적 실체'이자, 당대 담론 공간에서 생산 · 유포 · 소비된 '담론적 상상물'[29]이었기 때문이다. 해방 직후 '인민'은 좌우파 모두에게 민주주의 실현 주체인 "Peple"의 번역어로 활용된다. 다만, 좌파의 경우는 인민을 노동자나 농민, 중간층 등 피착취 사회계급이라는 사회계급적인 요소가 내포된 개념으로 보았다. 그러나 우파에게는 '국민'의 함의에 가까웠다. 단정 수립 이후, 정치적 주체였던 '인민' 대신 국가를 구성하는 주체란 의미의 '국민'이 부상하게 된 것은 국가 주도의 이념이 강화되어 간 점을 증명한다. 이러한 현상은 인민의 집합체 개념인 '군중'이 좌파에게는 정치적 주체의 집합 개념이었지만, 우파에게는 대구 사건 등 정치적 순간을 겪으면서 공포의 대상으로 격하된 것과도 통한다.[30]

작가들은 혁명과 폭동 사이에서 인민이 역사의 중심에 서 있었던 순간을 담아낸다. 조선문학가동맹 측 작가들은 항쟁이라는 사건을 통해 인민을 역사적이면서 경험적인 실재로 표상하려 했다. 그러나 해방기의 공론장에 작동한 인민의 양의성은 그 창작 의도를 관철시키기 어렵게 만든다. 10월 항쟁 서사에서 인민은, 해방기 국가 건설의 정치적 주체, 통치되거나 정치적 혜택으로부터 배제된 자, 예측 불가능한 위법 집단 등 분열된 형상으로 나타난다. 역으로 그것은 좌익 작가들이 해방 직후 '인민'을

---

29) 해방 공간에서 문제적 기표로서의 인민과 그것을 둘러싼 경쟁 상황에 대해서는 박명규, 임종명, 박지영의 논의를 참고할 수 있다. 박명규, 『국민 · 인민 · 시민-개념사로 본 한국의 정치주체』, 소화, 2009, 166-175면 ; 임종명, 「해방 직후 인민의 문제성과 엘리트의 인민 순치」, 『동방학지』 168, 연세대 국학연구원, 2014, 33-42면 ; 박지영, 앞의 글, 63-84면.

30) 해방기 좌우익에게 인민 개념이 각각 피착취 사회계급과 국민의 의미에 가까웠던 정황에 대해서는 박지영의 논문 참고. 위의 글, 63-76면.

두고 벌인 이데올로기 경쟁의 결과라는 점에서 그들이 감당해야 할 몫이기도 했다.

3. 실패한 소설에 대한 비판의 의미

조선문학가동맹 측에서는 인민항쟁에서 직접 취재한 소설을 요청하되, "좋은 影響力을 갖은 作品"[31)]을 선택했다. 실제로 안회남의 「폭풍의 역사」는 인민항쟁 특집 소설로 창작되었으나 『문학』에 수록되지 못했다. 당시 작가들에게 '인민항쟁'의 서사화가 아니라 인민항쟁의 '서사화', 즉 사건을 대하는 작가적 태도와 문학적 역량의 문제가 중요했음을 알 수 있는 대목이다. 정치, 경제적 불의에 항거한 대중의 목소리는 '사람은 무엇을 할 수 있고 무엇이 될 수 있는가'라는 질문을 던지게 한다. 이 물음에 대한 답으로서의 역량은 '실질적 자유'이자 선택하고 행동할 수 있는 기회의 집합이다.[32)] 대중의 정치적 진출 속도 앞에서 절망한 작가가 "南朝鮮 人民抗爭에 대한 文學者로서의 無意識的 사보타쥬"[33)]를 반성했던 점을 상기하면, 10월 항쟁은 당시의 작가들에게도 자신의 역량을 돌아보게 하는 사건임에 분명하다.

10월 항쟁과 관련하여 당대의 평자들에게 가장 많이 회자되었던 작품은 안회남의 「폭풍의 역사」(『문학평론』3, 1947. 4)이다. 「폭풍의 역사」는 포달과 돌쇠 부자의 2대에 걸친 죽음을 통해 지식인 현구가 현실 세계를

---

31) 「편집후기」, 『문학』 삼일기념임시증간호, 1947.2, 35면.
32) 마사 누스바움, 한상연 역, 『역량의 창조』, 돌베개, 2015, 35면.
33) 김영석, 앞의 글, 36면.

직시하고 3.1운동과 농민 소요 사이의 역사적 연계성을 자각하게 되는 작품이다. 현구는 친일파 면장 이석기에 맞서는 농민에게서 부당한 권력에 대항하는 정신적 연대를 발견하고 적극적 인물로 변화한다. 임화, 김동석, 백철, 김동리, 임긍재 등의 평론가가 이 작품을 평했다. 일제 강점기 사변소설 작가로 널리 알려져 있던 안회남이 강제 징용에서 돌아와 쓴 이 소설은 "역작"이라는 찬사를 받는가 하면, "당의 문학"이라는 비판을 받기도 했다. 양측은 공통적으로 작품에 나타난 '관념성'을 지적했다.

임화는 안회남의 「폭풍의 역사」를 읽고 서간 형태의 작품평을 보낸다. 안회남 역시 그 서간에 답한다. 두 사람이 주고받은 서간을 통해 조선문학가동맹의 출판부장인 현덕이 "人民抗爭을 主題로 한 小說"[34]을 요청하여 안회남이 급히 「폭풍의 역사」를 썼음을 알 수 있다. 그리고 이 작품에 나타난 "政治的 意見에 對하여 『文學』 編輯部 동무들의 意見이 있기"[35]에 전한다는 임화의 언급에서 안회남의 소설을 『문학』 편집부가 미리 읽어 보았음을 알 수 있다. 임화는 안회남의 소설에서 민족통일론과 신탁에 관한 부분을 "옳게 訂正"하여 "『文學』 三號에 揭載하였으면 좋겠"다는 견해를 전한다. 그러나 안회남은 임화가 지적한 바가 맞다고 수긍하면서도 시일의 사정으로 『문학』보다 빨리 나올 『문학평론』에 이 작품을 발표하게 되었음을 알린다. 그의 답신에는 '웬일인지 얼른 발표하고 싶어 견디지 못하겠다'는 작가로서의 초조와 함께 '실패한 것은 실패한 것대로 뼈저리게 한번 내놓아 보겠다'는 의지가 담겨 있다.

임화와 안회남의 편지는 『문학평론』3호에 안회남의 소설 「폭풍의 역

34) 임화 · 안회남, 「작품에 관한 서간」, 『문학평론』 3, 1947.4, 80면.
35) 위의 책, 78면.

사」와 함께 실린다. 안회남은 "활자화했으면 하는 박해문 씨의 간청으로" 이 서간을 『문학평론』지로 넘기게 되었음을 알린다. 편집자가 작가 사이에 오간 편지와 소설을 함께 실은 이유는 무엇일까.

> 校正을 볼때 兄의 말씀대로 그 대목을 訂正할가 했었으나 組版關係上 고치지못한것은 遺憾입니다. 그러나 事實上으로는 訂正된것입니다. 우에 告白한대로 나는 옳은 教示를 받았기때문입니다. 또 이것은 作品속의 人物의 問題가 아니라 더 緊要하게 나 自身의 問題이므로써입니다. (중략) 아닌게아니라 日帝時代에 있어서 죽 一貫하야 安閑한 身邊小說을 써오던 나로서는 炭鑛의 徵用小說을거쳐 이번 「暴風의 歷史」는 第三段階를 생각하게할수있는 作品이라고 압니다. 그러나 小說로서는 失敗입니다. 좀더 生活化했었더면합니다. 지금 그것을 다시 쓴다면 아주 立體化해서 쓸것 같고 또 앞으로는 이러한 點으로서는 小說에 있어서 다시 두번 失敗하지 않으리라고 決心하고 있습니다.[36]

임화가 안회남에게 전한 작품 정정의 요청은 소설에 내재해야 할 사상적 측면을 보유(補遺)한다. 소설가가 작품을 정정하지 않았지만, 임화의 비판적 작품평을 소설과 함께 읽은 독자는 민족통일론과 반탁문제에 대한 작가의 보호한 태도를 조선문학가동맹의 입장에서 내면화하게 된다. 또한, 안회남 스스로 작가적 전향과 함께 '인민 항쟁'의 소설화에 실패했음을 고백함으로써 소설뿐 아니라 정치의 문학화에 대한 독자의 관심을 증폭할 수 있다.

그런 의미에서 안회남의 소설을 "문학적 전환"으로 본 김동석과 백철

36) 위의 책, 80면.

의 평론은 주목을 요한다. 김동석은 「폭풍의 역사」가 지닌 중대한 결함이 "역사 속에서 움직이는 인물들의 언동을 통하여 역사를 이야기하게 하지 못하고 작가의 관념이 퉁그러져 나와 있는 것"이라 말했다. 그리고 "그것은 작가가 완전히 관념적 자아를 양기(揚棄)하지 못했기 때문"[37]이라고 지적한다. 백철은 "일부에서 이 작품을 선전 포스터에까지 끌어 내리고 있으나 이 작품은 그 점에선 작가가 상당한 경계를 한 작품이다. 강렬한 정치적 주제에 응한 것이면서도 그 주제가 노골적으로 독자에게 강요되지 않은 점은 실로 이 작품이 성공한 점"[38]이라 평했다. 두 사람의 비평은 상반된 듯하다. 그러나 안회남이 신사상을 받아들여 그것을 자기화하는 단계에 있으며, 그도 자신의 사상성을 문단 내외에 증명해 보여야 한다는 강박을 느끼고 있을 것이라는 추측을 공유한다.

임화의 게재 유보 요청에도 불구하고 안회남이 서둘러 작품을 발표한 이유를 이 대목에서 다시 생각해 볼 수 있다. 1944년 일본 기타큐슈(北九州) 탄광으로 끌려갔다 해방 후 돌아온 안회남은 노동자와의 공동 노동, 탄광 생활의 비참함 등의 기억이 선명한 상태에서 문학적 전환을 시도했다. 그가 전재민이라는 사실에 주목해 보자. 10월 대중 봉기에 참여한 사람 중에는 실업자의 비중이 높았다. 공식 통계에 나타난 이들 실업자의 60퍼센트 정도는 전재민, 다시 말하면 '귀환동포'들이었다.[39] 전재민이 10월 항쟁에서 외쳤던 것은, '쌀을 달라, 일을 달라'였다. 귀환하여 다시 문단 활동을 시작한 안회남은 '정치적 자세'로 문학을 '한다'. 그리고 그

---

37) 김동석, 「비약하는 작가」, 『뿌르조아의 인간상』, 탐구당, 1949, 32면.
38) 백철, 「신사상의 주체화문제」, 『신천지』 3(6), 1948.7, 199면.
39) 조선은행 조사부, 『조선경제연보』, 1948, 203면(성한표, 앞의 책, 440면에서 재인용).

과정에서 느낀 불확실함과 조급함과 두려움을 인정한다. 그러므로 그에게 관념화에 따른 소설적 실패는 그 자신의 인간적 반영이라 할 수 있다.

문학은 해방을 맞은 그의 감정과 이념을 받쳐주는 현세의 구체적 지렛목 역할을 한 셈이다. 안회남은 임화에게 보내는 편지에서 "이번 작품을 내놓고 나서는 실패했다고 생각하면서도 묘하게시리 안심이 된다"[40]고 말했다. '당'도 중요하지만 무엇보다 '인민과 그 혁명'이 중요한 것이라 생각한 순간 안회남에게 다시 '문학'은 시작된다. 그가 작가로서 느끼는 '안심'은 두 가지를 내포한다. '문학'을 실체화하여 결국 자신의 작가됨을 증명한 데서 오는 실존적 안도감이 그 첫 번째이다. 그리고 '신변소설' 작가로부터 벗어나 문단 내 인식의 전환을 이끌어낸 데서 오는 작가적 만족감이 그 두 번째이다. 물론 작가가 느낀 안심에도 불구하고, 이 작품은 주인공 지식인의 관념과 설명이 두드러져 당시 농민의 절박한 상황이나 감성이 독자에게 전달되기 어려운 한계를 지닌다.

안회남의 「폭풍의 역사」에 대한 당대의 평가를 포함하여, 10월 항쟁의 서사화에 대한 기존의 연구에서는 우익 작가들의 목소리는 거의 조명되지 않았다. 그것은 조선문학가동맹의 기관지 『문학』에 수록된 '인민항쟁 특집' 소설을 중심으로 논의를 전개했기 때문이다. 그리고 그보다 더 근본적인 원인은 실제 해방기 잡지를 보면 알 수 있듯 『백민』, 『신천지』 등 우익 계열의 잡지에서 10월 항쟁에 대한 언급을 찾아보기 어렵다는 데 있다. 10월 사건을 3 · 1운동이나 동학농민운동에 잇대어 부각하는 조선문학가동맹의 외침이 무색하게 당시 우익 잡지에서는 10월 항쟁이 일종의 금기처럼 나타나지 않는다. 이는 10월 항쟁 관련 검거자들의 재판 등

40) 임화 · 안회남, 앞의 책, 81면.

사건 수습이 아직 끝나지 않은 상황에서 보일 수 있는 작가적 신중함일 수 있다. 다른 한편으로 그 침묵은 이 사건이 확대 해석되거나 사건의 여파가 다른 방향으로 확산되는 것에 대한 불안함을 방증하는 것이기도 하다.[41]

조선문학가동맹 측 작가들의 작품이 발표된 후, 김동리와 임긍재 등 조선청년문학가협회 측 작가들은 1947년의 문단을 정리하며 그들의 소설을 읽고 평했다. 특히, 김동리는 「당의 문학과 인간의 문학」이라는 평론에서 '인민항쟁'을 소설화한 조선문학가동맹 측의 작품을 "당의 문학"으로 명명하고, 대표작으로 안회남의 「폭풍의 역사」를 꼽아 비판했다. 그의 평론은 두 가지 의미를 내포한다. 첫째는 조선문학가동맹 소속 작가들의 정치성과 그에 대한 소설의 문학적 가치 판단 문제이다. 둘째는 작가들이 그린 9월 총파업에 이은 전국적 인민 항쟁을 조선공산당 주도하의 사건으로 보는 시선이다. 이는 '10월 항쟁'을 조선공산당의 선동으로 일으킨 폭동이라 진단한 미군정의 입장과 같은 맥락에 놓인다. 김동리의 관점은 "오늘날 朝鮮의 社會的現實 속에서 政治的無關心 또는 中立性을 띤 文學的思想"이 역으로 "政治的隷屬性-文學的黨派性"[42]을 띤다는 점에서 그 위험을 지적받기도 했다.

「폭풍의 역사」를 통해 당의 문학을 비판한 김동리의 평론은 『새한민보』(1947. 8)와 『문학과 인간』(백민문화사, 1948)이라는 평론집에 수록된다. 그런데 특이한 점은 김동리가 같은 작품을 분석하면서 안회남의

41) 실제로 당시 남조선에는 10월 항쟁과 관련하여 각종 유언비어가 생겨나 재조선미군사령관 하지 중장이 그에 대한 공식적 해명 자료를 발표했다. 「하지, 일반 유언비어 해명 성명 발표」, 『조선일보』, 1946.11.11.

42) 윤태웅, 「문학의 정치성에 대해서」, 『새한민보』 1(5), 새한민보사, 1947.8. 40면.

'관념성'을 각각 농민과 면장의 목소리를 통해 비판한 대목이다.

> 農民도 만세를 불렀다는 作者의 觀念 그것이 '포달'의 '독립만세-'로서 그냥 文學이 되는줄 錯覺해서는 아니 된다. 이런 意味에 있어 '포달'이란 人物 그 自體가 벌서 '거즛'에서 出發되었던 것이다. 나는 作者의 觀念(或은 常識的 批判이라고해도 좋다) 그 自體가 거즛이라고 하는것이 아니다. 그 觀念을 無責任한 小說로 옮기려 한데서부터 거즛이 되었다는 것이다.[43]

> 끝으머리에 가서 대화묘사에 '불온하니 기념행사를 중지하시오-'하는 대문이 있다. 그 경우 그러한 조건의 면장의 입에서 이렇게 발언되었다는 것이 거즛말이란 것은 창작초보를 이해하는 사람이면 즉석에서 곧 깨다를 것이다. '불온하니'라는 의미의 말을 했다는 것과 '불온하니'라고 했다는 것과는 동일하지 않다. (중략) '불온하니'란 의미로서 그 무슨 말이 있었을 것이며, '그 무슨 말' 이것을 찾는 것이 곧 작가의 진실이라는 것이다. 그것을 찾지 않고, 그냥 강담식으로 미끄러저 버린데, 작가 안씨의 타락과 '당의 문학'의 허구가 기다리고 있는 것이다.[44]

김동리는 농민 포달의 '독립만세'와 면장의 '불온하니'라는 발언이 작자의 관념에서 출발한 것임을 지적하며, 그 관념을 소설화한 작가적 태도를 비판한다. 농민의 '목소리'를 복원해 내지 못하고, 작가 자신의 목소리를 농민의 것으로 그렸다는 점에서 안회남은 거짓말 유포자가 된다. 이것은 10월 항쟁 자체가 농민에 의한 자연발생적 사건이 아니라 '선동

43) 김동리, 「최근의 조선문학」, 위의 책, 39면.
44) 김동리, 「당의 문학과 인간의 문학」, 『문학과 인간』, 백민문화사, 1948, 211-212면.

분자에 의한 폭동'[45]이라 본 우익의 논리에 기대어 있다. 미군정기 농민 담론이 창출한 순종적 농민상에 비춰볼 때, '독립만세'나 '불온하다'와 같은 정치적 발언은 당시의 농민과 어울리지 않는다. 그러므로 김동리가 두 편의 평론에 걸쳐 농민의 목소리를 전제로 안회남의 작가적 역량을 폄훼하는 태도는, 안회남의 문학성을 공략한 것이 아니다. 오히려 그의 비평은 항쟁을 일으킨 농민, 농민과 대척점에 있던 면장을 모두 조선문학가동맹을 포함한 좌익 세력의 피해자로 만들어 버리기 위한 전략을 담고 있다.

임긍재는 김동리보다 훨씬 더 노골적인 비판을 가한다. 그는 '3.1항쟁의 대의명분'을 환기하며, 포달이와 돌쇠의 죽음은 같은 선상에 놓일 수 없다고 주장한다.

> 포달이가 죽은 것은 조선 민족을 위해서 죽은 것이고 돌쇠가 죽은 것은 소련의 주구인 '전평'이나 '민×'의 선동에 이끌려 개죽음이 된 것이다. 그리고 항쟁한 대상자가 28년 전에는 일본 놈이고 28년 후에는 조선인이었다. 전자의 항쟁은 일본세력을 패×하려든 것이고 후자의 항쟁은 소련의 적색세력을 ××시키려는 것이었다. 이러한 뚜렷한 사실을 진실인 듯이 '카무플라주'하려던 것이 '당의 문학'의 표본이 되었으며 이 소설의 진실성을 허구성으로 나타나게 한 원인이 될 것이다.[46]

인용문에서 감지할 수 있는 것처럼 임긍재는 조선문학가동맹의 정치

---

45) 「조선의 소요사건은 선전분자의 사주」, 『동아일보』, 1947.1.21.
46) 임긍재, 「민족문학 제창 후의 작품 경향」, 『예술조선』, 1948.4(임긍재, 김택호 편, 『임긍재 평론 선집』, 현대문학, 2011, 101-102면에서 재인용).

적 의도를 전면에서 반박한다. 3.1운동과 10월 항쟁은 계승적 차원에 놓일 수 없다고 강조하는 임긍재의 비평 역시 돌쇠의 죽음을 민족적 사건으로 승화하려는 작가적 의도가 정치적 '위장'에 불과하다는 논리를 담고 있다. 여기에는 강한 반공의식이 개입된다. 임긍재는 민족으로부터 인민을 분리하고, 인민을 다시 '전평'이나 '민전'의 것으로 치환한다. 좌익 작가들이 행한 인민 표상의 정치성을 부정하는 자리에서 인민은 '선동에 이끌리는' 타자로 전락한다.

안회남 자신이 이미 '실패한 소설'이라 인정한 작품에 대해 우익 측 문인들이 던지는 혹평은 「폭풍의 역사」가 지닌 관념성을 '거짓'이나 '카무플라주'로 낙인찍는 데 목적을 둔다. 그것이야말로 안회남이 내면화하고자 했던 사상 자체를 '허구'로 만드는 가장 쉬운 방법이기 때문이다. 그러나 우익 문인들이 안회남에게 던지는 비판의 가혹함이야말로, 당시 '10월 항쟁'이 김동리와 임긍재를 포함한 우익 세력에게 안긴 충격과 혼란의 정도를 방증한다. 또한, 그것은 '타자성'과의 대면이 얼마만큼의 정치 문화적 파장을 불러일으키는지 보여준다. 10월 항쟁은 동족의 빈곤을 똑바로 바라보게 했으며, 학습된 무관심의 지대에 낯선 존재(위험한 농민)가 침입할 때 느끼는 심정적 동요를 인정하게 했다. 그리고 경찰과 농민의 대립 속에서 '적이나 범죄자의 분명한 구분이 종언'[47]되었음을 깨닫게 했다. 그 절망과 공포 앞에서 우익 작가들은 10월 항쟁을 금기어로 삼거나, 농민을 피해자로 몰아갔다. 해방 직후 국가 건설의 주체로 부상했던 인민은 좌우익의 이데올로기 경쟁 속에서 양측의 체제 정당화 작업에 동원되었고, 결국 통치와 계몽의 대상으로 전락한다.

---

47) 조르조 아감벤, 조형준 역, 『내전』, 새물결, 2017, 28면.

4. 사건의 재구성과 불완전한 명명법

10월 항쟁에 관한 우익 작가들의 목소리가 주목받지 못했던 것은, 지금까지 그 사건이 좌익 세력에 '의한' 것이었다는 우익 측의 논리를 묵인해 온 탓이다. 그러나 해방기 좌우익의 공존과 헤게모니 투쟁을 감안하면, 일방적인 공격이나 침묵은 상상하기 어렵다. 실제 함상훈이나 곽종원 같은 평론가는 특정 작품을 빌리지 않고도 '대구 폭동'이나 '농민의 선동', '사회운동의 도구로서의 문학'[48]과 같은 단어들을 사용하며 조선문학가동맹 측의 활동을 비판했다. 한쪽이 3.1운동과 10월 항쟁의 연속성을 강조하며 사건을 재현했다면, 다른 한쪽은 농민의 혁명은 불가능한 것이라 치부하며 10월 항쟁을 여전히 도래하지 않은 역사로 유보한다.

> 공산당의 강점은 선전과 조직력에 있다. 그들은 신문을 조종하고 있으며 무수한 선전 삐라, 포스타를 살포하며 영화 연극 만담을 통하야 민중에게 공산주의를 선전하며 있을 수 없는 허언을 농하야 자기편으로 맨들랴 선동한다. 그리고 민중의 불평 불만을 고조시킨 후 모종 정도에 달한 것을 탈취할 때는 폭동으로 유도한다. (중략) 남조선에 식량이 부족한 것은 미국인이 먹지도 않는 미(米)를 미국으로 가저가는 때문이라 육억불의 경제원조는 무료로 줌임에도 불구하고 조선을 식민화하라는 정책이라고 선전한다. 그들은 토지를 무상분여할 터이니 쌀을 공출하지 말라 선동하고 조시 미곡이 입하지 않어 식량난이 있을 때는 경관과 부호가 독점한 때문이라고 허언한다. 이리하야 작년 시월 일일 대구사건을 연출하였고 금년의 부안사건을 일으켰다. 그들은 처처의 농민들에게 비료를 준다 고무신을

48) 곽종원, 「창작 개성의 옹호」, 『동아일보』, 1947.5.18.

준다 유인해서 농민조합을 조직하고 기념행사에나 시위행렬에 참가시킬 때는 쌀과 고무신을 준다고 꾀어온다.[49)]

10월 항쟁의 서사화는 조선문학가동맹의 일방적인 선전이나 방어 논리에서 벗어나 우익 측 작가들과의 길항 관계 속에서 평가되어야 시대적 가치를 온전히 드러낼 수 있다. 김동리나 임긍재, 함상훈 등의 평론가가 안회남을 포함한 조선문학가동맹 측 작가에게 반감을 표시하기 위해 동원한 '거짓', '위장', '허언'과 같은 어휘는 10월 항쟁을 공산당의 연출로 이해하려는 의도를 반영한다. 그들은 상대측이 내세우려 하는 사건을 역사적 결함으로 정리하여 자기 시대를 결산하고 현재에 대한 입장을 취한다.

지금까지 10월 항쟁 관련 선행 연구에서 논의되지 않았지만, 10월 항쟁을 장편소설의 중심 사건으로 차용했던 사례로 이무영의 「피는 물보다 진하다」(1948)란 작품이 있다.[50)] 이무영은 이 작품을 『국민신문』에 18회까지 연재하다가 신문의 정간 때문에 연재를 중단했다. 그리고 『삼년』으로 개제하여 1956년에 사상계사에서 단행본으로 엮었다. 『이무영문학전집』뿐 아니라 『한국장편소설사전』에서도 이 작품은 1946년 『태양신문』에 연재되었다고 기록되어 있다.[51)] 그러나 『태양신문』은 1949년 2월에 창간되었기에 1948년에 이무영이 이 신문에 소설을 연재할 수는 없

---

49) 함상훈, 「공산당과의 투쟁에 대하여」, 『동아일보』, 1947.7.31.

50) 이후에도 이무영은 「젊은 사람들」이라는 장편소설에서 '시월 폭동'을 주요 사건으로 삼아 소설을 창작한다. 이 소설은 해방 직후부터 1948년 12월의 시간을 담고 있으나, 작가가 1952년 1월에 탈고하여 1952년 2월에 문연사에서 단행본으로 출간하여 분석 대상에서 제외했다.

51) 「삼년」, 『이무영문학전집』, 국학자료원, 2000, 241면.

다.[52] 이 작품은 1948년에 『국민신문』에 연재되었으며, 백철이 1948년 창작계를 평하는 글에서 "이무영 씨는 『피는 물보다 진하다』(국민신문)에 연재되던 것에서 새 각오를 표시"[53]했다고 언급한 바 있다.

紹介의말

李無影 作

金義煥 畫

피는물보다진하다

十月十一日附 夕刊부터連載

作者의말

〈그림1〉「작자의 말」, 『국민신문』, 1948. 10. 8.

사상계사에서 발행된 『삼년』의 말미에는 "解放 두번째 三·一記念日"[54]이라고 탈고일이 기록되어 있다. 1947년 3월이면, 조선문학가동맹에서 이미 삼일 기념 임시증간호를 통해 인민항쟁 특집 소설을 발표한 후이다. 좌익이나 우익 작가들 모두 삼일 기념일에 맞춰 소설과 소설 창작의 문학적 가치를 되새기고 있었음을 환기하는 대목이다. 이 작품이 『국민신문』에 연재된 것이 1948년 10월 11일부터라는 점을 감안하면, 그는 탈고 후 1년 7개월이 넘도록 연재할 지면을 얻지

52) 이무영의 「피는 물보다 진하다」가 『국민신문』이 아니라 『한국일보』나 『태양신문』에 연재되었다고 잘못 언급되어온 정황, 소설 연재가 일시 중단된 이유에 대해서는 김종욱의 연구를 참조할 수 있다. 김종욱, 「이무영의 『삼년』에 나타난 죽음의 양상과 의미」, 『우리말글』50, 우리말글학회, 2010, 4-11면. 다만, 기존 연구에는 『국민신문』 1948년 10월 10일자에 이 소설의 예고 기사가 실리고 10월 11일부터 장편 연재가 시작된다고 되어 있으나, 실제 예고 기사가 실린 것은 10월 8일이며 작품이 연재되기 시작한 것은 10월 11일부터임을 밝혀 둔다.

53) 백철, 「文化一年의 回顧(創作界)」, 『서울신문』, 1948.12.20.

54) 이무영, 『삼년』, 사상계사, 1956, 391면.

못했던 것이다.

이무영은 「작자의 말」에서 해방 후 삼 년간 거의 붓을 놓은 채로 지냈지만, 그 기간에 자신이 "역량이 잇건 업건 나는 소설가라는 것"을 깨달았다고 말한다. 그리고 해방된 후에 '피가 물보다 진하다'는 것을 일깨워주는 모든 토막토막 이야기를 여기에 얽어보려는 것이 이 소설의 목적이며, 이 소설의 성불성을 두려워하지 않을 것이라 다짐한다. 덧붙여 그는 "고유명사 이외에는 되도록 우리말만으로 소설을 써보고 십다"는 소회를 밝히기도 했다. 이 작가의 말은 해방 후 혼란 속에서 그가 작가로서 제 역할을 다하지 못했다는 점을 반성하고, 앞으로 연재할 소설에 투영될 혈연주의나 자국어의식을 환기하는 선에서 이해될 수 있다.

그러나 그가 소설을 창작하고 발표한 시점에 의심스러운 부분이 있다. 그가 작자의 말에서 말한 바, 해방 후 삼 년간 거의 붓을 들지 않았다는 점, 소설의 성불성을 두려워하지 않을 것이라는 포부, 우리말만으로 소설을 써보고 싶다는 희망 등은 이 작품이 아직 완성 전이며, 시작 단계에 놓여 있음을 의미하기 때문이다. 그렇게 볼 때, 6.25전쟁 이후에 발간된 난행본에 기입한 탈고 날짜는 작가가 나중에 기록한 것이 된다. 해방 후 두 번째 삼일 기념일을 탈고일로 기록해 둔 작위성은 그가 해방기의 좌우익 대립이 극에 달했던 때, 적어도 붓을 놓지 않았음을 증명하는 일과 연결된다. 만약 그가 1947년 3월에 소설을 탈고하고 1948년 10월에 장편소설을 연재하기 시작했다 해도 문제는 달라지지 않는다. 그는 사건을 서사화하고도 1년 7개월 이상 발표를 지체했다. 1946~1947년에 걸쳐 대구 사건(혹은 영남 소요)의 주모자 재판이 이루어지고 이승만 박사가 대통령이 되고 나서야 뒤늦게 작가로서 이 사건에 대한 입장을 내놓은 셈이다.

이 소설의 시간적 배경은 1945년 9월부터 1947년 봄까지다. 단행본의 제목은 해방 직후의 삼 년을 지칭한다. 해방 후 귀국 연락선에서 주요 인물들이 만나고, 명주, 손발, 혜란, 숙경, 최일 등의 남녀가 애정과 이념으로 얽혀 갈등을 일으키다가 삼남 지방의 '폭동'이 잦아든 뒤 죽거나 각자 삶의 방향을 찾는 것으로 마무리된다. 이무영이 『국민신문』을 통해 발표한 소설의 내용은 단행본 『삼년』의 391면 중에 56면 중간까지의 분량이다. 일본 유학생 명주가 조선으로 돌아오는 연락선에서 우익 청년 손발을 비롯한 귀환 조선인을 만나고, 그녀가 집으로 가는 길에 잠깐 들른 온천에서 본 숙경이 옛 애인 최일을 찾기 위해 가족을 떠나는 데까지이다. 비록 짧은 분량이지만, 여기까지의 내용에서도 이무영은 '공산주의자'에 대한 비판의식을 노골적으로 보여준다.

『국민신문』에 이무영이 작품을 연재한 것은 매체와의 이념적 동질성 때문이다. 이 신문은 서북청년단의 위원장이었던 문봉제가 편집발행 겸 인쇄인이었으며, 해방기 대표적 여당지로 꼽힌다.[55] 이무영은 소설에서 우익은 선, 좌익은 악이라는 이분법적 도식을 극명하게 드러낸다. 특히, 공산주의자인 최일은 옛 애인 숙경과 재회하지만 그녀의 사랑을 이용하여 정치 자금을 받아내고, 다른 여자와 육체적 관계를 맺는다. 그마저도 '생리에서 오는 본능 이외에 아무것도 아니'라고 주장함으로써 숙경을 비참하게 만든다. 또한, 그는 폭동을 준비하는 과정에서 무고한 사람들을 희생시키고, 반대파에게 폭력을 행사한다. 최일은 사랑이나 우정 관계를 정치적 수단으로 치부한다. 작가는 이처럼 반공의식에 기반하여 소

---

55) 『국민신문』은 『여성신문』을 개제한 것으로, 1948년 9월 20일에 창간되어 1948년 10월 30일 폐간된다. 윤임술, 『한국신문백년지』, 한국언론연구원, 1984, 581면.

설을 창작하고, 1946년 10월의 항쟁 역시 "완전히 인간성이 무시된 삼남 지방의 일대 학살극"[56]으로 명명한다.

> 손발 일파의 삼남폭동 조직공작이 이렇게 실패를 한지 열흘도 못 되어저 피비린내 나는 삼남 폭동 사건이 터졌었다.
>
> - 권은 기어코 손을 배반하고 말았던 것이었다.
>
> 손발이 한명주를 만난것은 이 삼남 폭동의 비린내가 아직 코끝에서 가시지도 않은 어느날 오후였다. 완전히 인간성이 무시된 삼남지방의 일대학살극에 민족진영은 무색한 모양이었다. 아니 민족진영 뿐 아니었다. 태양까지도 이 인간과 자연과 천리를 무시한 잔악 앞에 무색함을 금지 못 하는 모양이었다. 이 처참한 폭동 보도에 서울 시민들도 함구무언이었다. 사람의 입으로서 가왈 부왈 할 한계를 넘은 학살행위이었기 때문이었으리라.
>
> 손발도 완전히 인간의 상식을 벗어난 이 삼남의 학살 보도앞에 멍청하니 서 있었을 뿐이었다. 비판할 의욕도 흥미도 없었다.
>
> 이 위대한 '악' 앞에 '선'이 무색해하듯 손발도 무색한체 중국 호떡집에를 들어가고 있었든 것이다.[57]

이무영은 조선문학가동맹이 '인민 항쟁'이라 지칭했던 사건을 "영남 폭동", "삼남 폭동 사건"으로 언급한다. 소설에서 사건의 주체는 지워지고, 사건의 장소와 잔악성만 가시화된다. 이 때문에 일방적으로 폭동 소식을 접하고 충격을 받은 '서울 시민'의 무고함은 그 폭동을 일으킨 지역 조직의 비도덕성과 대립적 관계에 놓인다. 그렇다면, 이무영은 소설에서

56) 이무영, 『삼년』, 사상계사, 1956, 260면.
57) 위의 책, 260-261면.

일부러 '인민'이란 단어를 사용하지 않았을까. 그렇지 않다. 그는 "싸움통에 고달프기만 한 것이 백성들이었다. 삼천만을 서로 내 편이라고 했고 이쪽도 인민 저쪽도 인민 백성들은 자기네들도 모르게 이쪽저쪽에 끌려다니기에 겨를이 없었다."[58]라고 쓴다. 그는 해방 공간에서 체제 정당화를 위해 동원된 인민의 문제와 인민의 탈권력화 현상을 적시했다.

그러므로 이 소설의 시의성은 반공 이데올로기에 있는 것이 아니라 해방기 인민의 상황을 서사화하는 시점과 태도에서 논의되어야 한다. 이무영은 동포, 농민, 시민, 일파, 백성, 인민 등 다양한 언어를 사용하면서도 결국 사건의 중심에 있던 인민의 주체성을 부정하는 태도를 취한다. 민족통일협회에 수류탄을 던질 계획을 가지고 방공호에 숨어 있던 최일은, 그 사실을 알게 된 숙경이 던진 수류탄에 맞아 죽는다. 숙경이 최일을 죽인 것에 관해 작가는 명주의 입을 빌려 '폭동으로 몇천 명을 죽인 사람에게 내린 천벌', "위대한 일"이라 말한다. 최일의 죽음 이후 소설 속 인물들은 민족주의자 손발과 연대함으로써 이념적 갈등을 해소한다. 이와 같은 결말은 10월 항쟁을 역사화하려는 좌익 작가들의 정치적 의도를 무화한다. 결국 우익 작가들이 주장했던 민족 국가 건설 과정에서 '인민'은 완전한 타자가 된다.

백철이 이무영의 소설 연재를 두고 '새 각오를 표시했다'고 표현한 이유는 무엇일까. 우선, 친일 행적 때문에 해방 이후 사회적 위치가 불안정했던 그가 당대 문단에서 작가됨을 증명하는 일을 떠올릴 수 있다. 또한, 우익 작가들이 문학자로서 무의식적 파업을 선언한 '10월 항쟁'의 서사화에 이무영이 뛰어든 일을 의미했을 가능성도 생각할 수 있다. '피는 물

58) 위의 책, 375면.

보다 진하다'라는 제목과 소설 앞부분의 내용에서부터 이미 그는 민족상잔의 서사화를 암시했고, 해방기에 그것을 가장 극명하게 보여준 사건은 바로 10월 항쟁이기 때문이다. 그러나 10월 항쟁을 소설화한 조선문학가동맹 측 작가의 관념성을 비판한 우익 작가들의 비판이 무색하게, 이무영은 이 작품에서 항쟁의 현장성이 소거된 추상적 묘사나 해설로 정치적 관념성을 그대로 노출한다. 게다가 자신의 친일을 합리화하는 태도까지 보여준다.

인용문의 밑줄 친 부분처럼 이무영은 '삼남 폭동'이 자신을 비롯한 민족진영의 작가들에게 안긴 감정 상태를 고백한다. 그리고 자신이 그 사건에 대해 말하지 않은 것이 아니라, 말할 수 없었다고 서술함으로써 서사화의 지체 원인을 사건의 잔악성 문제로 돌린다. 좌익 작가들이 인민의 감성으로 사건의 역사적 기원이나 정치 주체의 계급사회적 층위를 표상했다면, 이무영은 반복적으로 '비인간성'과 '무색함'을 강조하여 인민=폭도=범죄자와 같은 정치적 구별짓기를 시도한다.

인용문에서도 등장하지만, 해방기 인민 표상의 정치성 속에서 인민 개념을 대치한 것은 '시민'이다. 좌익에게는 '자본가계급'을 의미하고, 우익에게는 '구성원'의 의미를 지녔던 시민 대신, 단정 수립 이후 정부의 이념에 동조하는 자를 호명하는 개념은 '국민'이 된다. 소설에서 주인공 명주가 바라던, '아무의 간섭도 받지 않는 우리만의 정부가 서는 봄'은 결국 오지 않았기에, 소설에는 주권자로서의 시민 역시 그려지지 못한다. 그 맥락에서 볼 때, 10월 항쟁의 서사는 어떤 명명법으로도 온전히 표상될 수 없었던 해방기 인민의 운명을 드러낸다. 작가들은 10월 항쟁을 매개하여 인민을 경험적 실재로서 재현하려 했지만, 담론 경쟁 속에서 사건과의 객관적 거리를 확보하지 못한 채 그들의 문학적 시도를 실패로 이끈다.

5. 10월 항쟁 서사가 지닌 의미와 한계

지금까지 1946년 10월 항쟁을 서사화한 소설과 그에 대한 당대의 비평을 살펴보았다. 작가들은 특정 사건을 서사화함으로써 해방 전후의 폭력과 감성적 연속성을 복원하고, 국가 또는 국민이 입은 상처를 인정하게 한다. 그 절망감 앞에서 좌익 작가들은 10월 항쟁을 3.1운동의 연장선에서 역사화하고, 우익 작가들은 10월 항쟁을 금기어로 삼거나 농민을 정치적 이념의 피해자로 몰아간다. 국가적 혼란의 증상으로 나타난 이 같은 문단의 분유(分有)는 문학의 정치성을 가시화한다.

해방 직후, 이데올로기 경쟁 속에서 당대 좌익이나 우익 작가들 모두 '인민'을 들어 자신의 정치적 의제를 정당화한다. 그러므로 인민을 서사화하는 행위는 당대 인민을 둘러싼 헤게모니 투쟁에 참여하는 일인 동시에 인민을 향한 작가의 정치 · 문학적 확신을 드러내는 일이기도 했다. 작가들은 국가 건설의 주체로서 인민을 호명했고, 그 과정에서 군중, 백성, 시민 등의 어휘를 혼용했다. 좌익이나 우익 측 작가들은 모두 10월 항쟁이라는 특정 사건을 통해 해방기의 인민을 역사적 실체로 복원하려 했다. 그러나 해방기 소설의 문제성은 좌익과 우익의 인민 개념이 상호 경쟁하고 있었을 뿐 아니라, 그것이 뒤섞여 있었다는 점에서 비롯한다. 특히, 좌익 측이 인민을 사회계급적 층위에서 호명하는 방식을 취하자 우익 측 작가들은 인민의 집합체인 군중을 공포의 대상으로 보며 그 방식에 대항했다. 그들은 인민의 문학을 당의 문학이라 폄훼했다. 그 때문에 해방기 인민은 배제의 논리나 타자화의 시선에 갇혀 정치(적 사건)의 주체로 온전히 형상화되지 못했다.

해방기의 작가들은 각자의 입장에서 상대편의 견해를 때에 맞지 않는,

반시대적 논리라고 비판했다. 한쪽이 3.1운동과 10월 항쟁의 연속성을 강조함으로써 사건을 재현했다면, 다른 한쪽은 농민의 혁명은 불가능한 것이라 치부하며 10월 항쟁을 도래하지 않은 역사로 유보한다. 앞에서 살펴본 것처럼 작가들이 10월 항쟁에서 느꼈던 놀라움이나 이질감은 그 사건의 중심에 있었던 인민의 정치적 진출 속도를 의식한 데서 비롯한다. 좌익 작가들은 10월 항쟁 속 인민의 모습에 자신이 뒤처졌다고 느끼며 인민을 서둘러 작품에 담는다. 그에 반해 우익 작가들은 인민에게 느끼는 낯섦이나 무색함 때문에 인민을 형상화할 수 없다고 토로한다.

해방기의 작가들은 쓰(지 않)는 행위를 통해 '10월 항쟁'이 문단에 안긴 놀라움과 공포의 정도를 방증한다. '쌀을 달라'는 농민의 외침을 '인민'의 것이 아니라 '당'의 것으로 전유하는 작가들의 목소리는 해방기 이념 선택과 현실 대응 논리를 구체적으로 보여준다. 지금까지 조선문학가동맹 측의 일방적인 창작 활동과 기념 의례처럼 인식되었던 10월 항쟁의 서사화는 우익 작가들의 평론이나 소설을 통해서도 그 문제성을 부각할 수 있다. 해방 이후 굶주림과 비통함의 연속성 속에서 시대의 전위가 될 수밖에 없었던 인민을 보며, 작가들은 자신의 정치적 속도와 창작 역량을 확인했기 때문이다. 특히, 이무영을 비롯한 우익 작가들은 창작의 지연이나 불가능성 속에서 작가적 역량을 반성해야 했다. 이제 우리에게 남은 것은 10월 항쟁의 사건성이나 인민의 주체성이 온전히 서사화되기 어려웠던 당시의 그 소설적 실패들 역시 해방기의 문학사로서 인정하는 일일 것이다.

해방기 소설에 나타난 '몫'과 분배의 정치

이명준

1. 인적 이동과 남겨진 자원

해방기는 시기적으로 1945년 8월 15일 '해방' 직후의 일정 기간을 지칭한다. 이 시기를 바라보는 시각에 따라서 해방기를 해방 직후부터 1948년 남한의 단독정부 수립까지로 한정하거나, 한국전쟁의 1953년까지로 확장하여 보는 견해도 존재한다. 일반적으로 문학사에서 해방기는 1948년 8월 15일, 남한의 단독정부 수립까지의 3년의 기간을 의미하는 것으로 사용되는 경우가 많다.[1] 이러한 시각은 해방기가 식민지 시기와 민족의 분단기 사이에 끼어있는 찰나의 '진공' 상태였던 시기임을 전제

1) 김윤식 · 정호웅, 『한국소설사』, 문학동네, 2000, 313면 ; 임헌영, 「해방 후 한국 문학의 양상」, 『해방전후사의 인식1』, 한길사, 2021, 633면 ; 이우용, 「해방직후 소설의 현실인식문제」, 『해방공간의 문학연구』, 태학사, 1990, 69면 등 참조. 이러한 논의들은 모두 해방기를 남한의 단독정부 수립까지의 시기로 정의하고 있다. 한편, 이 3년의 시기(1945~1948)를 정치사적 차원에서 이 시기 한반도가 미군과 소련군에 의해 분할 점령 당했다는 점에 주목하여 미 · 소군정기라는 용어를 사용하기도 한다.

한다.[2] 식민지 시기의 일제로부터 빼앗긴 "나라 되찾기"에서 해방과 함께 "나라 만들기"가 최우선 과제로 전환된 시기인 해방기는 정부의 수립과 함께 종료될 수밖에 없었기 때문이다. 또한 남북한 각각의 적대적 단독정부 수립은 분단기의 국면으로 들어서는 분단 체제의 선언과 마찬가지인 사건이기 때문이기도 하다.

최근의 해방기를 1953년까지로 확장하려는 시도[3]는 당대에 대한 시기 구분을 통해 해방기와 전쟁기-분단기로 분절하기보다는 역사적 흐름의 연속성에 방점을 두기 위한 경우라고 할 수 있다. 이와 비슷한 맥락에서 해방기의 시기적 구분으로서 또 하나의 방법은 해방기를 한국전쟁이 발생하기 직전까지 전쟁의 기원기,[4] 혹은 전쟁의 전사(前史)로 보아, 1950년 6월 25일, 한국전쟁 발발 직전까지로 보는 것이다.

이처럼 해방기는 시기적으로 그 구분이 명확하지 않다. '해방'이라는 사건은 시기적 전환점으로 여겨질 뿐 '해방'의 의미조차 일정한 합의에 도달하지 못했다. 이러한 문제의식으로 해방기를 파악하기 위한 시도[5]는 지속적으로 이루어지고 있다. 하지만, 여전히 1945년 8월 15일에 대하여 시각에 따라 '해방, 독립, 광복, 종전' 등의 용어들이 혼재되어 사용되고 있다. 이러한 용어 사용의 혼란은 그만큼 이 시기가 한마디로 정의

---

2) 이러한 해방기의 특수한 상황을 고려하여 해방기라는 표현 대신, '해방공간'이라는 개념을 사용하기도 한다. 해방기는 식민지시기와 더불어 "국가로서의 주체적 작용력이 미치지 못한 장소로 인식되었기에 '공간'이라 불릴 만한 성질의 것"이기 때문이다. 김윤식, 『해방공간 한국작가의 민족문학 글쓰기론』, 서울대학교 출판부, 2007, 371-371면.

3) 이민영, 「1945년~1953년 한국소설과 민족담론의 탈식민성 연구」, 서울대학교 박사논문, 2015 ; 김윤진, 「해방기 문학과 어문 공동체의 구상」, 서울대학교 박사논문, 2024 참조.

4) 브루스 커밍스, 김범 역, 『한국전쟁의 기원』, 글항아리, 2023.

5) 차진화, 「최정희의 해방기 소설에 나타난 '독립/해방'의 의미」, 『한국현대소설연구』 91, 한국현대소설학회, 2023.

될 수 없는 역사적 격동기임을 방증한다. 해방기의 소설들 역시 결코 통일되지 못한 수많은 목소리를 담고 있다.

후술하겠지만, 본고에서는 해방공간에서의 정치적인 차원뿐만 아니라 공간적인 차원의 변화도 고려하며, 북위 38도선이 남한의 단독 정부 수립 이전부터 존재했음에 주목한다. 1945년 해방 직후 약 3년의 시간이 흐른 뒤인 1948년에 정부가 수립되었지만, 이는 이미 미 · 소군정에 의해 냉전체제에 편입되어 버린 한반도의 상황을 재확인한 사건이다. 게다가 해방 직후부터 시작된 통일국가를 위한 목소리는 여전히 지속되고 있었는데, 이것이 전쟁이라는 민족상잔의 비극으로 인하여 무화되었다는 점을 고려하여 본고에서는 해방기를 해방 이후부터 한국전쟁 발발 직전까지의 시기로 정의하고자 한다. 다만 본고에서는 한국전쟁의 태동 양상보다는 정부수립 이전부터 정치적 · 공간적으로 이미 '분단'이 실현되고 있었다는 점 그 자체에 주목하고자 한다. 이에 본고의 연구 대상인 해방기 소설 역시 이 시기에 쓰인 작품들로 한정하여 살펴볼 것이다.

결국 해방기를 정의할 때 해방 직후 어느 일정 시기까지의 여러 차원의 욕망들이 혼재하고 있었던 '혼란'했던 시기(혹은 공간)로 처리할 수밖에 없었다. 이렇게 혼란한 시기인 해방기 소설 연구는 연구자마다 세부적인 시각은 다양하지만,[6] 이념을 중심으로 설명한 경우 작가론적 관점에서 해방기 소설은 크게 좌익과 우익, 중립(혹은 중간파)[7] 등의 입장으

6) 신형기는 철저하게 해방기 소설을 정치적 이념의 "앙양"과 좌절의 프레임으로 읽어내려고 시도했다. 반면 이우용은 좌우대립의 구도는 가져가되 각 진영에서 형상화하는 인물상에 주목하였다. 이처럼, 해방기를 '이념의 시대'로서 읽어낸 연구와 이념적 대립의 구도 자체에 주목한 연구들이 공존한다. 신형기, 『해방기 소설 연구』, 태학사, 1992 ; 이우용, 『해방직후 한국 소설의 양상』, 고려원, 1993 참조.

7) 이병순의 경우, 중립적인 태도와 탈이념을 표방한 작가 및 작품을 구분하여 좌익, 우익,

로 구분한다. '이념의 시대'라는 해방기를 정의하는 하나의 입장에 동의한다면 이러한 시각은 해방기를 설명할 수 있는 주요한 방법이다.

특히, 해방 이후의 문학 활동이 주로 문학가동맹과 문필가협회 등을 비롯한 특정한 이념을 가진 문예 조직들에 의해 주도된 문학운동과 결부되어 이루어졌다는 점을 상기한다면, 해방기에서 작가, 조직의 이데올로기와 그에 따른 문학운동에 주목하는 것은 당연하다. 이에 따라 초기의 해방기를 규명하려는 시도는 해방기에 발생한 문학운동, 이를 주도한 문예 조직, 이들 간의 이념논쟁을 중심으로 이루어졌다.[8]

이처럼, 해방 직후 문학 활동들이 문예 조직의 문학운동과 완전히 분리하기 어렵다는 점과 좌우익 계열 간의 순수논쟁이 해방기의 주된 문학담론이었다는 사실은 물론 해방기를 연구하는 데 있어서 하나의 중요한 쟁점임이 틀림없다. 하지만 해방기의 기간, 용어 등의 불확실성에 대한 문제는 말 그대로 '혼란'했던 그 당시의 현실은 이데올로기만으로 도식화하기에는 설명되지 않는 틈새들이 존재했음을 시사한다. 결국 모든 해방기 소설을 이념의 텍스트화로 일괄적으로 처리하기에는 어느 정도 한계에 부딪힐 수밖에 없다. 이를 극복하기 위하여 최근에는 그 틈새들을 메우기 위한 작업들이 다양한 시각에서 활발하게 이루어지고 있다.[9]

중립, 탈이념의 사분법의 시각으로 해방기 소설을 분석하였다. 이병순, 『해방기 소설 연구』, 국학자료원, 1997, 232면 참조.

8) 대표적으로 김윤식 외, 『해방공간의 문학운동과 문학의 현실인식』, 한울, 1989 ; 김윤식 외, 『해방공간의 민족문학연구』, 열음사, 1989 ; 이우용 외, 『해방공간의 문학연구 Ⅰ·Ⅱ』, 태학사, 1990 ; 임헌영, 『분단시대의 문학』, 태학사, 1992 등이 있다. 이러한 논의들은 먼저 문학운동과 민족문학론을 포함한 이념논쟁을 설명하여 전체적인 해방기 문학사를 조망한 뒤에 해방기 주요한 개별 작가론 및 작품론을 제시하는 방법으로 해방기를 설명한다.

9) 특히 해방기 젠더정치를 다루는 오태영의 연구와 "경제적 주체"를 통해서 해방기 경제

정리하면 이제껏 해방기를 바라보는 시각은 새 나라 건설이라는 목표를 위한 새 나라의 이념, 체제 등의 논의에 초점이 맞추어져 있었다. 본고는 그러한 시각을 역전시켜 건설 중인 나라에서 살아가기 위해 고군분투했던 조선인들과 그들이 문학작품에서 재현 및 상상되는 방식에 주목하고자 한다. 또한 해방기 소설을 '분배 정치'의 관점에서 바라봄으로써 혼란한 해방기에서 살아남는 것, 그 자체가 중요했던 이들의 공장, 땅 등의 자원과 분배에 참여할 권리인 성원권 등 자신들의 '몫'을 요구하는 목소리를 읽어내고자 한다. 나아가 해방공간에서 이러한 몫들을 분배하는 데 작용한 분배 정치의 지형도를 그려냄으로써 해방기 소설의 새로운 정치성을 발견하는 것을 목표로 한다.

1945년 8월 15일은 해방을 의미함과 동시에 일제의 패배를 의미하기도 한다. 일제의 패망은 '대동아공영권'이라고 불린 구 일본 제국의 권역 질서의 대대적인 재편성과 그에 따른 인간 및 물자의 이동을 초래했다.[10] 중국 대륙, 한반도, 일본열도를 아우르던 공영권의 해체는 곧 동아시아의 모든 민족에게 "공간 수축의 감각"[11]을 느끼게 했다. 조선인들의 경우, 구 제국의 권역은 한반도로 축소되었다. 이에 만주, 일본 등에 거주하던 대부분의 조선인은 더 이상 자신들의 권역이 아니게 된 곳을 떠나 해방된 조국으로 귀환하였다.

적 조건과 주체들의 언어에 주목한 임세화의 논의가 주목할만 하다. 오태영, 『팰림시스트 위의 흔적들–식민지 조선문학과 해방기 민족문학의 지층들』, 소명출판, 2018 ; 임세화, 「탈식민화와 소유 관념의 재현: 해방기 문학의 언어, 도덕, 경제를 중심으로」, 동국대학교 박사논문, 2023 참조.

10) 장세진, 「해방기 공간 상상력의 전이와 '태평양'의 문화정치학」, 『상허학보』 26, 상허학회, 2009, 104면.

11) 위의 논문, 105면.

해방기의 소설들에서 이러한 이동과 귀환 그리고 공간 분할의 과정이 중요하게 포착되고 있음은 주지의 사실이다.[12] 해방기 소설에서 주목할 문제는 지정학적 변혁이 불러온 이동과 귀환의 문제가 경제구조의 혼란 및 권리(또는 정체성)의 투쟁과 직결되어 있다는 점이다. 중국 대륙, 일본열도 등에서 귀환해야 했던 조선인들은 여전히 나라 없는 이들로서 어떤 도움도 받지 못한 채 스스로의 힘으로 돌아와야 했고,[13] 결국 해방 이후에는 완전한 타지가 된 공간에 남는 것을 선택한 이들도 있었다. 귀환한 이들과 또 타지에 남은 이들 모두 그 어디에도 속하지 못하는 완벽한 타자였다.[14]

---

12) 해방기 소설에서 드러나는 이동과 귀환에 관한 연구도 지속적으로 이루어져 왔다. 대표적인 논의로 최병우, 「해방직후 한국소설에 나타난 귀환과 정주의 선택과 그 의미: 만주 지역에서의 귀환과 정주를 다룬 소설을 중심으로」, 『한국현대소설연구』 46, 한국현대소설학회, 2011 ; 오태영, 「두 개의 밀항, 해방과 전쟁 사이의 월경-황순원, 손소희, 박해준 소설의 밀항자 표상을 중심으로」, 『구보학보』 33, 구보학회, 2023 참조. 해방기 '귀환서사(소설)'를 다루는 학술 논의로는 하신애, 「해방기 귀환 서사에 재현된 난민/신체의 모빌리티」, 『한국근대문학연구』 25(1), 한국근대문학회, 2024 ; 조영란, 「귀환민들의 '국민-되기' 열망과 괴리로서의 귀환서사-해방기 '귀환서사'를 중심으로-」, 『우리문학연구』 69, 우리문학회, 2011 ; 이승윤, 「염홍섭 소설의 변모양상과 해방기 귀환서사 연구-「귀환일기」와 「발전」을 중심으로」, 『현대문학의 연구』 68, 한국문학연구학회, 2019 ; 최정아, 「해방기 귀환소설연구 -'귀환 의례'의 메커니즘과 귀환자의 윤리를 중심으로-」, 『우리어문연구』 33, 우리어문학회, 2009 등이 있다. 학위 논문으로는 이민영, 「해방기 귀환 소설의 경계의식 연구」, 서울대학교 석사논문, 2008 ; 정재석, 「해방기 귀환 서사 연구」, 연세대학교 석사논문, 2007 등이 있다. 귀환서사 자체보다는 귀환자의 정체성과 귀환 이후의 한반도의 공간 등에 주목한 논의로 김예림, 「'배반'으로서의 국가 혹은 '난민'으로서의 인민: 해방기 귀환의 지정학과 귀환자의 정치성」, 『상허학보』 29, 상허학회, 2010 ; 차희정, 「해방기 소설에 나타난 귀환과 월남 이주민의 '서울'형성과 그 인식」, 『춘원연구학보』 14, 춘원연구학회, 2019가 있다.

13) 해방 후 약 250만 명이 남한으로 돌아왔다. 이연식, 『다시 조선으로』, 역사비평사, 2024 참조.

14) 위의 책, 288면.

또한 식민지 시기 일본인에 의해 운영되던 공장을 비롯한 '적산'과 당시 남한 인구의 대부분을 차지하고 있던 농민들과 깊은 연관이 있는 토지에 대한 문제가 대두되었다. 노동자/농민은 사실상 당시 취업인구의 대부분을 차지하고 있었다. 이들은 해방 이후에도 생존의 문제에 직면하게 되었는데, 나라 만들기의 과제와 별개로 그들의 삶의 기반이 되는 공장과 토지는 생명과 직결되는 중요한 문제였다고 할 수 있다.

관건은 이렇게 취약한 기반과 한정된 자원 안에서 생존을 위해 자신의 몫을 차지하고, 되찾고, 빼앗고, 유지하기 위한 수많은 욕망이 발생하고 교차하는 지점들을 해방기의 소설들이 어떻게 포착하고 있는지 살피는 일이 될 것이다. 여기서 주목할 것은 해방 직후 조선인 공통의 소유권에 대한 인식이 발생[15]했다는 점이다. 특히, 한반도에 거주하던 일본인들의 재산인 '적산'에 대한 처리 문제에 있어서 '본래' 조선인의 것이었던 것을 빼앗은 일본인으로부터 되찾아온다는 논리가 작용하였다. 이러한 논리는 해방 이후 한반도의 모든 부의 소유권을 조선인이 가지고 있음을 전제한 것이라는 점에서 의미가 있다.[16] '조선인'이라는 불완전한 정체성이 근대적 국민국가의 한 축을 담당하는 시민권을 떠올리게 만들기 때문이다.

그러나 '되찾기'의 작업은 곧바로 되찾아온 자원들을 분배하는 문제에 부딪히게 된다. 아직 국민국가가 설립되지 않은 혼란의 장에서 합의된

---

15) "일본인 재산 처리에 대하여 조선인들의 이목이 집중된 배경에는 그것이 민족 공동의 자산, 건국할 새 나라의 기틀이 될 자산이라는 인식이 자리하고 있었다." 임세화, 앞의 논문, 61면.

16) 적산은 해방의 상징인 동시에, 조선인들의 고혈과 착취의 결과로 인식되어 결과적으로 "공공재적 성격"을 가지게 되었다. 임세화, 「해방기 소설에 나타난 '적산'에 관한 연구」, 동국대학교 석사논문, 4-6면.

원칙이 정립되지 않았기에 공장관리운동, 모리배[17]의 등장 등 다양하지만 임의적인 적산 소유권 및 분배 방식의 주장으로 인하여 분배 문제에 대한 갈등이 발생했다.

한반도의 제한된 자원을 어떻게 나눌 것인가에 대한 목소리는 그것이 자신의 이익을 위한 개인적인 욕망에서 비롯되었다고 할지라도 합의된 분배 원칙이 부재하던 해방기 조선에서 하나의 방법을 제시한다는 점에서 의미가 있다. 해방기는 식민지 시기 억압되었던 욕망과 동시에 해방이 가져다준 새로운 기회를 찾고자 한 희망 등이 분출되었던 특수한 시기이다. 이점이 본고에서 해방기 소설들에 담긴 분배 요구의 목소리를 읽어내고 나아가 분배 정치의 관점에서 해방기 작품들을 바라보고자 하는 까닭이다.

2. 권력부재의 시기, 자원 획득의 욕망

일세의 수탈은 대부분의 조선인에게 경제적 궁핍을 경험하게 했다. 이렇게 하루하루를 버티며 살아가던 이들에게 '해방'은 민족해방의 차원보다 개인적 계급 상승의 기회로 인식되는 경우도 있었다. 한반도에는 해방 직후의 찰나의 기간 동안 통치 기구가 없는 정치적으로 '일시적 공백'이 발생하였다. 이러한 권력부재의 상태에서 자원을 회득하기 위한 다양

17) 자신의 욕망을 위해 "민족의 재산을 빼돌리는 존재"인 모리배는 적산을 다양한 수법을 통해 차지한 이들이다. 임세화, 「모리배의 탄생: 해방기 소설에 나타난 '빈자(貧者)'의 도덕과 '경제적 인간'의 정치학」, 『상허학보』 50, 상허학회, 2017, 343-344면 참조. 모리배의 행위가 해방기 경제 문제의 원흉으로 지목되었으나 '모리 행위' 역시 적산의 처리와 관련된 문제라는 점에서 일종의 몫을 욕망하고 요구하는 행위라고 볼 수 있다.

한 욕망이 분출되었다.

해방기 소설 가운데는 적산(敵産), 즉 더 이상 제국의 식민지가 아니게 된 한반도를 떠나 일본으로 돌아간 이들이 버리고 간 재산을 주요 소재로 다룬 작품들이 적지 않은데, 특히 그들이 소유했던 공장을 주요 무대로 한 작품들에 주목하고자 한다. 공장 시설은 적산가옥, 세간 등의 재산과 달리 그곳에서 일하던 조선인 노동자의 생계 문제와 직결된다는 점에서 중요한 의미를 지닌다. 해방 직후 한반도의 공장을 운영하던 일본인 자본가의 귀국은 공장의 가동 중단을 야기했다. 그리고 이는 그 공장에서 일하던 노동자들에게 당장의 생계에 커다란 위협이 되었다.[18] 즉, 경영의 주체였던 일본인들이 사라져 버린 공장의 지속적인 운영은 노동자들에게 시급한 문제였으며 이를 해결하기 위해 공장을 직접 접수하려는 움직임이 생겨났다.

이규원의 「해방공장」(1948)은 해방 직후, 노동자 조합이 부평평야에 위치한 군수 공장을 접수하게 되는 과정을 그린 작품이다. 작품 내에서 조선인 종업원들이 공장을 차지하는 과정에는 그동안 일본에게 빼앗겼던 자원을 되찾아온다는 논리가 작용한다.

8월 15일, 천황이 항복했다는 "중대방송"이 라디오를 통해 들려오자, 군수공장의 조선인 직원들은 일본인 공장장의 작업 명령을 거부한다. 나아가 용해공 김용갑을 필두로 종업원 대회를 개최하여 회사의 돈을 일본으로 송금하려는 일본인 중역들의 행위를 막고 그들에게 회사해산금 등을 포함한 돈 삼백만 원을 요구하기로 한다.

18) 김태승, 「미군정기 노동운동과 전평의 운동노선」, 『해방전후사의 인식3』, 한길사, 1987, 361면 참조.

이러한 종업원들의 요구는 '되찾기'의 논리와 더불어 해방기 노동자들의 투쟁 중 하나인 "퇴직금요구투쟁"[19]의 맥락에서 살펴볼 수 있다. 즉, 「해방공장」의 종업원들은 특정 이데올로기의 영향이나 지식인의 지도 없이 자신들의 생계를 위하여 자발적으로 투쟁을 시작한 것으로 볼 수 있다. 그리고 그들의 요구가 군수공장을 운영하던 일본인들에게 향해 있으며 작품의 시작이 천황의 항복 선언과 함께 시작된다는 점에서 해방이 투쟁의 시발점이 되었음을 시사한다. 결국 노동자들의 투쟁은 해방기의 민족적 정서와 생계 문제가 결합한 것으로 볼 수 있다.

군수공장 종업원들이 군수공장을 차지하기 위해 투쟁할 것을 결정하자 겁을 먹은 일본인 관리자들은 도망친다. 해방이라는 사건을 통해 발언권을 얻은 노동자들은 일인들에게 돈을 요구하기 위해서 "몽둥이"[20]를 들고 도망친 일본인 관리자들을 찾아간다. 여기서 "몽둥이"는 곧이어서 발생할 폭력을 암시한다. 다만, 작품 속에서 이루어질 폭력은 일제에 저항하는 차원이 아닌 한반도 내에서 역전된 지위에 기반하여 일본인들에게 복수하는 수단으로 사용된다.

> 그들의 분푸리는 줄기에 줄기를 물고 터저나왔다. 그럴 때마다 주먹이 올라가고 몽둥이가 펀득거렸다. 모다들 삼백만원 요구 금액에 대해서는 잊은 듯했고 그냥 몇일 동안 이렇게 주먹 다짐질을 하면서 못살게 굴고만 싶었다. 툭하면 태업, 툭하면 사측위반, 툭하면 명령불복종이라 하야 벌봉, 후생물 배급중지, 그렇잖으면 경찰에 넘기던 분풀이 또는 출근 퇴근 시간

---

19) "일본인 자본가가 귀국해버림으로써 공장이 폐쇄되는 경우, 자신의 생계비를 일본인 자본가로부터 받아내기 위해 이 투쟁은 전개되었다." 위의 책, 362면.

20) 위의 책, 390면.

> 에 공장 정문 앞에 맨들어 놓은 귀신당에 절을 안했다고 출근 정지를 시키던 분풀이 증용공 응징사들은 연성을 해야 한다고 한 주일 동안씩이나 죽만 먹이고 그 차운 겨울날 발가벗겨서 찬물 속에 모라넣던 분풀이, 국민의용병을 조직한 후 군대식이라 하야 집에서 누가 병들었건 죽던 깊은 밤중에도 강제 출동시키던 분풀이, 이런 중에도 저이들은 특배쌀을 뽑아 돌리고 특배 솜이불을 뽑아 돌리고 하면서 밤이 깊도록 술이 취하야 질탕거리든 그 분풀이를 실컷하고 싶었던 것이다.[21]

"분풀이"라는 단어가 식민지 시기에 조선인 종업원들이 일본인들에게 당했던 부당한 일들과 결합되어 인용문에서 반복적으로 사용된다. 이는 종업원들의 행위가 생계 문제를 해결하기 위한 요구에서 과거 자신들이 당했던 처우에 대한 "분풀이"로 이행되었음을 의미한다. 처음에는 공장의 폐쇄에 대비하여 일본인들로부터 생계를 유지하기 위한 돈을 요구하기 위해서 시작된 투쟁은 일본인에 대한 복수심으로까지 발전한다. 노동자들은 자신들의 생계를 유지하기 위함이라는 본래의 목적을 망각하고 그동안 자신들을 수탈했던 일본인들에 대한 감정적인 '분풀이' 즉, 복수를 행한 것이다. 이렇게 회사의 중역들에게 폭력을 행사한 후, 그들을 공장에 감금한 것으로 만족하지 못한 노동자들은 중간 책임자들까지 모두 잡아 와 공장에 감금한다.

이러한 노동자들의 행동 변화는 기존 생존의 차원에서 일본인에 대한 단죄 의식으로 발전한 것으로 볼 수 있다. 해방으로 인한 일본의 지배권 상실은 노동자들에게 그동안 보장받지 못한 삶을 바꿀 기회가 되었

---

21) 이규원, 「해방공장」, 김승환 · 신범순 편, 『해방공간의 문학-소설2』, 돌베개, 1988, 390-391면.

다. 그에 따라 공장, 쌀, 돈 등 일본인에게 강탈당했던 물자들을 되찾아오려는 시도가 노동자들의 투쟁으로 이어졌다. 그리고 그 투쟁의 과정에서 일본인들에게 무분별한 벌봉, 배급 중지, 출근정지, 강제 출동을 강요받은 역사를 떠올린 노동자들은 민족 감정의 차원에서 그에 대한 '분풀이'로 일본인들에게 폭력으로 '복수'를 행했다. 또한 인용문에서 '분풀이'라는 말이 6번 반복되는 동안 나열된 일본인 자본가들의 착취와 억압의 세목들은 '문학이 정치에 고유한 말의 무대에 또 다른 무대(초과된 말들)를 세움으로써 문학의 정치를 수행'하는 것으로 읽을 수 있다.[22]

그들은 이러한 행위의 정당성을 앞서 확인한 바와 같이 해방과 조선의 독립에서 찾는다. 그런데 "폿담선언은 우리들에게 복수할 권리를 인정한 것"[23]이라는 비약적 논리는 문제적이다. 포츠담 선언에서 '약소 민족의 해방'을 약속받고 그것을 받아들인다는 의미를 가진 일제의 항복이 노동자들이 직접 일본인들을 벌하는 행위에 대한 정당성 또는 면죄부로서 사용되었기 때문이다. 포츠담 선언 제8항에서 재확인한 카이로 선언의 '한국을 적당한 시기에 독립시킬 것'이라는 문항은 한국의 독립이 국제적으로 선언된 것을 의미했으며, 일제의 항복은 이를 받아들인 것으로 해석되었다. 이를 바탕으로 「해방공장」의 종업원들은 자신들의 생계를 위하여 일본인들에게 돈을 요구하는 것을 넘어서서 폭력으로 그들을 벌하는 일종의 심판자의 역할을 수행하였다.

하지만 분노를 폭력적 복수로 수행하는 것에 대하여 포츠담 선언을 통해 정당화하였다는 것은 문제적이라고 할 수 있다. 조선의 독립 인정이

---

22) 자크 랑시에르, 유재홍 역, 『문학의 정치』, 인간사랑, 2011, 67-70면 참조.
23) 이규원, 앞의 책, 379면.

곧 일본인에 대한 복수를 할 수 있는 권리를 인정한 것이라는 논리는 비약이라고 할 수 있기 때문이다. 이는 곧 종업원들의 폭력적 복수를 민족해방을 위한 행위로 치환하려는 시도이다. 소설 내에서 '복수'와 함께 "약소민족해방"[24]과 "노동자 계급 해방"[25] 등의 언어를 등치시킴으로써 실상은 개인적 차원의 복수로 투사된 행위[26]조차 민족해방과 계급해방의 차원으로 포섭하고자 한다.

이처럼 조선인은 심판자가 되어 응당 조선인의 것이어야할 것으로 여긴 자원을 되찾아온 이후 곧바로 조선인들끼리 어떻게 분배해야할지에 대한 문제에 부딪히게 된다. 특히 공장의 경우 공장의 소유권을 둘러싼 갈등이 발생했다. 가네모도상처럼 식민지 시기의 논리를 유지한 인물도 있었지만, 조선인들이 직접 공장을 접수하려는 움직임도 발생했다. 이러한 움직임들은 생계를 위해 발생한 투쟁에서 발전하여 "해방 초기 노동운동을 대표하는 공장관리운동"[27]으로 발전하였다. 또, 자본주의 논리에

---

24) 이규원, 앞의 책, 396면.

25) 이규원, 위의 책, 396면.

26) "적대적이거나 공격적인 성향은 쌓이는 경우 본래대상(original object) 뿐만 아니라 대체존재를 겨냥할 수 있다." 조남현, 『소설신론』, 서울대학교출판문화원, 2024, 347면. 조선인들은 대체존재(substitute objects)라고 할 수 있는 일본인 공장장, 사장, 전무 등 "그들만 처벌되고, 그들만 없어진다면 모든 문제가 해결된다는 듯이 그들에게 문제를 전가시키는데, 다행히 그러한 개인들은 계속해서 출몰하기 때문에 사람들의 분노는 끊임없이 새로운 누군가에게로 치환될 수 있다." 신주진, 「'복수 정동'의 이행구조 연구 – 2000년 이후 한국 TV드라마 '복수극'을 중심으로」, 중앙대학교 박사논문, 2018, 236면. 종업원들의 복수심은 일본인 간부들에 대한 '분풀이'에서 끝나지 않고 대일협력자에게까지 전이된다. 이러한 점을 고려했을 때 이들의 복수 행위는 명백하게 대체존재를 향하고 있다고 할 수 있다.

27) "해방 직후 공장관리운동은 두 가지 형태를 띤다. 하나는 생산이 중단된 공장을 노동자들이 주체적으로 경영하여 자신의 생활기반을 유지하고자 하는 경우이며, 다른 하나는 주로 매판자본가에 의해 경영되는 대규모 공장에서 일어나는 것인데, 해방 후에도 생산이 지속되는 공장에서 노동자들이 노동조합을 조직하여 자신들의 권리를 요

근거하여 자본가가 공장을 운영해야 한다는 주장도 존재했다.

이러한 논리들이 해방공간에서 혼재할 수 있었던 까닭은 적산 처리를 위한 명확한 기준이 없었기 때문이다. 결국 문제는 그 자원을 조선인들끼리 어떻게 배분할 것인가였다. 그들은 각자의 논리를 펼치며 자신이 차지하려는 욕망을 표출했으며 공장의 경영권 문제에서도 갈등을 빚기 시작했다. 일본인들과의 투쟁 끝에 조선인들의 소유가 된 군수공장을 둘러싸고 자원 분배의 갈등이 일본인과 조선인 사이의 갈등에서 조선인들끼리의 갈등으로 변모한 것이다.

이렇게 변모한 갈등 구조에 주목한 작품이 황순원의 「술 이야기」(1946)이다. 이 작품은 일본인으로부터 되찾아온 공장을 비롯한 자원을 조선인들끼리 분배하는 문제에서 서로 다른 원칙을 주장하는 두 인물의 대립에 초점이 맞추어져 있다.

이 작품의 주인공인 준호는 해방 직후, '자연스럽게' 나까무라 양조장의 대표가 된다. 계속 나까무라 양조장에만 있었기 때문에 양조장에서 경력이 가장 길고, 나이도 가장 많으며, 일본으로 귀환하는 나까무라가 양조장의 재고를 빼돌리지 못하게 양조장을 지킴으로써 자신들의 공장을 그대로 간수할 수 있었기 때문이다. 즉, "양조장 일이라면 안팍 무슨 일이나 다 꿰뚫고 있어, 그야말로 둘째가라면 서러워할 정도"[28]로 능력이 있으며, 양조장을 일본인으로부터 지키고 조선의 자원으로 가져오는 데 큰 공적을 세운 인물인 것이다. 이러한 점을 종업원들에게 인정받은 준호는 역시 자연스럽게 양조장 지배인의 사택까지 차지하게 된다.

구하는 과정에서 공장 경영권을 노동자들에게 주도록 요구하는 경우다. 후자의 대표적인 것이 경성방직이다." 김태승, 앞의 책, 363면.

28) 황순원, 「술 이야기」, 정현기 외 편, 『별을 헨다 외』, 푸른사상, 2006, 50면.

양조장에서 일해온 긴 경력과 해방이후 일본인으로부터 양조장을 지킨 공적이 준호가 양조장의 대표자리를 갖는 것에 대한 종업원들의 "묵시적인 동의"[29]를 얻은 것으로 볼 수 있다. 작품 속에서 일본인들로부터 준호가 양조장의 자원을 지키는 과정은 자세하게 서술되어 있지는 않지만, 앞선 「해방공장」의 경우처럼 일본인들과의 갈등이 있었던 것으로 묘사된다. 특히, 준호 역시 해방 이후 역전된 지위가 이러한 '공적'을 세우는데 주요한 밑바탕이 되었을 것으로 추측할 수 있다.

하지만 준호는 이에 만족하지 않고 자신이 되찾아온 이 자원들을 모두 자신이 차지하려는 욕망에 빠지게 된다. 처음에는 일제 잔재 청산의 명목으로 '제거해야 할 것'으로 규정하고 파괴해 버리거나 창고에 치워버렸던 일본식 세간들을 다시 꺼내와 사용하기 시작한 것이다. 특히 창고에 있었던 '술'을 종업원들과 나누려던 생각을 버리고, 매일 술을 꺼내와 마시거나 시장에 내다 팔 생각을 한다. 즉, 준호는 일본인으로부터 되찾아온 자원들을 다른 조선인 종업원들과 나누지 않고 자신이 독점하고자 했다.

준호라는 인물은 자신이 그동안 양조장에서 일해온 경력과 해방 직후 일본인이 빼돌리려는 자원을 지킨 공적을 바탕으로 양조장 대표 자리를 비롯하여 모든 자원들을 차지할 권리가 있다고 생각하는 것인데 이는 일종의 보상심리로서 작용한 것으로 볼 수 있다. 그리고 이미 획득한 양조장의 대표 자리와 종업원들의 동의는 준호가 자신의 욕망을 합리화하는 수단으로 사용된 것이다.

---

29) "자연발생적인 공장의 접수 · 관리의 이면에는 지금까지 일본인 밑에서 땀흘려온 이 공장경영의 주체가 바로 자신들이라는 묵시적인 동의가 있었다." 김태승, 앞의 책, 365면.

그러나 이러한 준호의 욕망은 머지않아 새로운 위기를 맞이하게 된다. 자본을 빌려와 개인 자격으로 양조장의 대표가 되어 운영하려던 준호의 계획에 반하여 건섭이 경영권을 개인이 아닌 조합이 맡아야 한다고 주장하고 나섰기 때문이다. 또한 준호가 차지한 적산가옥마저 다른 종업원들과 함께 사용할 것을 요구했다.

처음에는 자신을 대표로 인정해 주었던 종업원들조차 건섭의 말을 듣고 양조장의 운영을 조합에 맡겨야 한다는 쪽으로 의견이 기울자, 준호는 건섭이 자신의 자리를 빼앗으려 한다고 생각하고 분노한다. 종업원들과 나누지 않고 숨겨둔 술을 마시고 취한 준호는 결국 홧김에 식칼을 들고 건섭을 찾아 길을 나선다. 이때 이 작품의 제목이기도 한 술은 준호의 욕망을 표현한다는 점에서 중요한 의미를 지닌다. 특히 준호가 술 탱크에 빠지는 꿈을 꾸는 장면[30]은 건섭에 의해 공장을 뺏길지도 모른다는 불안감[31]으로 인하여 양조장을 차지하기 위한 욕망이 꿈에서 발현된 것으로 보인다. 동시에 술은 준호를 취하게 만들어 건섭 무리에게 위협을 하도록 하는 매개체 역할을 한다.

> 준호는 저도 모르게 이건 음모단이다! 하는 소리를 입 밖에 내어 질렀다. 어젯 저녁에 본 일본인 음모단 같은 음모단이다!

---

30) "분명히 처음에는 자기 집 목욕탕 속에 들어가 있었는데, 조금 있더니 그것은 자기 집 목욕탕이 아니고 양조장 술탱크 속이었다. 그럼 술을 한번 실컷 먹어보자. 준호는 술을 마셔가며 술탱크 안을 이리저리 헤엄도 치고 차맥질도 하면서 얼마든지 술을 마시었다." 황순원, 앞의 책, 76면.

31) "욕망은 서사적 동기부여의 원동력"이며 "욕망은 불안에서 형성"된다. 우찬제, 『불안의 수사학』, 소명출판, 2012, 23면. 이러한 관점에서 준호의 불안은 자신의 '정당한 몫'이라 여기는 양조장 대표 자리를 뺏길지도 모른다는 불안이며 이것이 곧 준호의 대표 자리에 대한 욕망을 형성하고 서사적으로 준호가 극단적인 행동을 하는 동기가 된다.

> (중략)
>
> 준호는 연방, 이놈들, 이 음모단 놈들 맛 좀 봐라! 하는 소리를 입밖에 내어 지르면서 비틀비틀 걸어갔다. 이놈들, 그래 너희 놈들이 음모단이 아니고 무에냐? 이래봬도 난 양조장에서 청춘을 늙힌 사람이야! 그래 나 말고 누가 양조장 대표가 된단 말이냐?
>
> (중략)
>
> 그러다가 컴컴한 형무소 옆을 지나가면서는 또, 옳지! 너희 놈들 음모단을 모조리 여기다 잡아넣고야 말겠다! 두고 봐라, 두고 봐![32]

준호는 자신과 양조장 대표 자리를 놓고 갈등하는 건섭과 종업원들을 음모단이라 지칭하며 특히 일본인 음모단과 동일시한다. 이는 준호가 대표 자리와 기타 자원들을 온전히 자신의 몫이라고 생각하고 있음을 보여준다. 일제가 조선의 자원을 수탈해 갔던 것처럼, 건섭을 비롯한 사회주의자 무리가 자신의 것을 빼앗아 간다고 생각한 것이다. 자신의 몫이라고 생각한 양조장 대표 자리를 빼앗길 위기에 처한 준호가 '민족반역자'도 아닌 건섭 무리를 일본인과 등치시킨 것은 "식민주의와 근대주의의 트라우마"[33]를 불러일으킨 것으로 읽을 수 있다는 점에서 문제적이다. 자신의 욕망을 건섭에 의해 제지당한 준호는 식민지 시기 겪었던 소외와 배제에 대한 트라우마가 떠올랐고 그러한 트라우마를 심어준 일제와 건섭을 비슷한 행위자로 취급한다.

이후 양조장 숙직실에서 회의하고 있던 건섭과 종업원들에게 준호는

---

32) 황순원, 앞의 책, 78-79면.

33) 유선영은 이러한 트라우마를 식민지민의 "심리적 소외의 증상"으로 보았으며 이것이 "사회적 성공, 명예, 권력과 세력, 타인의 인정과 평가에 대한 열망"을 식민지인에게 심어놓았다고 보았다. 유선영, 『식민지 트라우마』, 푸른역사, 2017, 30-31면.

식칼을 휘두르지만 건섭에 의해 제압당하며 소설은 마무리된다. 작품에서 결과적으로 양조장의 대표 자리가 누구의 것이 되는지 드러나지는 않지만, 결말부에 준호가 건섭에게 제압당하여 쓰러지는 장면은 양조장이 조합의 차지가 될 것임을 암시한다. 공장의 경영권에 대한 갈등이 사회주의 논리의 승리로 마무리되는 것이다.

「술 이야기」에서는 그 갈등의 승리자를 명확하게 내세우지 않고, 새로운 한반도의 지배자 중 한 진영인 소련의 등장으로 인한 조합의 승리일 것이라는 암시 정도만 남긴 채 마무리한다. 이러한 조합의 승리는 분배 원칙의 합의에 도달한 것이 아닌 공장의 위치에 따라 점령군에 의해 주어진 것이다. 반면 「해방공장」은 작가의 이데올로기를 투영하여 공산주의적으로 이상화된 노동자들의 승리담을 보여주었다. 이러한 노동자 계층이 몫을 획득하는 서사는 해방기 소설이 몫을 둘러싼 상상적 투쟁의 장이었음을 보여주는 것이기도 하다.

3. 미군정의 새로운 규칙

앞선 절에서 확인한 바와 같이 「술 이야기」에서는 해방 직후 미 · 소군정이라는 새로운 지배자의 등장과 그들에 의해 이데올로기에 기반한 새로운 몫의 재분배가 이루어질 것임을 암시하고 있다. 실제로 소련군은 해방 이전인 8월 14일 청진과 나남에 상륙했으며 16일에는 훨씬 더 남쪽인 원산에서 상륙작전이 감행되었다.[34] 한 달 뒤, 미군이 남한 지역에 상

34) 박세길, 『다시 쓰는 한국현대사1』, 돌베개, 2015, 50-51면.

륙하면서 38선을 중심으로 미 · 소군정이 들어서게 된다. 일제를 대신하여 한반도의 새로운 지배자가 된 그들은 한반도의 상황을 고려하기보다는 자신들의 이념에 맞게 정책을 펼치기 시작한다.

그리고 앞 장에서 확인한 해방 직후 노동자들의 새로운 기회를 위한 열망은 미 · 소군정의 등장과 함께 순식간에 사그라들게 된다. 서로 자신들의 생존을 위해 투쟁했던 혼란한 상황이 일제를 대신할 새로운 지배자의 등장으로 강제적으로 마무리된 것이다. 이렇게 급변하는 정치적 상황에서도 노동자/농민들의 열망을 완전히 억누를 수는 없었다. 이 장에서는 미군정의 등장 이후 남한 사회에서 노동자/농민들의 다양한 반응을 해방기 소설에서 수용하고 또 기획하는 방식을 살피고자 한다. 특히 해방 직후의 적산을 차지하기 위한 혹은 차지할 수 있을 것이라는 믿음이 미군정의 경제정책에 의해 실패하는 양상과 새로운 규칙에 대한 저항에 주목할 것이다.

미군정이 자리 잡은 남한 사회에서는 적산의 분배 방식이 그들의 정책에 따라 이루어졌다. 미군정은 1945년 12월 법령 33호를 발표하여 일본인의 모든 재산을 압수하기로 결정한다.[35] 이는 남한에 남겨진 적산의 관리와 처분의 권한을 모두 미군정이 흡수하게 되었음을 의미한다. 즉, 조선인의 의견은 무시된 채 미군정에 의해 적산이 분배되었는데, 그 재산권의 형성 과정 자체에 많은 문제가 발생했다. 일본인이 남기고 간 2,500여 개에 달하는 귀속업체의 민간 불하 과정은 대단히 무질서하였을 뿐만 아니라 특혜와 부패 시비를 불러올 수 있는 것이었다. 이는 한국 경제에

35) 박태균, 『버치문서와 해방정국-미군정 중위의 눈에 비친 1945~1948년의 한반도』, 역사비평사, 2021, 174면.

문제가 되어온 정경유착, 부패 등의 문제의 단초가 되었다.[36]

미군정의 정책은 '과거 식민지 시기의 반복 또는 그 연장'이라고 해도 과언이 아니었다. 토지문제는 해결되지 않은 채 토지개혁은 기약 없이 연기되었고, 미군정은 영어를 할 줄 아는 한국인들을 과거 행적 등에 상관없이 고용했는데 이들은 대부분 부유한 지주계급 출신이었다.[37] 이처럼 미군정 체제에서는 일본어를 대신하여 영어가 하나의 새로운 권력이 되었다.

미군정 체제에서 영어에 능통하다는 것은 곧 미군정과 결탁하여 권력과 부를 잡을 수 있는 기회를 의미했다. 그리고 이러한 미군정의 행태를 이용하기 위해 그들의 통역관으로서 일하면서 자신의 이익을 위해 행동하는 기회주의자들이 탄생했다. 이에 미군정에 협력한 이들에게 적산이 우선적으로 배분되었다. 또한 기회주의자들은 미군정과 조선인의 중간에서 '오역' 등을 통해 이익을 챙겼으며 '통역정치'라는 미군정의 악폐로 지목되었다.[38] 이러한 기회주의자들의 행위를 풍자적으로 그려낸 해방기의 대표적인 작품으로 채만식의 「미스터방」(1946)이 있다.

「미스터방」은 식민지시기 일제 권력에 의탁했던 친일파인 백주사의 몰락과 영어 덕분에 S소위의 통역관을 맡으면서 상당한 부를 축적하게 된 방삼복이 등장한다. 이는 남한 지역의 지배자가 된 미군정에 의해 일제의 부역자들은 몰락하고 영어를 매개로 미국을 추종하는 것이 곧 부와 권력을 획득하기 위한 조건이 되었다는 것을 보여준다. 이제 일본인이

---

36) 이제민 외, 『한국의 경제발전 70년』, 한국학중앙연구원출판부, 2015, 22-23면 참조.
37) 박세길, 앞의 책, 74-75면.
38) 임세화, 「불통(不通)의 언어, 번역된 정치 - 해방기 '통역정치'와 문학의 언어를 중심으로 - 」, 『사이』 26, 국제한국문학문화학회, 2019, 59면.

남기고 철수한 가옥과 공장과 같은 생산 기반 시설 등의 '적산'은 그 공장에서 경력이 오래되었다거나 실질적으로 거주하고 있다거나 하는 조선인들의 논리와 상관없이 미군의 결정에 따라 분배되게 된 것이다.

> 그 공노에 정비례해서, 미스터方은 나날이 훌륭하여져 갔다. 八·一五 이전에 어떤 은행의 중역의 사택이라든 지금의 이집으로, 현저동 그집에서 옮아오기는, S소위의 통역이 되든 사흘 후였었다. 위아랫층을 다, 양식 절반 일본식 절반으로 꾸민 호화스런 저택이었다. 정원에 때마침 단풍과 가을 화초가 아름다웠고, 연못에선 잉어가 뛰고 하였다.
>
> (중략)
>
> 처음엔 식모를 두었다. 그 다음엔 침모를 두었다. 그 다음엔 손심부름할 계집아이를 두었다. 하로에도 方선생을 찾느니가 여러 패씩 있었다. 그들의 대개는 자동차를 타고 오고, 인력거짜리도 흖지 않었다. 그렇게 찾어오는 그들은 결단토 빈손으로 오는 법이 드물었다. 좋은 양과자상자 밑바닥에는 의례껀 따로히 뿌듯한 봉투가 들었곤 하였다.
>
> 미스터方의, 신기리장수 고삐투리 三복이로부터 발전 경노란 이렇듯, 심히 간단하고 순조로운 것이 있었다.[39]

위 인용문에서 방삼복이 S소위의 통역을 해주며 그 대가로 현저동의 '호화스런' 일본식 저택, 즉 적산가옥을 받게 되었음을 확인할 수 있다. 이러한 방식으로 방삼복은 손쉽게 부를 축적할 수 있었다. 앞서 언급한 것과 같이 적산을 모두 차지한 미군정의 자원 분배는 무질서 그 자체였다.

이 상황에서 적산을 차지할 수 있는 방식은 크게 두 가지로 볼 수 있다.

---

39) 채만식, 「미스터방」, 김승환 · 신범순 편, 『해방공간의 문학-소설1』, 돌베개, 1988, 66면.

먼저, 강제적으로 확정된 자본주의적 체제[40]에서 적산을 획득하기 위해서는 돈을 주고 '구매'해야 했다. 하지만 대부분의 조선인은 '호화스러운 저택'을 살 돈은커녕 식민지 시기에 수탈당한 토지조차 구매할 능력이 없었다.

다음으로 적산을 사실상 소유하고 있는 미군정으로부터 '제공'받는 형태이다. 「미스터방」의 방삼복 역시 이러한 방식으로 적산을 차지하고 재산을 쌓을 수 있었다. 그러나 이러한 형태로 적산을 분배받기 위해서는 마치 친일파들이 부를 축적하기 위해 식민지 시기 대일협력을 한 것처럼 미군정에 협력해야 했는데, 그 주요한 전제조건이 미군정의 언어인 '영어'를 사용할 수 있는 능력이었던 것이다.

이처럼 일제가 물러간 남한 지역의 새로운 권력이 된 미군정은 분배에 대한 새로운 규칙을 내세웠고, 일제에 빼앗긴 자신의 몫을 되찾아올 것을 상상하고 있던 농민들의 꿈도 한순간에 물거품이 되었다. 사실상 소작농이 대부분인 현실에서 토지개혁의 문제는 시급한 과제였기 때문이다. 또한, 해방기 당시 "인구의 대다수가 농업에 종사하고 농가가 70퍼센트나 되는 현실"[41]에서 토지개혁은 한반도 전체에 걸쳐있는 중요한 문제였다. 해방 이후 농민들은 마치 노동자들이 공장관리운동을 통해 공장을 접수하고 자신들이 직접 운영하려고 했던 것처럼 식민지 시기에 빼앗겼던 토지를 되찾아올 수 있을 것이라 생각한다. 그러나 미군정의 유상몰

40) "대다수의 한국 민중의 요구와는 전면 배치되는 미군정의 정책은 처음부터 남한을 미국 독점자본의 안정된 시장으로 확보하는 것과 함께 소련에 대한 대항기지로 삼고자 하는 강력한 동기에서 출발했다." 박세길, 앞의 책, 58면. 미군정은 처음부터 남한에 자본주의 체제를 이식하고 철저한 반공국가로 만들고자 했다.

41) 신형기, 「농민문제와 농민소설」, 『해방기 소설 연구』, 태학사, 1992, 79면.

수 유상분배를 바탕으로 한 토지정책[42]은 그러한 염원과 정반대되는 결과를 초래했다. 선조 때부터 농사지어 오던 자신들의 토지를 되찾아오기는커녕 그 토지들이 자본가의 손에 넘어가게 된 것이다.

"법령 제33호를 통해 미군정이 소유한 적산에는 일본인 소유의 토지도 포함"되어 있었다. 이를 바탕으로 미군정 산하의 "신한공사는 28만여 정보의 토지와 55만 400여 호의 소작농가를 관리하는 거대한 지주"가 되었다. 신한공사는 농민들에 대한 착취를 통해 거액의 소작료를 거두었다. 이를 통해 "미군정의 통치와 주한 미국인 부양에 필요한 비용을 상당 부분 조달"했다.[43]

사실상 동양척식주식회사와 다를 바 없는 신한회사의 폭리에 농민들의 불만은 쌓여갔다. 특히 토지개혁 실행의 지연이 농민들의 가장 큰 불만이었다. 게다가 1946년 2월 남한보다 먼저 북한이 토지개혁을 실시하면서 미군정은 토지개혁에 대한 민중들의 요구를 완전히 무시할 수 없었다. 결국 1948년 미군정은 신한공사 소유의 토지 처분을 실시한다.[44] "1948년 3월 22일 공표된 '중앙토지행정처령'(군정법령 제173호)은 당해 토지의 연평균생산량의 3배를 연간 20퍼센트씩 15년간 분할 상환하

---

42) "버치는 농지개혁에 있어서 가장 중요한 전제 원칙을 제시했다. 농지개혁의 원칙은 '국가의 권력 및 적절한 법적 절차에 대한 영국과 미국의 개념'에 기초해야 한다는 것이었다." 박태균, 앞의 책, 234면.

43) 박세길, 앞의 책, 81-82면 참조.

44) 신병식은 남한의 토지개혁에 소극적이던 미군정이 돌연 토지개혁에 적극적으로 임하게 된 것에 1948년 5월 남한 단독정부 수립이 확실시된 것을 원인으로 파악하고 있다. 남한의 단독정부 수립은 곧 미군정의 폐지를 의미하는데 미군정은 한국 정부에 대한 믿음이 없었을 것으로 보았기 때문이다. 신병식, 「토지개혁을 통해 본 미군정의 국가성격-'국가주의적 접근'(Statist approach)」, 『역사비평』 3, 역사문제연구소, 1988 참조.

는 조건으로 귀속농지의 분배를 규정"[45]했다. 이처럼 "귀속농지분배의 대가를 평년작의 3배로 하여 소작인의 부담을 무겁게 한 것은 지주의 이익을 옹호하여 이들의 산업자본가로의 전환을 보증하는 측면"[46]도 있었다. 이처럼 미군정의 토지정책은 그 실행 동기나 결과 모두 소작농들보다는 지주들에게 유리하게 작용하였다.

이러한 점 때문에 채만식의 「논 이야기」의 주인공인 한생원은 '해방'과 '독립'을 별것 아닌 것으로 여긴다. 8월 15일, 마을 사람들은 만세를 부르지만 한생원은 오히려 해방의 의미가 "구한국시절로 돌아가는 것"[47]으로밖에 생각되지 않았기 때문이다. 오십 년 전 한생원의 아버지 한태수는 동학도로 몰려 잡혀가 고을 원의 요구대로 자신이 가지고 있던 땅문서를 바칠 수밖에 없었다. 이후 식민지 시기에는 공출과 징용의 불안에 떨며 가난한 소작농으로 사는 것은 변함없었다. 한생원에게 나라는 "있어봤자 백성에게 고통이나 주자는 것이지 유익하고 고마울 것은 조금도 없는 물건"[48]이었다.

탐관오리의 횡포로 자신의 땅을 빼앗기고, 가난한 소작농으로 살아갈 수밖에 없었던 한생원에게 구한국이든 일본 제국이든 나라는 아무 상관이 없었다. 이는 구한국과 일제 모두 농민의 삶과 토지개혁에 관심이 없었기 때문이다. 따라서 해방 이후에도 변함없이 여전히 소작농으로 살게 될 것이라고 예상한 한생원에게 해방의 기쁨은 존재하지 않았다.

45) 장상환, 「농지개혁과정에 관한 실증적 연구」, 『해방전후사의 인식2』, 한길사, 2021, 345면.

46) 위의 책, 347면.

47) 채만식, 「논 이야기」, 김승환 · 신범순 편, 『해방공간의 문학-소설2』, 돌베개, 1988, 406면.

48) 위의 책, 409면.

그런데, "일인들이 토지와 그 밖에 온갖 재산을 죄다 그대로 내어놓고 보따리 하나에 몸만 쫓기어가게 되었다는 이야기"[49]는 한생원을 기쁘게 만들었다. 자신의 예상이 적중했기 때문이다. "경술합방 바로 이듬해"[50], 아버지 한태수와 달리 살림에 재주가 없고, 술을 먹고 노름을 한 한생원은 재산을 모두 탕진하고 빚을 지게 되었다. 빚을 갚기 위해서 원에게 바치고 남은 논 일곱 마지기를 시세보다 비싸게 땅을 산다는 일본인 길천이에게 팔았다. 그 이후 한생원은 논을 팔아버린 자신의 행동을 정당화하기 위하여 "일인들이 다 쫓겨가면 도루 내 것"[51]이 될 것이라고 장담하고 다녔었는데 실제로 일인들이 다 쫓겨가게 된 것이다.

하지만, 일본인들이 자산을 두고 쫓겨가면 그 땅들은 모두 원래 주인의 것이라는 한생원의 논리는 모두에게 통용되지 않았다. 해방 직후에는 혼란한 틈을 타서 "일본인 농장이나 회사의 관리자와 부동이 되어 가지고 일인의 재산을 부당히 처분하여 배를 불린 일"[52]이 허다하였기 때문이다. 그 뒤, 미군정이 들어선 이후에는 "일인의 재산을 조선사람에게 판다."[53]는 소문이 들려왔다. 해방 직후에는 선착순에서 밀려 자신의 몫이라 생각한 자원을 차지하지 못한 한생원은 이번에는 미군정이 내세운 새로운 규칙에 따라 자신의 땅을 되찾지 못할 위기에 처했다.

> "그래 일인들이 죄다 내놓구 가는 것을 백성들더러 돈을 내구 사라구 마련을 했다면서?"

---

49) 위의 책, 417면.
50) 위의 책, 410면.
51) 위의 책, 416면.
52) 위의 책, 421-422면.
53) 위의 책, 422면.

> "아직 자세힌 모르겠어두 아마 그렇게 되기가 쉬우리라구들 하드군요."
> 팔일오 후에 새로 난 구장의 대답이었다.
> "그런 놈의 법이 어딧단 말인가? 그래 누가 그렇게 마련을 했는구?"
> "나라에서 그랬을 테죠."
> (중략)
> "일인의 재산이 우리 조선나라 재산이 되는 거야 당연한 일이죠."
> "홍 가만둬 두면 저절루 백성의 것이 될걸 나라 명색은 가마니 앉았다 어디서 툭 튀어나와 가지구 걸 뺏어서 팔아먹어? 그 따위 행사 어딧다든 가?"[54]

땅 일곱 마지기를 살 재력이 되지 못하는 한생원은 본래 자신의 몫이라고 생각하는 땅을 되찾기 위해서 돈을 주고 사야만 하는 현실에 분노한다. 한생원은 일본인이 주인이었던 땅은 일제가 물러간 이후 그 전의 주인이 소유하는 것이 적산을 재분배하는 옳은 원칙이라고 생각한 것으로 보인다. 하지만 한생원을 비롯한 농민들의 생각은 전혀 고려되지 않은 채 미군정에 의하여 독단적으로 토지정책이 이루어졌고, 그 결과적으로 농민들은 구한말, 식민지 시기와 마찬가지로 해방기에도 그저 권력을 차지한 조직만이 바뀐 채로 하루하루 생존을 위한 삶을 지속하게 되었다. 이처럼 한생원이 말한 '툭 튀어나온 나라'는 조선인의 의사와는 상관없이 한반도를 차지한 권력을 의미한다. 그리고 그들이 만든 "그런놈의 법"에 의해 분배의 문제에 있어서 조선인이 분배 정치에서 배제되었음을 뜻한다.

결과적으로 한생원은 구한말 시절에는 탐관오리에게 자신의 몫을 빼

54) 위의 책, 422면.

앗기고, 일본에게 남은 땅 일곱 마지기조차 빼앗겼으며, 해방 직후에는 "잇속빠른 자들"[55]처럼 적산을 차지하지도 못했고, 미군정의 토지정책에 의하여 돈을 주고 땅을 되찾아올 수도 없는 상황에 처한 것이다. 즉, 한생원은 구한말-일제-해방이라는 역사적 흐름 속에서 자신의 몫을 잃어버린 가난한 농민의 인물상을 보여준다고 할 수 있다. 해방과 함께 땅으로서 표상되는 잃어버린 몫에 대한 한생원의 상상은 미군정의 새로운 규칙으로 좌절되었다.

이는 미군정의 새로운 규칙과 조선인들의 분배에 대한 상상력이 불화하였음을 보여준다. 즉, 미군정의 방식이 한반도의 주인인 조선인들에 의해 진정한 한반도 내의 분배 원칙으로 인정받지 못했으며 여전히 해결되지 못한 한반도의 분배 정치라는 질문을 던지고 있음을 보여준다는 점에서 의미가 있다.

4. 환대받지 못한 귀환자

구 제국 권역 질서의 해체로 인하여, 생존의 문제, 혹은 징용, 징병 등의 다양한 이유로 한반도를 떠나 일본, 만주 등지에 거주하고 있던 수많은 조선인이 한반도로 귀환하게 되었다. 이처럼 서론에서 언급한 바와 같이 공간적으로 조선인의 권역은 한반도로 축소가 되었다. 그런데 귀환자들은 돌아온 한반도에서도 자신들의 '몫'은 발견할 수 없었다. 결과적

55) 앞선 절에서 설명한 「술 이야기」의 준호와 같이 해방 이후 일시적 권력의 공백을 틈타 발 빠르게 적산을 차지한 인물들이 해당한다고 볼 수 있다.

으로 이들은 "구제국의 영역인 동아시아적 정체성"[56]과 조선인으로서의 정체성을 모두 가진 이중적인 인물이다. 이러한 점이 전재민 또는 귀환자들과 한반도에 거주하며 해방을 맞이한 조선인들과의 차별점이라고 할 수 있다.

이들이 한반도로의 귀환을 결정한 것에 있어서 그 동기가 무엇이었든 그들은 결론적으로 한반도에서 자신의 '자리'를 찾는 것을 선택한 것으로 볼 수 있다. 즉, 해방된 조선에서 자신의 '장소'를 얻을 수 있으리라 기대한 것인데, 살아갈 터전으로서 장소를 획득하기 위해서는 "몸이 언어로써 사용되어야 한다. 몸은 문제의 장소 위에 글자처럼 씌어지기 때문이다."[57] 그러므로 귀환의 여정 자체가 오늘날 난민들이 목숨을 걸고 국경을 넘는 것처럼 이들에게는 해방된 공간으로써 한반도에서 자신들의 자리를 찾기 위한 일종의 투쟁이라고 볼 수 있다.

하지만, 이들의 귀환은 그 과정에 있어서부터 순탄치 않았다. 일본에서 귀환하는 이들은 일본인으로부터 협조를 받을 수 없어 현해탄을 건너기 위해 연락선을 기약 없이 기다리거나 돈으로 암표를 구해야 했다. 만주 귀환자 역시 상황은 크게 다르지 않았는데 기차를 타지 못해 긴 거리를 걸어서 움직이는 경우도 있었다.

이들을 포착한 귀환서사[58]는 해방기의 많은 작품들[59]에서 다루어지고

---

56) 해외에서 귀환한 이주자들은 "'동포'이면서 동시에 난민이며" 구 일본 제국이 강제한 동아시아 공영권의 정체성을 직접적으로 체험한 조선의 입장에서 "국민/민족의 타자"인 이들이라고 할 수 있다. 김익균, 「해방기 사회의 타자와 동아시아의 얼굴」, 『한국학연구』 38, 고려대학교 한국학연구소, 2011, 48-49면.

57) 김현경, 『사람, 장소, 환대』, 문학과지성사, 2015, 285면.

58) "귀환서사는 자기 정체성을 재규정하려는 귀환민들의 고뇌 · 절망의 과정과 고국과 민족 공동체로의 포섭에 대한 갈망을 담은 총집합체라 할 수 있다." 일본에서 자리를 얻기란 거의 기대하기 힘들어 현실적으로 귀환한다는 선택지뿐이었던 순이와 만주

있다. 다만, 대부분의 작품은 귀환자들의 시선을 가지고 있는 것에 반해 허준이 「잔등」(1946)에서 보여주는 관찰자적인 시선[60]은 앞서 중층적인 성격을 지닌 이주자들의 고뇌 등을 담은 귀환 서사를 넘어서는 새로운 가능성을 제시하고 있다. 이제까지 살펴본 귀환 서사들은 성원권의 차원에서 타자의 입장에 놓인 위기 앞에서 귀환자들의 '국민-되기' 시도와 새로운 공동체의 가능성을 담지하는 것이라면, 「잔등」은 제삼자의 입장에서 타자를 관찰한 새로운 차원의 귀환 서사라고 할 수 있다.

「잔등」은 서술자이자 주인공이라고 할 수 있는 '나'(천복)와 '방'이라는 인물의 신경에서 서울을 향한 약 한 달간 여정의 이야기를 다루고 있다. 그러나 작품에서 서사화되는 시간은 '나'와 '방'이 헤어진 청진으로 가는 길에서부터 청진을 떠나기까지의 나흘뿐이다. 앞서 살펴본 여타의 해방기 귀환 서사들과 같이 「잔등」 역시 표면적으로는 여로형 소설의 구조이지만, 조남현[61]의 평가와 같이 '심리소설'이라 명명할 수 있을 만큼 주인공의 관찰과 심리 서술[62]이 작품에 전반에 두드러지게 등장한다.

정주라는 선택지가 있었음에도 불구하고 귀환을 결심한 원식이 서로 다른 "국민-되기" 전략을 사용하는 것은 이주자들이 매우 복합적인 존재들임을 보여준다. 이러한 중층적인 면을 귀환 서사가 포착하고 있는 것이다. 조영란, 앞의 논문, 542면.

59) 대표적으로 「잔등」, 「압록강」, 「귀환일기」 등이 있다.

60) 김병구는 귀환 서사로서 「잔등」의 주요한 특징 중 하나로 "비참한 상황에 놓은 타자에 대한 관심으로 전이"를 꼽고 있다. 김병구, 「〈잔등〉의 귀환 서사적 특성 연구」, 『대중서사연구』 29(3), 대중서사학회, 2023, 156면. 이는 일본인에 대한 연민과는 다른 차원으로, '제삼자'의 입장에서 타자를 관찰한다. 또한, 이러한 '제삼자'의 입장에서 작성된 귀환 서사는 해방기에 제출된 다른 귀환 서사에 비해 "예외적"이라는 평가를 받는다. 조남현, 『한국현대소설사3: 1945-1959』, 문학과지성사, 2016 참조.

61) 위의 책, 106면.

62) 작품은 주인공인 '나'의 1인칭 시점으로 서술되지만, 서술자의 태도가 직접적으로 드러나지 않고, 귀환의 과정에서 마주한 한반도의 상황과 인물에 대하여 관찰자적인 태도를 고수한다. 특히 "동시대의 대다수 소설이 해방 직후를 격정적인 장면으로 표현

특히 주목할 부분은 청진에서 '나'와 만나게 되는 소년과 할머니이다. 각 인물은 해방 후 한반도에서 마주하게 된 일본인에 대해 서로 상반되는 시각을 가지고 있다. 먼저, 소년의 경우 식민지 시기 자신이 잡은 미꾸라지를 일본인에게 팔아 삶을 연명했던 인물이다. 그러나 해방 직후 재산을 챙겨 도망하려던 일본인 조합장을 위원회 김선생에게 밀고하고 그 보상으로 "카아키빛 양복"[63]을 받았다. 이후에는 김선생의 지시로 여전히 미꾸라지를 잡아 일본인들에게 팔면서 그들을 감시하는 역할을 하게 된다.

소년은 '나'에게 자신의 밀고로 조선인들에게 붙잡힌 일본인 조합장이 매를 맞고 고무산으로 끌려간 사실을 자랑스럽게 진술한다. 이러한 진술을 통해서 일본인 조합장이 해방 직후 조선인에게 분노의 대상이 되었던 일본인들과 같이 조선인들에 의해 '벌'을 받았음을 확인할 수 있다. 그리고 소년은 자신이 일본인을 처벌하는 것에 가담했음을 밝히고 있다. 즉 소년은 일본으로 돌아가지 못한 일본인들을 '민족의 적'으로 규정한 것으로 볼 수 있다.

그러나 작품에서는 한반도에 있는 일본인들의 굶주린 모습을 여러 차례 직접적으로 제시한다.[64] 그리고 그 모습들을 '국밥집 할머니'는 소년의

하는 데 반해 관찰과 관조의 경지를 보여준다." 위의 책, 106면.

63) 허준, 「잔등」, 김승환 · 신범순 편, 『해방공간의 문학-소설2』, 돌베개, 1988, 66면.

64) "참으로 그 일본 여자는 업고, 달고, 또 하나는 손을 잡고, 아마 아오지 가기를 기다리는 차에서 기어나어려온 듯 홈 가까운 행상노 위에 우두커니 서 있었다. 허옇게 퉁퉁 부어오른 나체 기름때에 전 걸레 같은 헝겊쪼각으로 머리를 질끈 동이고, 업고 달리우고 잡힌 채 길 바추에 비켜 서 있었다. 머리를 동인 것만으로는 휘둘리우는 몸을 어찌할 수 없다는 모양으로, 골쌀을 몇 번 찌프렸다가는 펴서, 하늘을 쳐다보고, 또 찌프렸다가는 펴서 쳐다보고 하기를 한참이나 하며 애를 쓰는 것을 자기는 유심히 건너다 보고 있었던 것이다." 위의 책, 88면. "헌 너즈레기 위에 다시 헌 너즐기를 걸친 깡뚱한 일본 사람들의 여자 옷 밑에 다리뼈와 복숭아뼈가 두들어져 나온, 두 개 왕발이, 흐물거리는 희미한 기름뿔 먼 그늘 속에 내어다보였다. 한 팔을 명치 끝까지 꺽어올린 손바

적대적인 시선과 달리 연민의 시선으로 바라본다. 「잔등」이 한반도 잔류 일본인의 비참한 삶을 보여주고 그러한 삶을 관조적인 입장에서 바라보는 것은 기존 해방기 귀환서사와 가장 대별되는 특징이라고 할 수 있다.

할머니는 비참한 일본인들을 마주하면 차마 벌하지 못하겠다고 고백한다. 그리고 굶주린 일본인들에게 먹을 것을 나누어 준다. 즉, 할머니는 일본인에 대한 연민의 감정[65]을 보여준다. 그러나 결국 비참한 일본인들을 측은하게 바라보고 먹을 것을 나누는 행위를 통해 그들의 '현존'을 다시금 확인하여 성원권에 물음을 던진다.

이처럼 소년과 할머니는 일본인에 대하여 상반된 태도를 보인다. 그러나 각각의 행동은 민족의 차원 또는 윤리적 차원 등의 관점에 따라 정당화될 가능성을 가지고 있다. '나'의 경우 소년과 할머니의 태도 그 어느 것에도 동조하지 않고 관찰자로서 '제3의 시선'을 고수한다. 이 지점이 특히 「잔등」의 문제적인 부분이라고 할 수 있다.

관찰자적인 시선은 한반도에서 '없는 것'으로 취급된 잔류 일본인들을 타자로서가 아닌 '현존'하는 존재로서 지속적으로 포착한다. 물론 일본인들뿐만 아니라 긴 여정에 지친 귀환자들의 모습도 마찬가지이다. 이러한 시선은 '현존'[66]을 근거로 한 성원권의 조건을 떠올리게 한다. 「잔등」

닥 위에는 옹큼한 한 개의 깡통이 들리어서 역시 그 먼 흐물거리는 희미한 불 그늘 속에서 둔탄학 빛을 반사하고 있으며-" 위의 책, 90면.

65) 신형기는 타자의 고통을 무시하지 않는 것이 윤리이기 때문에 할머니의 태도가 윤리적이며, 일본인이 저지른 악행에 대해 복수하는 것을 비윤리적인 태도로 본다. 반면 해방 직후의 시대적 상황을 고려했을 때 일본인을 징벌하는 것은 "민족적 도덕"의 차원으로 이해한다. 이에 따르면 할머니는 민족적 차원의 징벌보다 인류적 차원에서 윤리적 태도를 선택한 것으로 볼 수 있다. 신형기, 「허준과 윤리의 문제-「잔등」을 중심으로」, 『상허학보』 17, 상허학회, 2006 참조.

66) 제임스 퍼거슨은 이러한 '현존'이 곧 성원권과 연결된다고 보았다. '여기 우리와 함께

속 일본인들과 귀환자들은 분명히 "우리와 여기 함께"[67] 있는 존재들이기 때문이다.

> 지금껏 찻꼬리에 감지어 보이지 아니하였던 정거장 구내의 임시사무소며 먼 시그널 등들이 안계(眼界)에 들어오는 동시에 또한 그지들의 거리마자 차차 멀리 떼어 놓으며 우리들의 차가 그 긴 모퉁이를 구비 돎을 따라 지금껏 염두에 두어보지도 아니하였던 그 할머니 장막의 외로운 등불이 먼 내 눈앞에서 내 옷깃을 휘날리는 음산한 그믐밤 바람에 명멸(明滅)하였다. 그리고 그 명멸하는 희멀금한 불빛 속에서 인생의 깊은 인정을 누누이 이야기하며 밤새도록 종지의 기름불을 조리고 앉았던, 온 일생을 쇠정하게 늙어온 할머니의 그 정갈한 얼골이 크게 오오벌앴이 되어 내 눈앞을 가리어 마지 아니하였다. 그 비길 데 없이 따뜻한 큰 그림자에 가리어진 내 눈몽아리들은 뜨고히 젖여들려 하였다. 그리고도 웬일인지를 모르게 이렇게 할 수 없는 간절한 느끼움들이 자꾸 가슴 깊이 남으려고만 하여서 나는 두 발 뒤꿈치를 돋울대로 돋우고 모자를 벗어 들고 서서 황량한 폐허 위 오직 제 힘뿐을 빌어 퍼덕이는 한점 그 먼 불 그늘을 향하여 한없이 한없이 내 손들을 내어저었다.[68]

있기 때문'에 '우리 중의 하나'이다. 또 퍼거슨은 아프리카의 미니버스 택시를 예로 들며 내부가 아무리 비좁더라도 미니버스에 새로운 승객이 탑승하면 기존 탑승객은 자신의 자리를 조금씩 양보할 '의무'를 갖는다고 말한다. 즉, 현존하는 것 그 자체가 성원권과 연결되는 것이다. 그리고 이러한 성원권은 국민국가의 시민권을 초월해야 한다고 보았다. 성원권이 시민권을 의미하는 순간 배타성이 발현되기 때문이다. 제임스 퍼거슨, 이동구 역, 『지금 여기 함께 있다는 것-분배에 관한 인류학적 사유』, 여문책, 2024, 51면, 56면, 69면.

67) 위의 책, 115면.

68) 허준, 앞의 책, 100-101면.

이 작품의 제목이자 '나'가 청진을 떠나는 기차에서 마주한 할머니의 잔등은 주로 할머니의 연민의 태도를 상징하는 것으로 여겨진다.[69] 하지만 위의 시각으로 보았을 때 '잔등'은 희미한 존재들의 현존을 의미한다. 이때 희미한 존재들은 앞서 언급한 굶주린 일본인들과 아직 고향에 다다르지 못한 귀환자들이다.

그리고 작품의 결말부인 위 인용문에서 '나'가 잔등을 향해 손을 내젓는 것은 현존을 발견하고 부르는 행위인 동시에 귀환자인 자신의 존재를 알리는 행위이기도 하다. 이는 곧 퍼거슨의 표현을 빌려 서로가 '우리 중 하나'임과 '여기 우리가 함께 있음'을 확인하는 것으로 볼 수 있다. 이러한 관점에서 「잔등」은 귀환자로서 한반도에서 타자적 속성을 겹쳐 가지고 있는 '나'의 한반도에서 현존과 성원권을 확인하기 위한 여정의 서사라고 할 수 있을 것이다. 이 때문에 공간적 차원에서 종착지가 아니었던 청진에서 잔등을 발견하고 '나'의 "피난의 변철굴곡(變遷屈曲)은 다 완결"[70]될 수 있었다.

하지만 전재민들의 귀환의 과정에서 기대한 환대와 달리 한반도로 귀환한 전재민들은 '동포'로서 호명되었으나, 한반도에 들어설 새로운 국가의 '국민'으로서 완전하게 인정받지는 못한다. 앞선 장에서 살펴본 것처럼, 한반도 내부에서는 지정학적 변혁과 새로운 논리들이 교차하여 자원을 분배하는 과정에서 많은 갈등이 발생했다. 하지만, 전재민들은 이러한 적산을 비롯한 한반도의 자원을 차지하기 위한 경쟁에서 소외되었다. 즉, 한반도에 그들의 몫은 존재하지 않았다.

---

69) 특히 할머니의 '용서론'과 결부하여 희미하지만 따뜻한 감동을 안겨주는 매개체로 이해된다. 조남현(2016), 앞의 책, 111-112면.

70) 허준, 앞의 책, 100면.

김동리의 「혈거부족」(1947)은 한반도에서 자신들의 몫이 주어지지 않은 전재민들의 비참한 삶을 보여주는 작품이다. 주인공인 순녀는 해방이 된 이후, 병에 걸린 남편을 데리고 가지고 있던 물건들을 팔아가면서 고향으로 돌아오기 위해 노력한다. 하지만, 하지만 서울에 도착했을 때 이미 고향으로 돌아갈 여비가 없었고, 남은 것은 "냄비 하나와 숟가락 셋"[71] 뿐이었다. 순녀가 구걸하여 세 식구 입에 겨우 풀칠하는 것이 고작이었다. 결국 남편은 고향에 묻히고 싶다는 꿈을 이루지 못한 채 죽고, 순녀는 양담배를 팔며 생계를 이어간다. 그 과정에 이웃으로 만난 노파의 도움으로 방공굴에 정착하게 된다.

방공굴에는 순녀와 비슷한 처지인 사람들이 모여 있었는데, 그들은 이 작품의 제목인 '혈거부족'과 같이 동굴에서 살아가는 것과 다를 바 없었다. 이들의 삶은 단순히 경제적으로 어려운 것이 아니라 해방된 고국에서마저 여러 위험과 싸워야 했다. 노파의 며느리는 도적들에게 겁탈을 당하고 나서 자결하였으며, 순녀 역시 술만 먹으면 "무슨 수작을 부쳐보다 돌아가곤" 하던 윤서방에게 비슷한 일을 당할 뻔한다. 그리고 비가 오는 날 굴이 무너져 어린아이가 죽는 사건도 발생한다. 이들은 현재 한반도에 거주하고 있음에도 일제의 권역 질서에서 살아가던 시절만큼의 생활은커녕 생존도 보장받지 못한 삶을 살고 있다.

> "아 신탁통치레 독립인가?"
> 하였다.
> "독립은 아닌 모양인 게지"

---

71) 김동리, 「혈거부족」, 김승환 · 신범순 편, 『해방공간의 문학-소설2』, 돌베개, 1988, 248면.

하는 것이 여섯째 구멍의 노인,

"아 그러갓제 우리레 이런 고생하디, 독립되슴야 이러고 있갓오?"

하는 것은 또 황생원 모친이다.

"독립되도 별수 없을 게라는 사람도 있두만서도……."

여덜째 구멍의 여인이 또 혼잣말같이 이렇게 말하니, 황생원 모친과 여섯째 구멍의 노인이 한꺼번에

"누구래, 그런 쌍"

"천만엣"

하고, 분연히 반박을 햇다.

"독립만 되면야 이럴리가 있나요?"

한 것은 셋째 구멍의 사나이의 말, 그러자,

"독립이나 얼른 왜 밨으면 죽어도 원이 없겠다."

순녀도 한마디 하였다.[72]

위 인용문은 한반도에서 집을 구하지 못해 방공굴에 모여 살고 있는 전재민들의 대화이다. 이들에게 해방도 인간다운 삶을 영위하는 데 아무런 도움이 되지 못하자, 그들은 해방이 아닌 독립을 희망 삼는다. 그중에는 독립이 온다고 해도 달라지는 것은 없을 것이라고 생각하는 사람도 있지만, 애써 그러한 불안을 잠재우고 있다. 여기서 주목할 점은 이 작품의 주된 서사는 방공굴에 사는 '혈거부족'들의 힘든 삶이지만, 분명히 작품의 배경에는 그와 대비되어 위의 인용문에서처럼 "신탁 통치"를 비롯한 해방기 거대한 담론과 다양한 논리들이 해방공간을 뒤흔들고 있음이 분명히 제시되고 있다는 것이다. 앞선 장에서 확인할 수 있었던 것과 같

72) 위의 책, 252면.

이 해방공간에서는 다양한 논리들이 뒤섞이며 자원과 권력을 차지하기 위해 다양한 양상의 갈등이 발생하였다. 그러나 그러한 논리들은 「혈거부족」에서 독립이 되었다고 사람들이 외치는 소리나 비행기 소리 등을 통해 후경화되어 제시된다. 즉 「혈거부족」의 전재민들은 현재 공간적으로는 한반도에 위치하고 있음에도 불구하고 이러한 담론에서 완전히 소외되어 생존에 급급하여 살아가고 있다.

이러한 사실은 그들이 마지막으로 가지고 있었던 희망인 '독립'의 의미조차 정확하게 이해하지 못한다는 점에서 확인할 수 있다. 어느 날, 그들은 비행기 소리를 들으며 조선 독립을 외친다. 하지만, 그 비행기는 미군의 것이었다. 특히, 노파는 "입법 기갱이라는 것이 독립"[73]이라고 착각하지만, 지나가던 학생들에게 입법기관과 독립은 다른 것이라는 말을 듣게 된다. 여기서 말하는 입법기관이란 미군정을 의미하는데, 노파는 입법기관이 독립된 새로운 조선인의 나라로 오인한다. 이처럼 이들은 해방공간에서 발생한 지정학적 변혁의 한 가운데에 있었음에도 마치 별개의 공간에 있는 것처럼 그 정세를 읽어내지 못하는 모습을 보인다. 그리고 학생들에 의해 아직노 그들이 바라는 '독립'이 오지 않았음을 깨닫게 된다.

이처럼 「혈거부족」은 전재민들의 생활상의 비참함과 성원권을 획득하지 못하여 분배 문제에서 배제된 처지를 여실히 보여주는 작품이다. 특히, 고국이 해방되고, 입법기관이 세워지는 데도 변함없이 힘겨운 삶을 영위하며 변혁을 제대로 이해하지도 못하는 모습은 어려운 과정을 통해 겨우 한반도에 귀환한 이들이 정작 조선인들에게 소외당했음을 보여준다. 실제로 해방 후 "해외로부터 들어오는 이주자와 북한이나 만주로부

73) 위의 책, 261면.

터 넘어오는 월남인구는 높은 실업률과 범죄의 원인"[74]으로 지목되며 타자화한다.

이와 비슷하게, 순녀를 비롯한 '혈거부족'들이 경제적인 사정으로 고향으로 돌아가지 못하고, 방공굴에 정착한 것은 전재민들의 귀환이 불완전함을 의미한다. 귀환 후 정작 해방된 고국에서 자리를 잡지 못한 이들은 한반도에서도 이방인으로서 표상되는 아이러니한 상황을 연출한다.

이번 장에서 살핀 「잔등」의 '나'는 귀환의 과정에서 조우한 소년과 국밥집 할머니를 통하여 일본인에 대한 '3자적 시선'을 보여주었다. 이러한 시선은 단순히 일본인에 대한 중립적이거나 관조적인 태도를 넘어서 해방 이후 한반도에 남겨진 일본인들의 비참한 현실을 직시하고 그들에게서 한반도의 '자리'를 차지하고 있는 '현존'을 발견한다는 점에서 성원권의 새로운 경계를 보여주었다. 이는 해방공간에 건설될 '조선인의' 새로운 국가의 경계에 균열을 일으킨다는 점에서 중요한 의미를 가진다.

또한, 전재민들은 한반도로 귀환한 이후에도 고향 상실과 생활고 및 성원권의 부재라는 문제를 마주하게 되었음을 살펴보았다. 마치 동굴에서 살아가는 듯한 「혈거부족」의 전재민들은 추위, 산사태를 비롯한 환경의 위협과 생활의 어려움을 겪으면서 동시에 분배를 요구할 수 있는 성원권으로부터 배제되었다. 그들은 공간적으로는 한반도에 위치하지만, 그들에게 해방기 주요 담론들은 후경화되어 제시되는 배경에 불과했다.

74) 김익균, 앞의 글, 47면.

5. 결론

해방공간에서 한반도에 거주하던 조선인들로부터 식민지 시기 일본인의 소유였던 '적산(敵産)'을 대상으로 일본인과 뒤바뀌어버린 국민적 지위를 이용한 '되찾기'의 논리가 발생하였다. 그들은 일본으로 돌아가려던 일본인으로부터 자신들의 몫을 요구하였고 그러한 투쟁의 과정에서 민족적 감정을 바탕으로 한 폭력적 복수가 등장하기도 했다.

그런데 조선인들은 곧바로 되찾아온 적산들을 어떻게 분배할 것인가의 문제에 직면하게 되었다. 그중에는 해방공간이 혼란스럽고 '일시적 정치적 공백기'임을 기회로 이용하여 새로운 자원을 차지하기 위한 다양한 시도들이 이어졌다. 이처럼 합의된 분배 방식이 없다 보니 서로 다른 논리가 분출하였다.

이처럼 해방 직후 한반도에서 발생한 분배 정치는 미 · 소군정의 등장과 그들이 내세운 새로운 규칙으로 인하여 한순간에 무화되었다. 해방 직후 찰나의 순간 이루어진 다양한 분배 방식에 대한 논의는 한반도의 새로운 점령자인 군정들에 의하여 종결된 것이다. 특히, 남한의 경우 민주주의와 자본주의 시장경제체제를 한반도에 이식하고자 했던 미군정에 의해 철저히 자본주의적 논리가 작용하였다. 동시에 미군정에 협력할 수 있는 수단인 '영어'를 바탕으로 한 통역정치로 인하여 미군정의 위로부터의 정책은 토지 분배 등의 한반도 식민지 시기 발생한 문제가 전혀 해결하지 못했다.

이렇게 단시간에 자원을 분배하는 원칙에 대한 여러 논의가 생성되고, 교차하는 과정에서 아예 소외된 이들이 있었다. 이들은 만주, 일본, 상해 등 구 일본 제국의 동아시아 권역이 해체됨에 따라 이루어진 공간적 축소로 한반도로 귀환한 이들이다. 이들은 귀환의 과정에서 일본인들의 방해를 받기도 하고 도움을 얻지 못하여 최소한의 물건만을 남기고 모두 헐값에 팔아 여비를 벌어 겨우 귀환할 수 있었다.

이들은 귀환한 이후에도 수많은 논리가 서로 갈등하던 해방공간에서 공간적으로는 한반도지만 마치 성역처럼 다른 세상에서 살아야 했다. 이들에게 남겨진 자원은 전혀 없었으며 '집'이라고 할 수도 없는 반공굴에서 하루하루 생존하는데 급급한 삶을 살아야 했다. 김동리의 「혈거부족」에서 신탁통치를 비롯한 정치적인 키워드들이 작품 내에서 제시되기는 하지만 그것들은 전재민들의 비참한 서사에서는 후경화된다.

이러한 해방기의 소설들은 해방기 하위주체들에게 이데올로기보다 더 중요한 원리가 존재했음을 시사한다. 본고에서 다룬 작품들에 등장하는 인물들은 혼란스러운 해방공간에서 모두 생존을 위해 혹은 더 나은 삶을 위해 고군분투한다. 이데올로기 대립을 비롯한 선택의 문제는 이들에게는 사상이라기보다 자원을 차지하기 위한 자격증에 불과했던 것이다. 해방기를 맞이한 대부분의 조선인들에게는 이데올로기가 아닌 생존을 위한 몫을 차지하는 경쟁이 더 중요한 문제라고 할 수 있다. 결국 해방기의 소설들에는 '국민국가 건설', '친일잔재청산' 등의 거대담론뿐만 아니라 정치 · 경제적으로 혼란한 해방공간에서 발생한 재산 및 성원권을 포함한 자신들의 '몫'을 요구하는 목소리들이 담겨있다.

해방기 소설에서 드러난 식민지 시기의 경제적 모순을 해결할 새로운 분배 방식에 대한 논의, 미군정에 의해 합의 없이 부여받은 새로운 분배 원칙에 대한 거부, 자신의 '자리'를 한반도에서 찾기 위한 전재민들의 공간적 이동, 배제의 논리가 작동하는 해방공간에서 자신들의 '정당한 몫'을 요구하는 전재민들의 목소리는 모두 분배 정치의 차원에서 정치성을 가진다. 그리고 이러한 방식으로 해방기 소설을 다시 읽는 것을 통하여 그동안 해방기 연구에서 크게 주목받지 못한 경제적 차원을 조명할 수 있기를 기대한다.

해방기 소설 연구를 돌아보며
- 해방기 연구의 흐름과 경향

김한진

해방기를 새삼스레 다시 돌아보는 일이 필요한 것은, 그 시기가 한국 현대문학사에서 가장 극적인 변동의 시기였기 때문이다. 해방 후 한반도는 온전한 자치 국가가 아닌 미국과 소련의 군정이 분할 점령하고 있었고 한반도 밖에 있는 이들의 대규모 귀환, 반민족 · 친일 부역자에 대한 청산, 적산 처리, 토지 개혁 등 각종 사회문제와 극단적인 좌우의 이념 갈등까지 도무지 해결 불가능해 보이는 거듭된 문제들이 산적해 있던 혼란기였다.

이처럼 한반도의 해방기가 무엇이라고 정리되지 않는 혼란기였으므로, 그런 혼란한 시기의 문학 역시 혼란할 것은 자명한 사실이다. 그런 점에서 문학사에서 해방기라고 하는 시기 설정 역시 분명하지 않다. 해방부터 남한의 단독정부 수립까지로 보는 견해도 있고, 해방 후부터 한국전쟁 또는 한국전쟁이 끝나는 1953년까지로 해방기를 설정하기도 한다.[1] 한편 해방기 한반도는 민족담론에서 자유로울 수 없었는데, 그건 좌

1) 이명준, 『해방기 소설에 나타난 '몫'과 분배의 정치 연구』, 단국대학교 석사논문,

우 이념에 상관없이 모두에게 적용되는 것이었다.[2] 따라서 해방기의 문학 작품들은 거대담론의 인식틀 속에서 창작되고 이해되어 왔다. 그러나 해방기가 혼란기였다면, 그 혼란 속에서 창작된 작품들이 모두 거대담론의 인식틀에 포괄될 수는 없었을 것이다. 그래서 거대담론으로 미처 포착할 수 없었던 작품들을 다양한 관점에서 살펴보려는 연구들이 현재도 많은 연구자들에 의해 계속되고 있다. 그런 점에서 지금까지 한국문학의 연구가 어떻게 진행되어 왔는지 한번 쯤 돌아볼 필요가 있을 것이다.

그 작업을 위해 먼저 해방기 소설을 대상으로 한 학술논문과 학위논문을 범박하게 정리했다. 정리한 목록의 연구들은 다음과 같은 과정을 통해 정리한 것이다. 먼저 RISS에서 '해방기'라는 키워드로 검색 후, '소설'이라는 검색어로 결과내재검색을 실행했다. 그 후에 다시 주제분류를 '인문학'으로 한정해 검색했다. 그 후에 각 목록들에서 '해방기 소설'과 무관한 연구들을 삭제했다. '해방기 소설'과 무관한 연구들을 삭제했다는 것은 해방기 문학을 다룬 연구들 가운데, 소설이 아닌 문학작품을 대상으로 한 연구들을 제외했다는 것이며, 소설이라고 해도 해방기에 창작된 작품을 대상으로 하고 있지 않는 작품들 역시 모두 제외시켰다. 그 후에는 최근의 해방기 소설을 대상으로 한 학위논문의 참고문헌을 통해 목록에서 누락된 연구들을 채웠다. 그 결과 최종적으로 해방기 소설을 대상으로 한 학술논문은 235건이 나타났으며, 학위논문의 경우 박사논문 18건, 석사논문 33건으로 총 51건이 나타났다.

2025, 1~2면.

2) 오태영, 「해방기 민족문학이라는 이념과 인민대중의 호명— 김송의 문학 활동을 중심으로」, 『인문논총』 73, 서울대학교 인문학연구원, 183면.

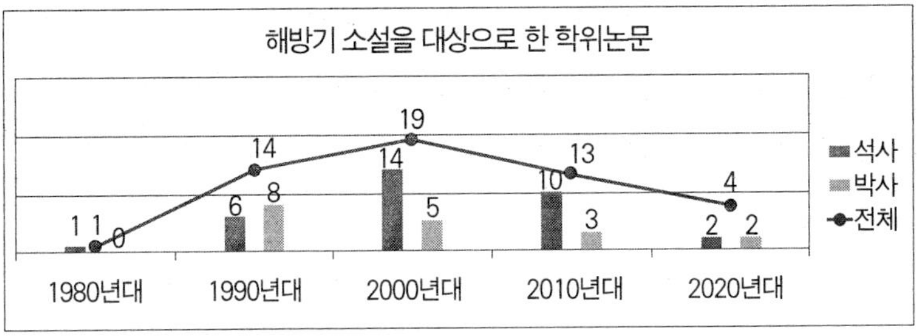

〈그림 1〉

〈그림1〉은 해방기 소설을 대상으로 한 학위논문 51건을 10년 단위로 구분해 정리한 것이다. 해방기 소설을 대상으로 한 학위논문을 보면 알 수 있듯이, 연구의 흐름과 관심사가 시대에 따라 점진적으로 변해왔다는 것을 알 수 있다. 해방기 소설을 대상으로 한 연구는 1980년대에는 거의 나타나지 않다가 90년대부터 본격적으로 등장했다. 그 이래로 해방기 연구는 꾸준히 연구자들에 의해 수행되어왔다. 이때의 연구는 주로 이태준과 같은 작가에 집중하였으며 리얼리즘의 성격이나 이념의 문제가 주요한 테마였다. 또한 다른 시기와 다르게 이 시기에는 박사논문이 석사논문보다 더 많이 제출되었다는 점이 특징적이다.

2000년대에는 1990년대보다 연구 숫자는 19건으로 많아졌으나 박사논문은 오히려 소폭 줄어들었다. 이 시기부터 귀환, 농민, 토지 등 사회사적 접근을 한 논문들이 등장했다. 한편 정진선(2004), 김지혜(2007)와 같은 페미니즘, 여성에 대한 관점으로 연구된 논문들과 황종민(2009), 차희정(2009)과 같은 탈식민주의 관점에서 연구된 논문들도 제출되었다.

2010년대에는 2000년대보다 총 연구의 숫자가 줄어들었다. 페미니즘과 관련된 연구는 류진희(2015), 임미진(2017) 두 건으로 이전 시기에 나타난 관심을 꾸준히 유지했다. 탈식민주의적 관점에서 해방기를 재해석한 연구도 배하은(2012), 류진희(2015), 송상덕(2016) 3건으로 늘어났다. 2010년대는 전반적으로 2000년대의 연구되기 시작한 다양한 관점의 관심들을 유지하거나 확장하면서 해방기에 대한 연구가 진행된 시기라고 할 수 있다.

2020년대는 아직 연구가 진행 중인 시기이지만, 2025년 현재까지 확인되는 해방기 소설을 대상으로 한 학위논문은 총 4편이며, 이 가운데 박사논문은 2편이다. 매우 적은 숫자처럼 보일 수 있지만, 2010년대 박사논문이 3편이었다는 것을 생각한다면, 아직 연구가 진행 중인 2020년대에 박사논문 2편이 이미 제출되었다는 것은 결코 적은 것이라고 할 수 없을 것이다.

해방기 소설을 대상으로한 학위논문을 살펴봤을 때, 지금까지의 해방기 소설 연구는 전체적으로 이념중심의 해석에서 시작해, 그런 관심을 어느 정도 유지한 채, 거기에 다양한 관점을 더해 가면서 해방기를 해석하려는 연구들이 진행되어 왔음을 알 수 있다.

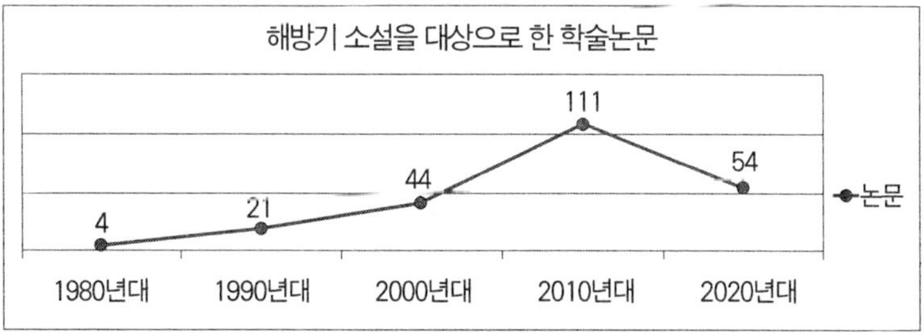

〈그림 2〉

〈그림2〉는 해방기 소설을 대상으로 한 학술논문 235건을 10년 단위로 나눠 구분한 것을 그래프로 나타낸 것이다.

1980년대는 해방기 소설을 다룬 5편의 논문이 확인되는데, 이 논문들은 모두 1988년과 1989년에 연구된 것이다. 1980년대에는 해방기 소설에 대한 연구가 본격화되지 않았던 시기였으며 1980년대 말에 가서야 조금씩 해방기 소설에 대한 연구가 나타나기 시작한 것이다. 1980년대 말부터 1990년대 초반 연구는 주로 농민소설, 노동소설에 관심을 보였다.

1990년대부터 해방기 소설에 대한 논문들이 본격적으로 제출되기 시작했다. 이 시기에는 김동리, 안회남, 채만식 등 작가에 대한 연구들이 있긴 했지만, 특정 작가에 대한 연구보다는 주로 귀환 · 귀로에 대한 연구와 자기비판 · 고백에 대한 연구처럼 특정 주제에 대한 연구가 더욱 두드러졌다. 한편 1980년대 말부터 연구됐던 노동소설(신형기, 1989)은 이 시기에서도 꾸준한 관심을 받고 연구의 대상이 되었다.

2000년대에는 1980년대말부터 1990년대까지 이어졌던 노동소설에 대한 관심이 사라졌지만 자기비판 소설, 귀환 · 귀향 소설에 대한 연구는 지속되었다. 김동리, 채만식, 김말봉, 황순원 등 작가를 대상으로 한 논문들도 많아졌는데, 그 중에서도 특히 염상섭에 대한 연구가 5건으로 제일 많았다. 한편 2000년대부터 이전에 없었던 여성, 젠더, 페미니즘적 관점으로 해방기 소설을 재해석하려던 시도들이 조금씩 나타나기 시작했다.

해방기 소설을 대상으로 한 학술논문은 2000년대 44건에서 2010년대 111건으로 폭발적으로 늘어났다. 이러한 연구의 양적 증가는 단순히 그 숫자만 늘어났다는 것에 그치지 않고 연구 주제와 관점의 다양화를 가져온 질적 전환이었다. 2010년대에는 다양한 작가들에 대한 연구가 이루어진 시기였다. 염상섭, 채만식, 김동리 등 기존에 연구되었던 작가들이 여전히 중심에 있었지만 이전 시기에 주목받지 못했던 홍구범(이도연, 2011), 장덕조(차희정, 2012) 이선희(류진희, 2013), 현경준(차희정,

2015) 같은 작가들도 새롭게 주목받기 시작했다.

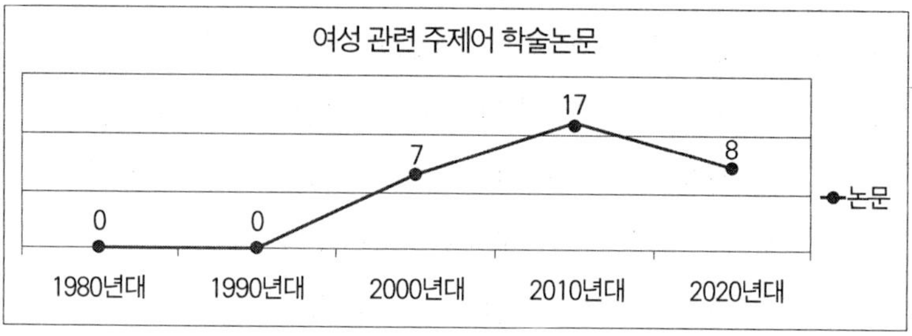

〈그림 3〉

한편 이 시기에 여성, 페미니즘 관점의 연구가 두드러진다. 여성, 페미니즘적 관점의 연구는 1980년대, 1990년대에는 나타나지 않다가 2000년대 들어 등장하기 시작했다. 이후 2000년대 7건이던 여성, 페미니즘 관련 연구는 2010년대 17건으로 2배 이상 증가했다. 2000년대부터 처음 주목받기 시작했던 김말봉에 대한 관심은 2010년대도 계속 이어졌으며 2010년대 들어 연구되기 시작한 손소희 등 다른 여성 작가들에 대한 관심도 나타나기 시작했다. 해방기 소설에 대한 여성, 페미니즘적 재해석이 2010년대에 이렇게 많이 시도된 것은 1980년대부터 쌓이던 여성문학의 결과인 동시에, 2010년대 한국사회에 대중적 관심사가 되었던 페미니즘의 영향이 있을 것으로 생각된다.[3] 2025년 현재 시점에서 여성과 관련된 해방기 소설 연구는 계속 이어지고 있다. 2010년대 조명받았던 김말봉 손소희는 2020년대에도 꾸준히 주목받고 있으며 이 시기에는 그동안

3) 허윤, 「여성문학사라는 역설: 강신재 소설을 통해 살펴본 여성문학 연구의 패러다임」, 『민족문학사연구』 72, 민족문학사연구소, 2020.

주목받지 못했던 강신재에 대한 연구가 시작됐다.[4)]

2020년대 해방기 소설 연구에서는 이전 시기 진행되었던 연구의 관심사를 꾸준히 이어갔다. 여전히 염상섭과 채만식이 주요 연구 대상으로 많이 다뤄졌으며 2020년대에는 그 이전 시기 꾸준히 연구되어 오던 김동리에 대한 연구는 2020년대 들어 거의 확인되지 않았다.

2020년대 해방기 소설을 다룬 연구는 주제면에서도 2010년대의 관심이 지속되었다. 귀환이나 냉전과 같은 주제부터 여성, 젠더, 퀴어와 같은 주제까지 다양하게 다루어지며 2010년대에 연구되었던 주제들에 대한 관심이 꾸준히 이어졌다. 결국 2020년대의 해방기 소설에 대한 연구에서는 2010년대에서 이루어졌던 연구 성과들을 지속 · 확장시키고 있음을 알 수 있다.

지금까지 봤던 2020년대 해방기 소설을 대상으로 한 연구는 54건으로 2010년대에 비해 다소 연구가 적긴 하지만, 2025년 현재도 연구가 진행 중이라는 것을 생각하면 역시, 적다고만 할 수는 없다.

1980년대부터 2020년대까지 해방기 소설을 다룬 연구에서 다루어진 작가들의 빈도를 정리해서 학위논문에서 다루어진 작가 빈도를 〈표1〉로, 학술논문에서 다루어진 작가에 대한 빈도를 〈표2〉로 정리했다. 학위논문에서는 염상섭이 5건으로 제일 많았고 그 뒤를 이어 채만식 4건, 이태준이 2건이었다.

학술논문에서는 염상섭을 다룬 연구가 31건으로 가장 많았고, 채만식 20건, 김동리 9건이었다. 염상섭과 채만식은 해방기 소설이 연구되던 초기부터 2020년대까지 그 시각을 확장해가며 다양하게 연구되었다. 김동

---

4) 표2 참조.

리의 경우 2010년대까지 지속적인 연구의 대상이었지만 2020년대에는 해당 연구가 확인되지 않았다. 그 다음으로 김말봉 8건, 이태준, 최정희가 7건이었다. 김말봉과 최정희는 모두 젠더적 관점에서 주로 연구되었다. 김말봉은 주로 공창폐지 운동과 관련되어 연구가 이루어졌다.

이기영, 정비석, 황순원, 김남천, 허준에 대한 연구는 각각 6건이 확인되었고 김동인, 박태원과 이광수가 각각 5건이었다. 이기영은 북한문학과 토지개혁, 박태원은 역사소설, 허준은 해방기 귀환 서사와 관련해 주로 연구가 이루어진 것으로 보인다.

지금까지 해방기 소설을 대상으로 한 학위논문과 학술논문을 간략하게 살펴봤다. 해방기 소설에 대한 연구는 1980년대 말부터 지금까지 꾸준히 이어져 왔으며 그 연구의 경향은 시대에 따라 점진적으로 확장되어 왔다. 1980년대말부터 1990년대 초반 농민, 노동소설에 관심을 두던 연구 경향은 1990년대 들어 이념과 귀환, 자기비판 같은 주제로 확장되었다. 이후 2000년대에는 이전 시기의 관심을 유지하면서도 페미니즘, 탈식민주의 등 다양한 시각을 더해 해방기 소설을 재해석하려는 경향을 보였다. 2010년대에는 이런 연구 경향을 이어받으면서 연구의 양적 · 질적 증가를 이루어냈다. 특히 이 시기 여성이나 페미니즘 관련된 주제, 여성 작가에 대한 관심이 두드러졌는데, 이는 사회적으로 페미니즘이 대중적 관심의 대상이 된 것과 무관하지 않을 것으로 보여진다. 2020년대에 들어서도 연구경향이 그 이전 시기와 크게 달라지지 않았다. 여전히 염상섭과 채만식 등 주요 작가들에 대한 관심이 지속되고 있으며 김말봉과 손소희 등의 여성 작가에 대한 연구도 계속 이루어지고 있다.

2025년 현재, 아직도 2020년대는 끝나지 않고 해방기 소설에 대한 연구는 지속되고 있으므로, 현재 제출된 연구들의 숫자만 가지고 2010년대와 비교하기에는 무리가 있다. 연구의 숫자가 아니라 그 추세를 생각한다면, 2020년대 연구는 2010년대 연구와 비슷한 숫자일지 모른다. 그렇다면 2010년대 해방기 소설에 대한 폭발적인 연구의 증가는 한번 왔다가 지나가는 유행이 아니라 해방기 소설이 지속적인 것으로 자리를 잡았다는 하나의 증거일 수 있다. 그것이 바로 지금 해방기 소설에 대한 연구를 돌아보아야 하는 이유다. 즉, 해방기 소설의 연구사를 훑어보는 일은 이제 완전히 자리 잡은 해방기 소설 연구의 방향과 확장 가능성을 모색하기 위한 하나의 과정이다.

〈표 1〉 해방기 소설을 대상으로 한 학위논문에서 다룬 작가 연대별 빈도

작가	1980	1990	2000	2010	2020	총계
김만선				1		1
박영준					1	1
염상섭			3	1	1	5
이광수					1	1
이북명			1			1
이태준		2				2
정비석					1	1
채만식		1	1	2		4
황순원			1			1

〈표2〉 해방기 소설을 대상으로 한 학술논문에서 다룬 작가 연대별 빈도

작가	1980	1990	2000	2010	2020	총계
강신재					1	1
강용흘				1		1
김광주			1	2		3

작가	1980	1990	2000	2010	2020	총계
김남천			1	4	1	6
김동리		1	3	5		9
김동인				3	2	5
김말봉			2	3	3	8
김석범				1		1
김영석		1				1
김영수		1				1
박계주				3		3
박영준				1		1
박태원			1	3	1	5
설정식				4		4
손소희				3	2	5
안회남		1	1	1		3
엄흥섭			1	2	0	3
염상섭	1		5	15	10	31
이광수				2	3	5
이기영				3	3	6
이봉구				1		1
이선희				2		2
이종수			1			1
이태준				3	4	7
임옥인					1	1
전재경			1			1
전홍준		1				1
정비석				6		6
주요섭					1	1
지하련				1		1

작가	1980	1990	2000	2010	2020	총계
채만식		1	5	10	4	20
최명익				1	1	2
최병화				1		1
최정희			2	2	3	7
한설야				3	1	4
한흑구				1		1
허 준		1		3	2	6
현경준				1		1
현기영				1		1
홍구범				1		1
황순원		1	1	3	1	6

부록

해방기 소설을 연구 대상으로 한 주요 학술논문 및 학위논문 목록

정리: 김한진

〈학술논문〉

1. 沈錦愛,「現代小說에 나타난 對美意識 硏究」,『畿甸語文學』 3, 수원대학교 국어국문학회, 1988.
2. 신형기,「해방기 문학 연구: 노동소설 연구」,『현대문학의 연구』 2, 한국문학연구학회, 1989.
3. 정호웅,「해방공간의 소설과 지식인」,『韓國學報』 15-1, 일지사, 1989.
4. 조정래,「해방기 문학 연구: 농민소설 연구」,『현대문학의 연구』 2, 한국문학연구학회, 1989.
5. 신형기,「해방기 노동소설의 긍정적 주인공-김영석론-」,『論文集』 12-3, 慶星大學校, 1991.
6. 최갑진,「해방기 노동소설 연구」,『동남어문논집』 1, 동남어문학회, 1991.
7. 윤홍로,「해방기 한국 소설 연구」,『동양학』 23, 단국대학교 동양학연구원, 1993.
8. 김태운,「해방기 귀환소설 연구」,『어문연구』 25, 어문연구학회, 1994.
9. 오양호,「해방기 동포의 궁핍과 사상의 갈등: 해방기문학에 나타난 '서울'

의 두 문제」, 『현대소설연구』 1, 한국현대소설학회, 1994.
10. 전흥남, 「해방기 귀환형소설 연구」, 『한국언어문학』 32, 한국언어문학회, 1994.
11. 박종홍, 「김동리 소설 연구 : 해방기 작품을 대상으로」, 『국어국문학』 115, 국어국문학회, 1995.
12. 尹政憲, 「解放期 安懷南 小說 硏究」, 『어문학』 56, 韓國語文學會, 1995.
13. 이동길, 「해방기의 황순원 소설 연구」, 『어문학』 56, 韓國語文學會, 1995.
14. 이미향, 「김영수의 해방기 소설 연구-혈맥, 행렬, 황혼」, 『원우논총』 13, 숙명여자대학교, 1995.
15. 이병순, 「해방기 자기비판소설 연구」, 『국어국문학』 113, 국어국문학회, 1995.
16. 이은자, 「해방기 진보적 리얼리즘 작가의 虛와 實: 안회남론」, 『국어국문학』 115, 국어국문학회, 1995.
17. 최강민, 「해방기에 나타난 허준의 변모 양상」, 『우리문학연구』 10, 우리문학회, 1995.
18. 조회경, 「김동리 소설 연구: 해방기의 몇 작품을 중심으로」, 『人文科學論叢』 1, 聖潔大學校 人文科學硏究所, 1996.
19. 노상래, 「해방기 자기고백 소설 연구」, 『한민족어문학』 32, 한민족어문학회, 1997.
20. 임희종, 「해방기 귀로형 소설 연구」, 『현대문학이론연구』 7, 현대문학이론학회, 1997.
21. 전흥남, 「해방기 노동소설 일고」, 『한국언어문학』 39, 한국언어문학회, 1997.
22. 전흥남, 「해방기(解放期) 전홍준(全洪俊)의 소설 일고(一考)」, 『현대문학이론연구』, 7, 현대문학이론학회, 1997.
23. 조남현, 「1948년과 염상섭의 이념적 정향」, 『한국현대문학연구』 6, 한국현대문학회, 1998.

24. 박종수, 유임하, 「죄인 의식과 분담 멘탈리티의 서사화: 채만식의 「민족의 죄인」과 「낙조」의 경우」, 『용인대학교 논문집』 17, 龍仁大學校, 1999.
25. 유임하, 「해방기 남북한소설의 토지개혁 형상화 문제」, 『동악어문학』 35, 동악어문학회, 1999.
26. 이병순, 「해방기 북한 소설 연구」, 『통일논총』 17, 숙명여자대학교 통일문제연구소, 1999.
27. 서재원, 「김동리 소설의 서서구조 연구: 해방기를 중심으로」, 『어문논집』 42-1, 안암어문학회, 2000.
28. 하정일, 김재용, 「해방기 남북한 소설과 근대성」, 『한국언어문학』 45, 한국언어문학회, 2000.
29. 이영미, 「해방기 농민소설의 형식적 고찰」, 『한국언어문화』 19, 한국언어문화학회, 2001.
30. 송기섭, 「단절과 신생(新生)을 위한 비판들 - 채만식의 해방기 소설들」, 『한국문학이론과 비평)』 14, 한국문학이론과비평학회, 2002.
31. 신희교, 「해방기 채만식의 자기비판소설에 나타난 서술 수준-「민족의 죄인」을 대상으로」, 『한국문학이론과 비평)』 14, 한국문학이론과비평학회, 2002.
32. 강경화, 「해방기 김동리 문학에 나타난 정치성 연구」, 『현대소설연구』 18, 한국현대소설학회, 2003.
33. 이영미, 「해방기 북한 정치체제 선전매체 문학 연구」, 『현대소설연구』 19, 한국현대소설학회, 2003.
34. 정양, 「해방기 한국소설의 신탁통치 수용 양상」, 『한국문학이론과 비평)』 20, 한국문학이론과비평학회, 2003.
35. 강경화, 「해방기 우익소설의 미학과 정치 체제」, 『현대문학이론연구』 22, 현대문학이론학회, 2004.
36. 김동석, 「채만식 소설의 내적 원리 연구 - 해방기를 중심으로」, 『민족문화연구』 41, 고려대학교 민족문화연구원, 2004.

37. 이영미, 「해방기 문학과 지성인으로서 문학인」, 『현대소설연구』 22, 한국현대소설학회, 2004.
38. 정호웅, 「김남천의 해방후 문학세계」, 『인문과학』 12, 홍익대학교인문학연구소, 2004.
39. 김동석, 「해방기 진보적 리얼리즘론에 대한 일고-1930년대 후반 리얼리즘론과의 관련성을 중심으로」, 『한국근대문학연구』 6-1, 한국근대문학회, 2005.
40. 이병순, 「현실추수와 낭만적 서정의 세계: 해방기 최정희 소설 연구」, 『현대소설연구』 26, 한국현대소설학회, 2005.
41. 이영미, 「해방공간의 김광주 소설에 나타난 섹슈얼리티 연구」, 『한국문학이론과 비평』 28, 한국문학이론과비평학회, 2005.
42. 조남현, 「해방(解放) 직후(直後)의 '역사(歷史)' 표제(標題) 소설(小說) 연구」, 『어문연구』 33-4, 한국어문교육연구회 2005.
43. 김영택, 최종순, 「해방기 안회남 소설의 리얼리즘 특성 연구」, 『비평문학』 24, 한국비평문학회, 2006.
44. 김화선, 「채만식의 어문의식과 해방기 1인칭 소설의 서사전략」, 『한국문학이론과 비평)』 31, 한국문학이론과 비평학회, 2006.
45. 유임하, 「'순수'의 이데올로기적 기반: 해방기 김동리의 순수문학론과 그의 소설에 나타난 좌익 인물의 이미지」, 『우리말 글』 38, 우리말글학회, 2006.
46. 정종현, 「해방기 소설에 나타난 귀환의 민족서사 - 지리적 귀환을 중심으로」, 『비교문학』 40, 한국비교문학회, 2006.
47. 조명기, 이재봉, 「엄흥섭 단편소설에 나타난 지식인의 소멸 양상 연구 - 일제 말, 해방기 작품을 중심으로」, 『한국문학논총』 43, 한국문학회, 2006.
48. 차희정, 「해방기 재중 조선인 소설 연구」, 『국제학술대회』 16, 韓中人文學會, 2006.

48. 최미진, 「광복 후 공창폐지운동과 김말봉 소설의 대중성」, 『현대소설연구』 32, 한국현대소설학회, 2006.
50. 김문정, 「해방기 북한 단편 소설에 투영된 소련 이미지 연구」, 『비교문학』 42, 한국비교문학회, 2007.
51. 오태영, 「민족적 제의로서의 '귀환': 해방기 귀환서사 연구」, 『한국문학연구』 32, 동국대학교 한국문학연구소, 2007.
52. 전흥남, 소형수, 「해방기 황순원 소설의 현실 대응력 -『별과 같이 살다』를 중심으로 」, 『영주어문』 14, 영주어문학회, 2007.
53. 조형래, 「『효풍』과 소설의 경찰적 기능 -염상섭의 『효풍』 연구」, 『사이』 3, 국제한국문학문화학회, 2007.
54. 차희정, 「해방기 『연변일보』 소재 재중 조선인 소설 연구」, 『한중인문학연구』 20, 한중인문학회, 2007.
55. 최진옥, 「해방 직후 염상섭 소설에 나타난 민족의식 고찰」, 『한국현대문학연구』 23, 한국현대문학회, 2007.
56. 박배식, 「해방기 박태원의 역사소설」, 『동북아 문화연구』 1-17, 동북아시아문화학회, 2008.
57. 이혜령, 「'해방기' 식민기억의 한 양상과 젠더」, 『여성문학연구』 19, 한국여성문학학회, 2008.
58. 정종현, 「미국 헤게모니하 한국문화 재편의 젠더 정치학 : 1940~1950년대 정비석 대중소설을 중심으로」, 『한국문학연구』 35, 동국대학교 한국문학연구소, 2008.
59. 최계화, 「기대와 좌절의 역정(歷程) -해방기 귀향소설에 대한 고찰」, 『한국문화기술』 6, 단국대학교 한국문화기술연구소, 2008.
60. 최지현, 「해방기 공창폐지운동과 여성 연대 연구 - 김말봉의 『화려한 지옥』을 중심으로」, 『여성문학연구』 19, 한국여성문학학회, 2008.
61. 최지현, 「해방기 '조선어'와 민족의 기억 = 전재경의 「최후의 교실」과 이종수의 「거리」를 중심으로」, 『동악어문학』 50, 동악어문학회, 2008.

62. 김정숙,「최정희의 해방기 소설과『녹색의 문』에 나타난 현실 인식의 변화」,『비평문학』34, 한국비평문학회, 2009.
63. 류진희,「염상섭의「해방의 아들」과 해방기 민족서사의 젠더」,『상허학보』27, 상허학회, 2009.
64. 박상준,「〈민족의 죄인〉과 고백의 전략: 해방기 채만식 소설세계와 관련하여」,『한국현대문학연구』27, 한국현대문학회, 2009.
65. 안미영,「염상섭의 해방직후 소설에서 '민족'을 자각하는 방식과 계기」,『한국언어문학』68, 한국어문학회, 2009.
66. 이종호,「해방기 이동의 정치학: 염상섭의 단편소설을 중심으로,『한국문학연구』36, 동국대학교 한국문학연구소, 2009.
67. 전홍남,「해방기 소설의 정신사적 의미」,『비평문학 31, 한국비평문학회, 2009, 25-51
68. 차희정,「해방기 소설에 나타난 이주 행위: 김송의 작품을 중심으로」,『현대소설연구』42, 한국현대소설학회, 2009.
69. 천정환,「해방기 거리의 정치와 표상의 생산」,『상허학보』26, 상허학회 2009.
70. 최정아,「해방기 귀환소설 연구 -귀환 의례의 메커니즘과 귀환자의 윤리를 중심으로」,『우리어문연구』33, 우리어문학회, 2009.
71. 김종수,「해방기 탐정소설 연구」,『동양학』, 48, 단국대학교 동양학연구원, 2010, 89-104
72. 배개화,「이태준: 해방기 중간파 문학자의 초상」,『한국현대문학연구』32, 한국현대문학회, 2010.
73. 손미란,「전환기로서의 해방기 문학 연구 - 김남천의 신문연재장편소설『1945년 8、15』를 중심으로」,『인문연구』58, 영남대학교 인문과학연구소, 2010.
74. 오양진,「서술과 인간상 -채만식의「맹순사」와 염상섭의「두 파산」을 중심으로」,『어문논집』61, 민족어문학회, 2010.

75. 김민선, 「해방기 자전적 소설의 고백과 주체 재생의 플롯 - 채만식 「민족의 죄인」, 이기영 「형관」 연구」, 『우리어문연구』 40, 우리어문학회, 2011.
76. 김익균, 「해방기 사회의 타자와 동아시아의 얼굴 - 해방기 소설에 표상된 상해에서 온 이주자」, 『한국학연구』 38, 고려대학교세종캠퍼스 한국학연구소, 2011.
77. 김주리, 「해방기의 변화와 여성 교양인의 운명 -김남천의 연작소설 〈사랑의 수족관〉과 〈1945년 8.15〉에 대하여-」, 『여성문학연구』 25, 한국여성문학학회, 2011.
78. 남원진, 「한설야의 〈모자〉와 해방기 소련에 대한 인식 연구」, 『현대소설연구』 47, 한국현대소설학회, 2011.
79. 손혜민, 「단정 수립 이후 '전향'과 문학자의 주체구성-박영준의 해방기 작품을 중심으로」, 『사이』 11, 국제한국문학문화학회.
80. 이도연, 「홍구범 단편 연구 : 해방전후사의 인식과 관련하여」, 『비평문학』 41, 한국비평문학회, 2011.
81. 이양숙, 「해방기 여성과 정치: 헌신과 속죄를 통한 정치적 재생: 『1945년 8.15』와 『동방의 애인』을 중심으로」, 『어문연구』 39-3, 한국어문교육연구회, 2011.
82. 이정숙, 「해방기 소설에 나타난 귀환의 양상 고찰」, 『현대소설연구』 48, 한국현대소설학회, 2011.
83. 최병우, 「해방직후 한국소설에 나타난 귀환과 정주의 선택과 그 의미: 만주 지역에서의 귀환과 정주를 다룬 소설을 중심으로」, 『한국현대소설연구』 46, 한국현대소설학회, 2011.
84. 김문수, 「해방기 소설에 나타난 전향 모티프와 그 논리」, 『우리말 글』 56, 우리말글학회, 2012.
85. 김현주, 「해방기 환멸의 정조와 상상적 탈주 : 정비석의 해방기 소설을 중심으로」, 『비평문학』 44, 韓國批評文學會, 2012.

86. 남원진, 「한설야의 문제작 「개선」과 김일성의 형상화에 대한 연구」, 『비평문학』 44, 韓國批評文學會, 2012.
87. 남원진, 「한설야의 문제작 「혈로」의 개작 양상 연구」, 『한국현대문학연구』 37, 한국현대문학회, 2012.
88. 류진희, 「해방기 펄 벅 수용과 남한여성의 입지」, 『여성문학연구』 28, 한국여성문학학회, 2012.
89. 송효정, 「해방기 감성 정치와 폭력 재현 - 해방기 단편소설에 나타난 공간 미디어와 백색테러」, 『한국문학이론과 비평)』 57, 한국문학이론과비평학회, 2012.
90. 유승환, 「해방기 박태원 역사서사의 의미」, 『구보학보』 8, 구보학회, 2012.
91. 이민영, 「해방기의 자기 고백과 식민 사회의 기억 -이태준의 「해방전후」와, 채만식의 「민족의 죄인」을 중심으로」, 『우리어문연구』 42, 우리어문학회, 2012.
92. 이민영, 「해방기 소설에 나타난 '국가-집' 표상 연구 = 김동리, 김동인, 엄흥섭의 소설을 중심으로」, 『현대소설연구』 49, 한국현대소설학회, 2012.
93. 이혜령, 「사상지리의 형성으로서의 냉전과 검열-해방기 염상섭의 이동과 문학을 중심으로」, 『상허학보』 34, 상허학회, 2012.
94. 임옥규, 김정수, 「해방기 북한 문학예술의 강령과 창작의 실제 -서사문학과 공연예술을 중심으로」, 『우리어문연구』 42, 우리어문학회, 2012.
95. 전지니, 「8 · 15 해방과 '노라' 이야기 - 최의순의 「노랭이집」, 정비석의 「안해의 항의문」을 중심으로」, 『한국문학이론과 비평)』 55, 한국문학이론과비평학회, 2012.
96. 차희정, 「해방기 장덕조 소설에 나타난 여성성의 위장과 전유 -잡지 게재 소설을 중심으로」, 『한중인문학연구』 35, 한중인문학회, 2012.
97. 김주현, 「해방기 김동리 소설에 나타난 현실 인식의 변화 고찰」, 『한국현

대문학연구』 40, 한국현대문학회, 2013.
98. 김휘열, 「비정치적 주체의 정치적 상상」, 『우리문학연구』 40, 우리문학회, 2013, 459-494
99. 류동규, 「채만식의 해방기 역사소설과 식민지 전사(前史)의 재현」, 『어문론총)』 59, 한국문학언어학회, 2013.
100. 류진희, 「월북 여성작가 지하련과 이선희의 해방직후 - 소설 「창」, 「도정」을 중심으로」, 『상허학보』 38, 상허학회, 2013.
101. 박용재, 「속물들의 향연, 해방기 소설의 문화소비 = 손소희 「투전」을 중심으로」, 『동악어문학』 60, 동악어문학회, 2013.
102. 서철원, 「해방기 단편소설에 나타난 미국 대중문화 양상 연구」, 『국어문학』 55, 국어문학회, 2013.
103. 손유경, 「해방기 진보의 개념과 감각 - 지하련을 중심으로」, 『현대문학의 연구』 49, 한국문학연구학회, 2013.
104. 송명진, 「해방기 귀환의 허구성과 계급적 치유 = 안회남의 해방기 소설을 중심으로」, 『어문학』 119, 한국어문학회, 2013.
105. 안서현, 「'曉風'이 불지 않는 곳 : 염상섭의 『無風帶』 연구」, 『한국현대문학연구』 39, 한국현대문학회, 2013.
106. 이행선, 「해방공간 '미국 대리자'의 출현, 조선의 미국화와 책임정치」, 『한국문학연구』 45, 동국대학교 한국문학연구소, 2013.
107. 임미진, 「해방기 여성의 생활과 섹슈얼리티의 정치학: 1945-1950년 소설을 중심으로 -」, 『개신어문연구』 37, 개신어문학회, 2013.
108. 임정연, 「청춘의 표상과 감성의 정치 - 해방기 이봉구 소설을 중심으로」, 『한국문학이론과 비평)』 61, 한국문학이론과비평학회, 2013.
109. 강정구, 김종회, 「해방기 소설의 민족주의 과잉 양상 고찰 = 일본인 소재의 소설을 중심으로」, 『어문학』 123, 한국어문학회, 2014.
110. 권은, 「해제: 박태원의 해방기 정치의식과 동시대 은유로서의 역사소설」, 『구보학보』 11, 구보학회, 2014.

111. 김한식, 「해방기 황순원 소설 재론」, 『우리문학연구』 44, 우리문학회, 2014.
112. 류경동, 「염상섭의 『효풍』에 나타난 상품세계의 변동과 갈등 양상 연구」, 『현대문학이론연구』 59, 현대문학이론학회, 2014.
113. 박필현, 「조선문학가동맹의 창작 방법론 연구 - 1946년판 『조선소설집』을 중심으로- 」, 『한민족어문학』 67, 한민족어문학회, 2014.
114. 배상미, 「성노동자에 대한 낙인을 통해 본 해방기 성노동자 재교육운동의 한계: 김말봉의 ≪화려한 지옥≫, 박계주의 ≪진리의 밤≫을 중심으로」, 『현대소설연구』 55, 한국현대소설학회, 2014.
115. 임미진, 「해방기 아메리카니즘의 전면화와 여성의 주체화 방식: 김말봉의 『화려한 지옥』과 박계주의 『진리의 밤』을 중심으로」, 『한국근대문학연구』 15-1, 한국근대문학회, 2014.
116. 전성규, 「해방의 우울과 퇴폐, 거세된 남성성 사이의 "명랑": 정비석의 『장미의 계절』과 『도회의 정열』을 중심으로」, 『대동문화연구』 85, 대동문화연구원, 2014.
117. 정선혜, 「해방기 소년소설에 나타난 아동상 탐색 = 아동잡지에 게재된 소년소설을 중심으로」, 『한국아동문학연구』 26, 한국아동문학학회, 2014.
118. 차희정, 「바깥의 경험과 역동하는 공동체 = 해방기 소설에 나타난 이주민 갈등과 통합의 한 양상」, 『현대소설연구』 56, 한국현대소설학회, 2014.
119. 홍성식, 「해방기 인민항쟁과 창작실천의 문제」, 『한국문예비평연구』 45, 한국현대문예비평학회, 2014.
120. 김영경, 「해방기 염상섭의 정치 · 경제의식과 서사의 비균질성 = 염상섭의 『효풍』론」, 『우리말 글』 67, 우리말글학회, 2015.
121. 김종욱, 「해방기 국민국가 수립과 염상섭 소설의 정치성 = 『효풍』을 중심으로」, 『외국문학연구』 60, 한국외국어대학교 외국문학연구소, 2015.

122. 김주리, 「월경(越境)과 반경(半徑)」, 『한국근대문학연구』, 16-1, 한국근대문학회, 2015.
123. 박필현, 「조선문학가동맹의 『토지』 연구 -좌우익 갈등기, 문학적 대응 양상을 중심으로」, 『현대문학이론연구』 61, 현대문학이론학회, 2015.
124. 방민호, 「해방 후의 이광수와 장편소설 『사랑의 동명왕』」, 『춘원연구학보』 8, 춘원연구학회, 2015.
125. 서승희, 「설정식과 아메리카 - 해방기 설정식 소설의 전개 양상과 의미」, 『상허학보』 44, 상허학회, 2015.
126. 서승희, 「해방과 전쟁 사이, 박계주 소설에 나타난 현실 비판의 함의들」, 『현대소설연구』 60, 한국현대소설학회, 2015.
127. 이동순, 「해방기 문단과 지역의 문학담론 지형 -『예술문화』를 중심으로-」, 『현대문학이론연구』 60, 현대문학이론학회, 2015.
128. 이민영, 「해방기 소설과 수난의 서사」, 『한국현대문학연구』 45, 한국현대문학회, 2015.
129. 전소영, 「월남 작가의 정체성, 그 존재태로서의 전유」, 『한국근대문학연구』 16-2, 한국근대문학회, 2015.
130. 정호웅, 「해방 후의 이광수 문학」, 『춘원연구학보』 8, 춘원연구학회, 2015.
131. 진선영, 「해방기 세태소설의 한 양상 : 김말봉의 『가인의 시장』을 중심으로」, 『한국문화연구』 29, 이화여자대학교 한국문화연구원, 2015.
132. 차희정, 「해방의 선택과 소설의 선택 - 해방기 현경준 소설 「불사조」의 현실 인식 」, 『국제어문』 66, 국제어문학회, 2015.
133. 최강미, 「'교양'되는 북조선 - 1940년대 후반 북한소설 「개벽」, 「로동일가」, 「소낙비」에 투영된 근대성 이미지를 중심으로」, 『상허학보』 44, 상허학회, 2015.
134. 최미선, 「해방기 장편 아동서사의 현실인식 연구」, 『한국아동문학연구』 29, 한국아동문학학회, 2015.

135. 허윤, 「해방기 김동리 소설의 남성성 연구」, 『한국현대문학회 학술발표회자료집』 2015-2, 한국현대문학회, 2015.
136. 김동현, 「공간 인식의 로컬리티와 서사적 재현양상 -『화산도』와 『지상에 숟가락 하나』를 중심으로-」, 『한민족문화연구』 53, 한민족문화학회, 2016.
137. 김홍식, 「해방기 이기영 소설의 재정립 양상 연구」, 『한국현대문학연구』 50, 한국현대문학회, 2016.
138. 박필현, 「국가주의적 젠더정치, 모성의 호명과 주체화의 욕망 - 해방기 장덕조 소설을 중심으로」, 『구보학보』 15, 구보학회, 2016.
139. 송상덕 , 「누구를 위한 탈식민인가 -해방기 채만식 소설의 탈신민성 연구」, 『민족문학사연구』 60, 민족문학사학회 · 민족문학사연구소, 2016.
140. 신미삼, 「해방기 이석훈 연구」, 『인문연구』, 77, 영남대학교 인문과학연구소, 2016.
141. 신샛별, 「염상섭 『효풍(曉風)』에 나타난 해방기 도덕지층 연구」, 『동악어문학』 68, 동악어문학회, 2016.
142. 오태영, 「해방기 젠더 정치와 맨스플레인 = 정비석, 김동리, 염상섭 장편소설을 중심으로」, 『현대소설연구』 63, 한국현대소설학회, 2016.
143. 오태영, 「해방기 민족문학이라는 이념과 인민대중의 호명— 김송의 문학 활동을 중심으로」, 『인문논총』 73, 서울대학교 인문학연구원, 2016.
144. 이민영, 「발화하는 여성들과 국민 되기의 서사」, 『한국근대문학연구』 17-1, 한국근대문학회, 2016.
145. 임희현, 「'나'의 재사유와 새로운 공동체의 감각 - 해방기 허준 소설 연구」, 『한국학연구』 41, 인하대학교 한국학연구소, 2016.
146. 최희진, 「해방기 설정식의 이념적 정체성 확립 과정 연구」, 『한국현대문학연구』 48, 한국현대문학회, 2016.
147. 강경화, 「해방기 소설에 나타난 성매매 여성의 재현 양상과 갱생의 의미」, 『국어문학』 66, 국어문학회, 2017.

148. 강정구, 「해방기에 나타난 문학적인 순수 관념의 다층성 - 황순원의 경우」, 『한국문예비평연구』 56, 한국현대문예비평학회, 2017.
149. 김영애, 「해방기 해적판 소설의 유형과 위상」, 『우리어문연구』 59, 우리어문학회, 2017.
150. 남지현, 「정비석 소설 『故苑(고원)』의 해방기 텍스트적 양상 연구」, 『현대소설연구』 65, 한국현대소설학회, 2017.
151. 박수빈, 「해방기 염상섭의 시대감각 연구- 해방기 염상섭 단편소설을 중심으로」, 『돈암어문학』 32, 돈암어문학회, 2017.
152. 서승희, 「해방기 문학과 '신생활' 담론의 역학」, 『한국문학이론과 비평』 76, 한국문학이론과비평학회, 2017.
153. 신승희, 「해방기를 보는 두 개의 문학적 시선 혹은 인식: 채만식의 「미스터 방」 · 염상섭의 「양과자갑」에 대한 인물분석」, 『아시아문화연구』 44, 가천대학교 아시아문화연구소, 2017.
154. 신승희, 「태평양전쟁과 해방기 한국소설」, 『한일군사문화연구』 23, 한일군사문화학회, 2017.
155. 심지섭, 「최병화의 해방기 장편 소년소설 연구—해방기 도시 · 농촌의 지역성 인식을 중심으로」, 『아동청소년문학연구』 21, 한국아동청소년문학학회, 2017.
156. 이민영, 「해방기 이광수와 '친일'의 기표」, 『현대소설연구』 68, 한국현대소설학회, 2017.
157. 임미진, 「해방기 김남천 文學의 革命的 世界觀과 創造的 實踐의 問題 - 「1945년 8 · 15」와 「十月」을 중심으로 -」, 『어문연구』 45-3, 한국어문교육연구회, 2017.
158. 임세화, 「모리배의 탄생 : 해방기 소설에 나타난 '빈자(貧者)'의 도덕과 '경제적 인간'의 정치학」, 『상허학보』 50, 상허학회, 2017.
159. 장세진, 「재현의 사각지대 혹은 해방기 '중간파'의 행방 : 염상섭의 글쓰기를 중심으로」, 『상허학보』 51, 상허학회, 2017.

160. 진선영, 「해방기 귀환 사회와 그 적들 – 김광주 '귀환 3부작'을 중심으로」, 『한중인문학회 국제학술대회』 2017-11, 한중인문학회, 2017.
161. 강정구, 「해방기의 김동인 문학에 나타난 민족 표상」, 『한국문예비평연구』 59, 한국현대문예비평학회, 2018.
162. 김영신, 「해방기 한국 픽션에 나타난 언어접촉과 통역사 정체성 연구」, 『통역과 번역』 20-2, 한국통역번역학회, 2018.
163. 김효주, 「해방기 최명익 소설의 지속과 전환, 소통과 거리두기- 을 중심으로」, 『한국문학논총』 80, 한국문학회, 2018.
164. 김효주, 「해방기 이선희 소설 에 나타난 토지개혁 이데올로기와 서사전략」, 『현대문학이론연구』 72, 현대문학이론학회, 2018.
165. 서승희, 「손소희와 해방- 해방기 여성 귀환자의 소설 쓰기와 민족 담론」, 『구보학보』 19, 구보학회, 2018.
166. 진선영, 「해방기 김광주 '귀환 삼부작' 소설 연구」, 『한중인문학연구』 58, 한중인문학회, 2018.
167. 황지선, 「해방기 장소의 형성과 감정 동학의 지형」, 『춘원연구학보』 13, 춘원연구학회, 2018.
168. 서경석, 「이념 선택과 궁핍한 주체로의 길-허준의 「잔등」론-」, 『동아시아 문화연구』 77, 한양대학교 동아시아문화연구소 2019.
169. 박성태, 「해방 이후 염상섭 소설의 중도적 정치성 연구」, 『구보학보』 23, 구보학회, 2019.
170. 박수빈, 「해방기 채만식 문학의 자기풍자와 시대감각 연구」, 『현대소설연구』 75, 한국현대소설학회, 2019.
171. 왕한, 「해방기 귀환소설 「별을 헨다」의 현실성과 초월성」, 『춘원연구학보』 14, 춘원연구학회, 2019.
172. 유승환, 「해방기 박태원과 「소년삼국지」」, 『구보학보』 21, 구보학회, 2019.
173. 유예현, 「『효풍(曉風)』과 해방기 민주주의들의 풍경 – 염상섭의 『효풍』

연구」,『현대소설연구』75, 한국현대소설학회, 2019.
174. 이미나,「동아시아 냉전 질서 형성과 해방 직후 '공간' 연구 -채만식의「역로」와 허준의「잔등」을 중심으로」,『구보학보』22, 구보학회, 2019.
175. 이승윤,「엄흥섭 소설의 변모양상과 해방기 귀환서사 연구: -「귀환일기」와「발전」을 중심으로」,『현대문학의 연구』68, 한국문학연구학회, 2019.
176. 이혜진,「해방정국 청년세대의 연대와 적대의 아포리아 -김동리의『해방』을 중심으로-」,『우리문학연구』62, 우리문학회, 2019.
177. 임추락,「손소희의 만주서사와 그 의미 - 해방기 소설을 중심으로 -」,『한국학연구』54, 인하대학교 한국학연구소, 2019.
178. 정영진,「설정식의 낭만주의 기획과 인민주권의 상상」,『한국문학연구』60, 동국대학교 한국문학연구소, 2019.
179. 정호웅,「해방 후 소설과 '소년의 행로'」,『구보학보』, 22, 구보학회, 2019.
180. 조윤정,「1946년 10월 항쟁과 해방기의 소설」,『구보학보』21, 구보학회, 2019.
181. 차희정,「해방기 소설에 나타난 귀환과 월남 이주민의 '서울' 형성과 그 인식」,『춘원연구학보』14, 춘원연구학회, 2019.
182. 박인성,「채만식 해방기 소설의 아나크로니즘 연구」,『현대소설연구』79, 한국현대소설학회, 2020.
183. 배상미,「헤게모니적 남성성을 넘어서려는 연합적 정치들: 해방기 최정희 소설을 중심으로」,『여성문학연구』49, 한국여성문학학회, 2020.
184. 오창은,「해방기 채만식, 일상의 표층과 친일 반성의 심층 -「민족의 죄인」다시 읽기-」,『국제어문』87, 국제어문학회(구 국제어문학연구회), 2020.
185. 오태호,「해방기 북한 문예지에 게재된 대표 단편소설 연구 - 인물 형상화의 경직성과 유연성을 중심으로」,『현대소설연구』80, 한국현대소

설학회, 2020.
186. 차희정, 「해방기 소설 속 장애인의 현실 인식」, 『현대소설연구』 77, 한국현대소설학회, 2020.
187. 최강미, 「웃음 웃는 지도자 - 해방 직후 북한소설의 '김일성' 형상」, 『상허학보』, 59, 상허학회, 2020.
188. 최애순, 「1945년 해방기부터 1950년대 전쟁기까지 방인근의 탐정소설 - 범인 설정 구도를 중심으로」, 『현대소설연구』 78, 한국현대소설학회, 2020.
189. 하신애, 「해방기 역사서사의 탈/식민성과 신생(新生) 아시아의 상상-김동인을 중심으로-」, 『동아시아 문화연구』 81, 한양대학교 동아시아 문화연구소 2020.
190. 황지선, 「해방기 채만식 소설의 감정 지향 양상 연구」, 『이화어문논집』 51, 이화어문학회, 2020.
191. 김명석, 「해방기 아동 잡지 『주간 소학생』과 박태원 역사소설 「이순신 장군」」, 『구보학보』 28, 구보학회, 2021.
192. 류진희, 「해방기 감정의 전환과 젠더 동학 : 여성작가의 소설을 중심으로」, 『구보학보』, 28, 구보학회, 2021.
193. 박성태, 「단정 수립 이후 염상섭 문학의 중도적 정치성 연구 - 민족통합과 친일파 청산 문제를 중심으로」, 『현대소설연구』 83, 한국현대소설학회, 2021.
194. 이인표, 「『땅』(이기영)의 멜로드라마적인 특성 연구」, 『현대문학의 연구』 75, 한국문학연구학회, 2021.
195. 임미진, 「해방기 신문연재 장편소설 연구」, 『현대소설연구』 84, 한국현대소설학회, 2021.
196. 임세화, 「포스트식민의 '언어경제'와 도덕 - 해방기 염상섭의 소설 『효풍』을 중심으로」, 『한국학연구』 79, 고려대학교 한국학연구소, 2021.
197. 장영은, 「가면을 쓴 작가들 : 정지용과 이태준의 고백」, 『구보학보』 28,

구보학회 2021.

198. 조영란, 「귀환민들의 '국민-되기' 열망과 괴리로서의 귀환서사 –해방기 '귀환서사'를 중심으로-」, 『우리문학연구』 69, 우리문학회, 2021.
199. 하신애, 「전염병과 재난 대응의 모빌리티 -해방기 북한소설에 나타난 콜레라 방역을 중심으로-, 『국제어문』 90, 국제어문학회, 2021.
200. 김세정, 「해방과 망명의 여정과 말년의 양식」, 『픽션과논픽션』 4-1, 픽션과논픽션학회, 2022.
201. 김영경, 「해방기 소년소설의 이데올로기와 '통합'을 위한 장르적 기획 -염상섭의 『채석장의 소년』을 중심으로-」, 『우리말 글』 93, 우리말글학회, 2022.
202. 김예람, 「解放期 廉想涉과 少年 – 채석장의 소년을 중심으로 – 」, 『어문연구』, 50-3, 한국어문교육연구회, 2022.
203. 김현정, 「〈잔등〉의 서술 전략 연구」, 『현대문학의 연구』 78, 한국문학연구학회, 2022.
204. 김희경, 「'소년'의 발견과 전시되는 '국민-되기'의 서사」, 『인문논총』 79-1, 서울대학교 인문학연구원, 2022.
205. 박수정, 「기성세대의 논리와 동원된 청년들- 해방기 김동인 소설의 세대론을 중심으로 -」, 『한국민족문화』 83, 부산대학교 한국민족문화연구소, 2022.
206. 박인성 , 「해방기 소설에 재현된 중립적 아나크로니즘 연구 - 염상섭의 『효풍』과 이태준의 『해방전후』를 중심으로」, 『현대문학이론연구』 91, 현대문학이론학회, 2022.
207. 임세화, 「해방기 북한 토지개혁 소설의 욕망과 농민해방 - 토지개혁 초기 소설들에 기입된 서사적 공백을 중심으로」, 『한국문예비평연구』 74, 한국현대문예비평학회, 2022.
208. 진선영, 「해방기 '여성' 세태소설의 한 양상」, 『이화어문논집』 56, 이화어문학회, 2022.

209. 최강미, 「해방기 북한(이북) 소설과 토지개혁 - '민족'과 지주 형상을 중심으로」, 『상허학보』 65, 상허학회, 2022.
210. 허경아, 「'귀환'과 '정착' 사이에서 - 해방기 소설 속 전재민 서사를 둘러싼 역학 -」, 『국제어문』 94, 국제어문학회, 2022.
211. 김영경, 「해방기 김송 소설과 동질적 시간성의 감각」, 『구보학보』 33, 구보학회, 2023.
212. 남은혜, 「해방기 전후의 박화성 문학 활동 연구」, 『여성문학연구』 58, 한국여성문학학회, 2023.
213. 박정순, 「텍스트의 무의식과 젠더적 욕망 - 『효풍』에 나타난 부자관계 모티프를 중심으로」, 『현대소설연구』 91, 한국현대소설학회, 2023.
214. 송효정, 「교란의 알레고리, 브로커 - 식민-해방기 염상섭 소설에 나타난 '중개자' 인물형 연구 -」, 『한국문예비평연구』 80, 한국현대문예비평학회, 2023.
215. 엄학준, 「염상섭의 『효풍』에 나타난 해방기 노동 인식 연구 - 애국과 노동 개념의 연동성을 중심으로 -」, 『한성어문학』 50, 한성어문학회, 2023.
216. 오태영, 「두 개의 밀항, 해방과 전쟁 사이의 월경-황순원, 손소희, 박해준 소설의 밀항자 표상을 중심으로」, 『구보학보』 33, 구보학회, 2023.
217. 오태영, 「해방기 한반도의 경계 재편과 국가 상상: 채만식의 소설을 중심으로」, 『한국문학연구』 73, 동국대학교 한국문학연구소, 2023.
218. 임미진, 「해방기 삽화의 풍경 — 신문연재 장편소설을 중심으로 —」, 『국어문학』 83, 국어문학회, 2023.
219. 조은정, 「해방 후 '전향' 선언의 문학적 형상화-이무영의 '전향성명서'와 「산정삽화」를 중심으로'전향성명서'와 〈산정삽화〉를 중심으로」, 『이상리뷰』 19, 이상문학회, 2023.
220. 차진화, 「최정희의 해방기 소설에 나타난 '독립/해방'의 의미」, 『현대소설연구』 91, 한국현대소설학회, 2023.

221. PIAO HONGMEI, 「해방/전쟁기 소설에서 재현된 여성 청년상 —김말봉의 『화려한 지옥』과 『별들의 고향』을 중심으로」, 『한국현대문학연구』 73, 한국현대문학회, 2024.
222. 김병길, 「주요섭 작 「KIM YUSIN」과 『The Forest of White Cock』 연구」, 『한국문학연구』, 75, 동국대학교 한국문학연구소, 2024.
223. 김소영, 「4 · 3을 둘러싼 '기억의 정치'와 문학적 재현의 새로운 모색 - 민주화 이행기 4 · 3소설에 나타난 항쟁 담론 양상 분석을 중심으로」, 『한국문학논총』, 96, 한국문학회, 2024.
224. 민선혜, 「김말봉의 『별들의 고향』에 나타난 공창폐지운동과 이념의 분열」, 『여성문학연구』 63, 한국여성문학학회, 2024.
225. 윤국희, 「해방기 김말봉의 종교활동과 공동체 재현 양상- 『카인의 시장』(1947-8)과 『꽃과뱀』(1949)을 중심으로」, 『한국문학논총』 98, 한국문학회, 2024.
226. 하신애, 「해방기 귀환 서사에 재현된 난민/신체의 모빌리티」, 『한국근대문학연구』 25-1, 한국근대문학회, 2024.
227. 권보드래, 「반역자의 초상: 해방기의 '친일파' 표상과 '친일' 문제 변천에 대한 소고」, 『상허학보』 75, 상허학회 2025.
228. 김소영, 「염상섭의 「이합」 · 「재회」 연작에 나타난 해방기 젠더정치와 출몰하는 여성 주체」, 『영주어문』 60, 영주어문학회, 2025.
229. 서세린, 「이광수 소설 『꿈』의 출판 구조와 윤리적 균열」, 『시민인문학』 49, 경기대학교 인문학연구소, 2025.
230. 이민영, 「해방기 이광수 문학과 계몽주의적 감정의 정치성」, 『춘원연구학보』 30, 춘원연구학회, 2025.
231. 장동숙, 「해방기 장덕조 소설의 발화 욕망과 뒤집힌 주체」, 『한국현대문학연구』 75, 한국현대문학회, 2025.
232. 허선애, 「문학이라는 외피, 공정함이라는 심연 -해방기 이광수의 자기서술 양상을 중심으로」, 『춘원연구학보』 30, 춘원연구학회, 2025.

233. 안서현, 「『주간서울』 수록 소설의 현실 인식과 정치성」, 『구보학보』 40, 구보학회, 2025.
234. 유상희, 「강신재 해방기 소설에 나타난 '분노'의 목소리와 여성 창작자의 딜레마」, 『구보학보』 40, 구보학회, 2025.
235. 정하늬, 「해방기 김남천 문학의 연속성-『대하(大河)』, 『동맥(動脈)』, 「삼일운동(三一運動)」을 중심으로」, 『어문론총』 103, 한국어문학회, 2025.

〈학위논문〉

1. 박재섭, 『해방기 소설 연구 : 등장인물군을 중심으로』, 서강대학교 석사논문, 1986.
2. 이재봉, 『해방기 이태준 소설 연구 : '해방전후' 및 '농토'를 중심으로』, 부산대학교 석사논문, 1990.
3. 김양선, 『解放期 小說의 構造 硏究 : 對立과 變成의 構造를 中心으로』, 서강대학교 석사논문, 1991.
4. 진영복, 『해방기 리얼리즘 소설 연구』, 연세대학교 석사논문, 1992.
5. 정호웅, 『해방 공간의 자기비판소설 연구』, 서울대학교 박사논문, 1993.
6. 송기섭, 『解放期 리얼리즘小說 硏究』, 충남대학교 박사논문, 1994.
7. 이광주, 『채만식 소설연구 : 해방기 소설을 중심으로』, 경원대학교 석사논문, 1994.
8. 안한상, 『解放期 小說의 現實認識과 形象化 硏究』, 서울시립대학교 박사논문, 1995.
9. 이병순, 『해방기 소설의 이념지향성 연구』, 숙명여자대학교 박사논문, 1995.

10. 전흥남, 『解放期小說의 精神史的 硏究』, 전북대학교 박사논문, 1995.
11. 최정주, 『해방기의 이태준소설 연구』, 전주우석대학교 박사논문, 1995.
12. 김일수, 『解放期小說의 自己批判性 硏究』, 단국대학교 박사논문, 1996.
13. 박은태, 『해방기 장편소설의 시간구조와 세계관 연구』, 부산대학교 석사논문, 1996.
14. 김현종, 『해방기의 북한소설 연구』, 충남대학교 박사논문, 1997.
15. 이상재, 『해방기 지식인소설 연구』, 홍익대학교 석사논문, 1999.
16. 김경원, 『1945-1950년 한국소설의 담론 양상 연구』, 서울대학교 박사논문, 2000.
17. 이영미, 『解放期 農民小說의 分析的 硏究』, 한양대학교 박사논문, 2000.
18. 김진민, 『해방기 이북명(李北鳴) 소설 연구』, 경상대학교 석사논문, 2000.
19. 박정우, 『염상섭 해방기 소설 연구 : 현실인식의 반영양상과 변모과정』, 중앙대학교 석사논문, 2000.
20. 김형규, 『해방기 장편소설의 현실인식 연구』, 아주대학교 석사논문, 2001.
21. 박혜영, 『채만식의 해방기 소설 연구』, 목포대학교 석사논문, 2002.
22. 장진선, 『염상섭 『효풍』의 여성인물에 관한 연구 : 제3세계 페미니즘적 관점을 중심으로』, 전남대학교 석사논문, 2004.
23. 최미임, 『해방문단의 농민소설 연구, 홍익대학교 석사논문, 2004.
24. 김동석, 『해방기 소설의 비판적 언술 연구』, 고려대학교 박사논문, 2005.
25. 허정희, 『해방직후 농민소설 연구』, 한남대학교 석사논문, 2005.
26. 김재필, 『해방기 장편소설 연구 : 현실인식 및 정치적 전망을 中心으로』, 서강대학교 석사논문, 2006.
27. 김지혜, 『해방기 소설에 나타난 여성 연구』, 동국대학교 석사논문, 2007.
28. 소형수, 『황순원의 해방기 소설 연구』, 전북대학교 석사논문, 2007.
29. 정재석, 『해방기 귀환 서사 연구』, 연세대학교 석사논문, 2007.

30. 조병도, 『廉想涉 建國期(1945~1950) 小說의 이데올로기 硏究』, 한국외국어대학교 박사논문, 2007.
31. 이민영, 『해방기 귀환 소설의 경계인식 연구』, 서울대학교 석사논문, 2008.
32. 권동우, 『해방기 소설에 나타난 토지 문제 인식 연구』, 영남대학교 석사논문, 2008.
33. 차희정, 『해방기 소설의 탈식민성 연구 : 잡지 게재 소설을 중심으로』, 아주대학교 박사논문, 2009.
34. 황종민, 『해방기 소설에 나타난 미국 표상 연구』, 서울대학교 석사논문, 2009.
35. 이미연, 『해방기 소설에 나타난 친일문제 대응 양상 연구』, 세종대학교 석사논문, 2011.
36. 신화경, 『해방기 소설의 일본인상 연구』, 인제대학교 석사논문, 2011.
37. 배하은, 『해방기 염상섭 소설의 탈식민적 현실인식 연구』, 서울대학교 석사논문, 2012.
38. 박지현, 『해방기 김만선 소설 연구』, 가톨릭대학교 석사논문, 2012.
39. 임세화, 『해방기 소설에 나타난 '적산'에 관한 연구』, 동국대학교 석사논문, 2012.
40. 허도연, 『채만식의 해방기 소설 연구』, 충남대학교 석사논문, 2012.
41. 허선애, 『해방기 자전적 소설의 서술적 정체성 연구』, 서울대학교 석사논문, 2013.
42. 김선욱, 『해방기 지식인소설에 나타난 현실인식 연구』, 한성대학교 석사논문, 2013.
43. 이민영, 『1945-1953년 한국소설과 민족담론의 탈식민성 연구』, 서울대학교 박사논문, 2015.
44. 류진희, 『해방기 탈식민 주체의 젠더전략 : 여성서사의 창출을 중심으로』, 성균관대학교 박사논문, 2015.

45. 조강희, 『해방기 38선 서사 연구』, 연세대학교 석사논문, 2015.
46. 송상덕, 『해방기 채만식 소설의 탈식민성 연구』, 숭실대학교 석사논문, 2016.
47. 임미진, 『1945-1953년 한국 소설의 젠더적 현실 인식 연구』, 서울대학교 박사논문, 2017.
48. 황혜순, 『이광수의 중편소설 〈꿈〉 연구』, 인제대학교 석사논문, 2022.
49. 김윤진, 『해방기 문학과 어문 공동체의 구상』, 서울대학교 박사논문, 2024.
50. 강아람, 『해방기 중간파 소설의 알레고리적 역사성 연구 : 염상섭, 박영준, 정비석을 중심으로』, 이화여자대학교 박사논문, 2025.
51. 이명준, 『해방기 소설에 나타난 '몫'과 분배의 정치 연구』, 단국대학교 석사논문, 2025.

작품 · 작가별 해방기 단편소설의 주요 키워드

정리: 이명준

강형구

- 「연락원」(1947): 철도, 파업, 통신국, 테러
- 「탈피」(1947): 농민, 비료, 배급, 조합, 강연

강신재

- 「분노」(1949): 분노, 돌봄, 아프레걸, 침묵
- 「얼굴」(1949): 가부장, 현모양처, 순결, 변태적 생활
- 「정순이」(1949): 가부장, 삼각관계, 연애 편지, 침묵
- 「성근네」(1950): 삼팔선, 월경, 이북거래, 우승컵
- 「백조의 호수」(1950): 〈백조의 호수〉, 무용, 발레, 동정, 자선
- 「병아리」(1950): 에고이스트, 병아리, 잡용, 화가
- 「안개」(1950): 등단, 안개, 여류작가, 우열한 삐에로

계용묵

- 「별을 헨다」(1946): 주거, 월경, 귀환민, 집, 생존

김동리

- 「혈거부족」(1947): 방공굴, 주거, 신탁통치, 독립, 입법기관

김만선

- 「압록강」(1946): 만주, 귀환 서사, 전재민, 벌, 혼혈아
- 「귀국자」(1949): 일본언, 만주, 귀환민, 죄책감, 정열

김말봉

- 「성좌(星座)는 부른다」(1949): 전차, 스리, 돈암동, 편지
- 「낙엽(落葉)과 함께」(1949): 국경, 삼팔선, 징병, 통일, 이데올로기

김명선

- 「초료」(1948): 가난, 전쟁, 이데올로기, 자기 증명

김송

- 「무기없는 민족」(1946): 징병, 신탁통치, 한글 강습, 일본어, 영어

김영석

- 「지하로 뚫린 길」(1946): 공습, 지하도, 징용, 보국대

김영수

- 「황혼」(1947): 창씨개명, 항복, 해방, 적산 공장

김현구

- 「산풍」(1947): 농민, 공출, 봉기, 순사, 10월 항쟁

박노갑

- 「역사」(1946): 농민, 야학, 공출, 학병, 창씨개명, 친일 잔재 청산

박승극

- 「길」(1947): 귀향, 반공 테러, 인민 항쟁, 민족반역자, 미소공동위원회

박찬모

- 「어머니」(1947): 공출, 농민, 조합, 농민 봉기

박화성

- 「봄안개」(1948): 방직공장, 철공소, 우산, 물난리, 봄비, 작달비
- 「광풍(狂風) 속에서」(1948): 헌법, 국회, 법률, 〈인형의 집〉, 자살
- 「진달래처럼」(1950): 진달래, 교사, 하숙, 정열, 〈골짜기의 백합〉

백두성

- 「땅」(1946): 땅, 소작농, 군정청, 한일합방, 국유화

손소희

- 「맥(貘)에의 결별(訣別)」(1946): 만주, 상해, 이주민, 전재민, 귀환, 복수
- 「도피(逃避)」(1946): 만척 회사, 만주, 〈좁은 문〉, 전재민, 귀환
- 「가두에 서는 날」(1947): 젠더, 여성, 가부장, 전재민, 봇짐장사
- 「그 전날」(1947): 스파이, 심문, 공습, 방공호, 자살, 해방
- 「탁류기」(1947): 삼팔선, 월남, 시장, 해방, 봇짐장사
- 「회심」(1948): 팔자, 땅, 월남, 삯짐, 널판집, 종로, 진고개
- 「현해탄」(1948): 밀항, 현해탄, 일본, 동경, 남대문, 종로
- 「역류」(1949): 해방, 불온 서적, 대학, 삼팔선, 월남
- 「리라기」(1949): 만주, 여학원, 교사, 일기

- 「한계」(1949): 신경, 만주, 조선인 정착소, 귀국
- 「흉몽」(1949): 흉몽, 꿈 팔기, 여순 사건, 주검
- 「지류」(1949): 출세, 친일파, 광맥, 탄광, 해방
- 「삼대의 곡(曲)」)(1949): 삼일절, 간도, 부녀동맹, 이데올로기
- 「속리라기」(1949): 여학원, 일기, 편지, 교사
- 「고갯길」(1950): 돈, 고개, '스리', 사기
- 「투전」(1950): 투전, 돈, 금전 출납부, 낭비, 「여성의 반격」
- 「야미장ㅅ에서」(1950): 봇짐장사, 해방, 장터, 엠피(MP)

안동수

- 「아름다운 아침」(1946): 좌익, 사회주의. 혁명투사, 해방, 출옥
- 「그 전날 밤」(1946): 혁명 투사, 해방, 사상범, 출옥

안수길

- 「여수」(1949): 귀환민, 귀환 서사, 여로형 소설, 만주체험

안회남

- 「농민의 비애」(1948): 농민, 소작농, 야학, 식량 배급, 공출, 징용, 동학농민 운동

엄흥섭

- 「귀환일기」(1946): 현해탄, 귀환 서사, 전재민, 정체성

염상섭

- 「해방의 아들」(1946): 정체성, 민족, 언어, 피난민, 태극기
- 「그 초기」(1948): 구명운동, 시위, 『신시대』, 출판사업
- 「양과자갑」(1949): 영어, 번역, 미군정, 적산 가옥

오소백

• 「삼팔선 조난기」(1947): 삼팔선, 조난, 월경, 고향

오영수

• 「고무신」(1949): 귀환동포, 고무신, 엿장수

윤금숙

• 「명동주변」(1949): 명동, 댄스홀, 백화점, 룸바, 직업여성, 사교계
• 「얼굴」(1949): 전재민, 학대, 그리움, 불행
• 「파탄」(1949): 전재민, 집, 만주, 여배우, 이중생활, 이혼
• 「불행한 사람들」(1950): 불행, 식모, 서대문, 이혼, 향수
• 「춘수」(1950): 번뇌, 슬픔, 부산, 남산동, 외도
• 「들국화」(1951) : 죽음, 수유리, 무덤, 순환

이규원

• 「해방공장」(1948): 복수, 적산 공장관리운동, 종업원대회, 노동자

이근영

• 「탁류 속을 가는 박교수」(1948): 탁류, 청류, 이데올로기, 미군정

이금남

• 「이향」(1946): 만주, 신경, 공습, 귀환 서사, 여로형 소설

이무영

• 「굉장소전」(1946): 풍자소설, 기회주의, 권력욕

이봉구

- 「모사」(1947): 목격, 증언, 찻집, 동맹, 이데올로기
- 「명동 엘레지」(1950): 명동, 상해, 다방, 서정, 신문사, 배우

이선희

- 「창」(1948): 교사, 명성학원, 북해도, 징용, 토지 개혁, 정치독본, 해방

임옥인

- 「풍선기」(1947): 전재민, 합숙소, 병실, 건강, 사랑
- 「떠나는 날」(1947): 금지된 사랑, 이별
- 「이슬과 같이」(1947): 여아 살해, 순결, 모성, 생명, 월남
- 「약속」(1947): 배급, 광목, 전재민, 가난
- 「팔월」(1948): 기독교, 부정, 순결, 해방, 가출
- 「오빠」(1949): 장애, 좌익, 월남
- 「나그네」(1948): 통행금지, 월북, 전재민, 집, 전차, 여관
- 「십릿길」(1949): 철교, 장마당, 죽음, 고향 상실, 월남
- 「서울역」(1949): 서울역, 시계, 해방, 죽음, 방랑
- 「작약」(1949): 교사, 평론가, 폐병, 문학, 죽음, 작약
- 「무(無)에의 호소」(1949): 교육, 양육, 과부, 외도
- 「꽃과 오이와 딸기」(1949): 인쇄공장, 노동자, 굶주림, 슬픔
- 「여인행로」(1949): 사랑, 올드미스, 과부
- 「샘물」(1949): 샘물, 약수, 윗병, 대두병, 운명
- 「일주일간」(1950): 사랑, 이별, 외도, 오해, 편지
- 「젊은 아내들」(1950): 사랑, 기생, 연애결혼, 일부일처제, 외도
- 「낙과」(1950): 거울, 얼굴, 화장품, 자살, 인텔리 여성, 남장, 불온 사상, 복역

장덕조

- 「함성」(1947): 모성, 수탈, 정신대, 징용, 계급, 무산자, 함성, 민중, 가난
- 「창공」(1947): 사랑, 혁명, 삼일운동, 임시정부, 독립운동
- 「저회」(1949): 결벽, 불로소득, 노동, 혁명, 감옥, 양육, 현모양처, 가부장제
- 「곤비(困憊)」(1949): 홍역, 행상, 성경, 목사, 식모, 가난
- 「저돌(猪突)」(1949): 작가, 자유주의자, 불륜, 해방, 서울, 고향, 창작, 문단
- 「어떤 이혼소」(1949): 해방, 이혼, 법정, 소송, 신문 기사, 문학자
- 「삼십년」(1950): 미국, 전재민 수용소, 공덕동, 이혼, 방직 공장, 생활
- 「정(情)」(1950): 노름, 빚, 가난, 행상

전명선

- 「방아쇠」(1947): 기업정비령, 해방, 배급, 철도, 파업

전홍준

- 「준동」(1948): 대일 협력, 정체성, 누명, 인쇄공장
- 「큰 대문집의 역사」(1948): 제약회사, 주거, 모리배, 투전

조경희

- 「양(羊)」(1949): 수녀원, 성당, 기독교, 여학교, 양(羊)

지하련

- 「도정」(1946): 사회주의, 공산당, 전위정당, 계급 각성, 소시민

채만식

- 「맹순사」(1946): 풍자, 부정부패, 순사, 경찰, 청렴
- 「미스터방」(1946): 통역 정치, 영어, 미군정, 기회주의
- 「논이야기」(1949): 땅, 토지개혁, 농민, 소작농

최정희

- 「풍류잽히는 마을」(1947): 농민, 소작농, 지주, 독립, 해방
- 「점례」(1947): 소작농, 농민, 경작권, 고리대금, 삼분병작제, 혼인, 임시정부, 무당, 귀신
- 「청량리역 근처」(1947): 청량리, 열차, 숯, 〈금수의 강산〉
- 「벼개ㅅ모」(1947): 주일, 예배당, 베갯모
- 「우물 치는 풍경」(1948): 우물, 미사촌, 봉선화, 정자나무, 생존, 목숨
- 「하늘이 좋던 날」(1948): 하늘, 어둠, 아이, 역마살, 떠나고 싶은 여성, 낭만성
- 「봉수와 그 가족」(1949): 전염병, 배급, 과부, 토지 개량, 증용, 연민
- 「수탉」(1949): 수탉, 덩쿨, 구실, 꿈
- 「아기별」(1949): 아기별, 양공주, 적산, 가출 여성
- 「봄」(1950): 사춘기, 성적 호기심, 기숙사, 연애 감정
- 「봉황녀」(1950): 파랑새, 봉황, 역마살, 개화, 삼분병작제, 토지 개혁
- 「선을 보고」(1950): 금지된 사랑, 아버지 부재
- 「낙화」(1950): 꿈, 낙화, 사랑

최태응

- 「강변」(1946): 기회주의, 공출, 뇌물, 친일파, 월경

한무숙

- 「람프」(1949): 결혼, 질투, 분노, 여교원, 연애 편지, 람프(램프), 운명, 오배달
- 「내일 없는 사람들」(1949): 외로움, 노년, 종로
- 「수국」(19490): 이혼, 굴욕, 결혼 기념일, 수국
- 「삼층장」(1950): 대동아 전쟁, 애국 노파, 삼층장, 국채, 충설
- 「정의사」(1950): 위생, 약품, 불우한 천재, 가난, 불우한 가정환경, 열등감

- 「관상사 송명운」(1950): 신소설 문체, 아이러니, 관상, 얼굴
- 「화심이」(1950): '정상 가족', 열등감, 불우한 가정환경

허윤석

- 「해녀」(1950): 해녀, 여순 사건, 귀순, 해골부대

허준

- 「잔등」(1946): 전재민, 피난민, 여로형 소설, 귀환서사, 회령, 청진
- 「평대저울」(1948): 효자동, 원고료, 창작, 꽁트
- 「속 습작실에서」(1948): 내면 서사, 회상, 연민

홍구

- 「뒷골 방천 사람들」(1947): 민족 반역자, 모리배, 독립, 공산주의, 농민, 미곡수집령

황건

- 「산곡」(1948): 장진, 화전민, 인민위원회, 이주

황순원

- 「술이야기」(1947): 양조장, 패전(잔류) 일본인, 이데올로기, 적산 가옥
- 「아버지」(1947): 회상, 독립운동, 3 · 1운동, 대구 사건, 항쟁

참/고/문/헌

〈강신재 해방기 소설에 나타난 '분노'의 목소리와 여성 창작자의 딜레마〉

1. 기본 자료

- 강신재, 『강신재대표작전집』, 삼익출판사, 1974.
  ______, 『사랑의 아픔과 진실』, 육미사, 1966.
  ______, 『시간 속에 쌓는 꿈』, 혜화당, 1993.
  ______ 외, 『좋은 글, 잘된 문장은 이렇게 쓴다』, 문학사상사, 1993.
- 구명숙 외, 『해방기 여성 단편소설 Ⅰ』, 역락, 2011.
- 『조선일보』, 『동아일보』, 『경향신문』, 『문예』.

2. 단행본

- 권보드래 외, 『문학을 부수는 문학들』, 민음사, 2021.
  ______ 외, 『아프레걸 사상계를 읽다』, 동대 출판부, 2009.
- 권영민, 『한국현대문학사2』, 민음사, 2020.
  ______, 『해방직후의 민족문학운동연구』, 서울대학교출판부, 1986.
- 김동석, 『한국현대소설의 비판적 언술 양상』, 소명출판사, 2008.
  ______, 『1950년대 문학연구』, 예하, 1991.
- 손소희, 『한국문단인간사』, 행림출판사, 1980.
- 신형기, 『해방직후의 문학운동론』, 화다, 1988.
- 이임화, 『계집은 어떻게 여성이 되었나』, 서해문집, 2004.
- 임금복, 『현대여성소설의 페미니즘 정신사』, 새미, 2000.
- 장양수, 『한국예술가소설론고』, 한울, 1998.
- 한국문인협회, 『해방문학 20년』, 정음사, 1966.
- 황경, 『한국예술가소설의 지형』, 파란, 2019.
- 우에노 치즈코, 이승희 역, 『가부장제와 자본주의』, 녹두, 1994.

- 레베카 솔닛, 김명남 역, 『남자들은 자꾸 나를 가르치려든다』, 창비, 2014.
- 마리아 미즈, 최재인 역, 『가부장제와 자본주의』, 갈무리, 2014.
- 버지니아 헬드, 김희강, 나상원 역, 『돌봄:돌봄윤리』, 박영사, 2024,
- 실비아 페데리치, 황선원 역, 『혁명의 영점』, 갈무리, 2022.
- 캐롤 길리건, 김문주 역, 『담대한 목소리』, 생각정원, 2018.

  ________, 이경미 역, 『침묵에서 말하기로』, 심심, 2020

3. 논문

- 강유정, 「1950~60년대 강신재 소설의 여성 인물 연구」, 강남대 석사논문, 2017.
- 강지윤, 「원한과 내면-탈식민 주체와 젠더 역학의 불안들」, 『상허학보』50.
- 고재연, 「강신재 소설 연구- 초기 단편에 나타난 비극성을 중심으로」, 성균관대 석사논문, 2003.
- 권성우, 「풍속 · 욕망 · 성찰 」, 구명숙 외, 『해방기 여성 단편소설 II 』, 역락, 2011.
- 곽승숙, 「강신재 소설의 여성성 연구」, 『어문논집』 64, 민족어문학회, 2011.
- 권명아, 「제국의 판타지와 젠더 정치」,『역사적 파시즘』, 책세상, 2005.
- 권혜린, 「6.25서사에 나타난 여성 청년의 돌봄 정동 연구-강신재의 『청춘의 불문율』과 『임진강의 민들레』를 중심으로」, 『겨레어문학』 72, 겨레어문학회, 2024.
- 김경수, 「해방기 여성문학의 생생한 증언」, 구명숙 외, 『해방기 여성 단편소설 I 』, 역락, 2011.
- 김동리, 「소설천후」, 『문예』1, 문예사, 1949.
- 김미지, 「박태원 소설의 담론 구성방식과 수사학 연구」,서울대 박사논문, 2008.
- 김미현, 「강신재론-서정성, 여성성, 감각성」, 『페미니즘과 소설비평:현대

편』, 한길사, 1997.
______, 「강신재의 여성성장소설 연구」, 『국제어문』 28, 국제어문학회, 2003.
• 김복순, 「1950년대 여성소설의 전쟁인식과 '기억의 정치학'-강신재의 초기단편을 중심으로」, 『여성문학연구』10, 한국여성문학학회, 2003.
• 김상태, 「해방공간의 소설」, 김윤식 외,『한국현대문학사』, 현대문학, 2014.
• 김영옥, 「강신재 소설에 나타난 서정적 서술기법」, 『우리문학연구』 15, 우리문학회, 2002.
• 김윤식, 「6.25전쟁문학」, 『1950년대 문학연구』, 예하, 1991.
• 김은경, 「1950년대 여학교 교육을 통해 본 '현모양처'론의 특징」, 『한국가정과교육학회지』 19, 한국가정과교육학회, 2007.
• 김은정, 「일제의 한국 석탄산업 침탈 연구」, 이화여대 박사논문, 2007.
• 김은하, 「전후 국가 근대화와 "아프레 걸(전후 여성)" 표상의 의미」, 『여성문학연구』 16, 한국여성문학학회, 2006.
______, 「유미주의자들의 글쓰기와 여성 하위주체들의 욕망-강신재의 초기단편을 중심으로」, 『여성문학연구』 20, 한국여성문학학회, 2008.
______, 「1950년대와 나쁜 여자의 젠더 정치학:강신재의 초기 단편 소설을 중심으로」, 『여성문학연구』50, 한국여성문학학회, 2020.
______, 「한국 여성문학의 형성과 성장-해방과 전쟁을 중심으로」, 『개념과 소통』26. 한림과학원, 2020.
• 김윤식 외,『한국현대문학사』, 현대문학, 2014.
• 김정화, 「1950년대 강신재 소설에 나타난 여성성과 근대성의 관련 양상 고찰」, 선문대 석사논문, 2008.
• 김준현, 「전후문학 장의 형성과 문예지」, 고려대 석사논문, 2008.
• 나보령, 「강신재 문학 연구」, 서울대 석사논문, 2013.
• 박정애, 「'규수작가'의 타협과 배반-한무숙과 강신재의 50~60년대 작품을 중심으로」, 『어문학』 93, 한국어문학회, 2006.

- 배상미, 「미군과 친밀한 관계에 있는 여성들이 폭로하는 한국사회의 모순과 민족적 가부장의 폭력」, 『상허학보』 65, 상허학회, 2022.
- 백지연, 「강신재 소설의 지역성과 젠더 인식-『파도』를 중심으로-」, 『우리말글』 102, 우리말글학회, 2024.
- 백철, 「문화십년 문학 이제부터가 창조기-다난한 재건기를 회고」, 『경향신문』, 1955.8.16.
- 서재원, 「1950년대 강신재 소설의 여성 정체성 연구」, 『한국문학이론과 비평』 54, 한국문학이론과비평학회, 2012.
- 손유경, 「유년의 그로테스크-1950~60년대 강신재 단편소설의 한 원천」, 『국제한인문학연구』 39, 국제한인문학회, 2024.
- 이강은 · 이형숙, 「'예술가 소설'의 개념과 접근방법-문학과 인간의 해체를 넘어서」, 『러시아어문학연구논집』 8, 한국러시아문학회, 2000.
- 이다영, 「1950년대 강신재 소설 연구」, 연세대 석사논문, 1994.
- 이동현, 「1930~40년대 조선식산은행 광공업계열사의 식민수탈」, 국민대 석사논문, 2014.
- 이배용, 「미군정기, 여성생활의 변모와 여성의식, 1945~1948」, 『역사학보』 150, 역사학회, 1996.
- 이수미, 「강신재의 『회화』고찰-여성인물의 정체성을 중심으로」, 동국대 석사논문, 2007.
- 조연현, 「강신재단상-그의 제2창작집 「여정」을 중심으로」,『현대문학』6, 현대문학, 1960.
- 최미란, 「강신재의 초기 단편소설 연구-『희화』,『여정』을 중심으로」, 충남대 석사논문, 2008.
- 최선영, 「강신재 소설에 나타난 여성적 글쓰기 양상 연구」, 『한국문학과 예술』28, 숭실대 한국문학과예술연구소, 2018.
- 최수완, 「강신재 소설의 여성 섹슈얼리티 연구」, 이화여대 석사논문, 2006.

• 허수빈, 「강신재 소설의 여성 주체 형성-히스테리와 현실전복, 서랑 서사를 중심으로」, 성균관대 석사논문, 2021.

〈해방기 장덕조 소설의 발화 욕망과 뒤집힌 주체〉

1. 기본자료
• 구명숙 외, 『해방기 여성 단편소설 2』, 역락, 2011.
• 장덕조, 「함성」, (『백민』 3, 4호, 1947, 6~7)
______, 「창공」, (『문화』 1, 2호, 1947, 7)
______, 「저회」, (『연합신문』, 1949, 1, 30~2, 23)
______, 「곤비」, (『국도신문』, 1949, 8, 8~15)
______, 「저돌」, (『신천지』 4, 8호, 1949, 9)
______, 「어떤 이혼소」, (『주간서울』 52, 1949. 9)

2. 단행본
• 김경일, 『근대의 가족, 근대의 결혼』, 푸른역사, 2012.
• 양현아, 『한국 가족법 읽기-전통, 식민지성, 젠더의 교차로에서』, 창비, 2011.
• 이임하, 『해방공간, 일상을 바꾼 여성들의 역사』, 철수와영희, 2015.
• 이재선, 『한국현대소설사』, 홍성사, 1979.
• 이행미, 『요동치는 가족』, 파이돈, 2023.
• 채만식, 『채만식 전집』 10, 창작과 비평사, 1989.
• 로이스 타이슨, 윤동구 역, 『비평 이론의 모든 것』, 앨피, 2023.
• 엘리자베트 바댕테르, 심성은 역, 『만들어진 모성』, 동녘, 2009.
• 자크 랑시에르, 진태원 역, 『불화』, 길, 2015.
• 주디스 버틀러, 양효실 역, 『윤리적 폭력 비판-자기 자신을 설명하기』, 인

간사랑, 2013.

3. 논문

- 구재진, 「해방 직후 자기 비판 소설의 윤리성과 정치성」, 『비교문학』 47, 2009.
- 김동현, 「'국민'의 상상과 '비국민'의 기억 -장덕조의 일제말기 일본어 소설과 해방 이후 소설을 중심으 로」, 『순천향 인문과학논총』 31, 순천향대학교 인문학연구소, 2012.
- 김윤서, 「장덕조 소설의 '사랑의 서사' 연구-逆流속에서」, 『인문연구』 69, 영남대학교 인문과학연구소, 2013.

  ______, 「장덕조 소설에 내재한 '激浪'을 중심으로」, 『한민족어문학』 78, 한민족어문학회, 2017.

  ______, 「장덕조 소설의 젠더의식 연구-1950년대 연애소설을 중심으로」, 영남대학교 박사논문, 2017.

  ______, 「장덕조 소설에 내재한 '모성성' 고찰-『薔薇는 슬프다』를 중심으로」, 『우리말글』 79, 우리말글 학회, 2018.

  ______, 「장덕조 소설에 내재한 '섹슈얼리티의 다양성' 고찰-地下女子大學教를 중심으로」 『우리말글』 81, 우리말글학회, 2019.

  ______, 「장덕조 소설의 〈젠더의식〉 고찰」, 『리터러시』 10, 리터러시학회, 2019.

  ______, 「해방공간, 장덕조 소설의 젠더화된 인식 고찰-장편소설 『十字路』를 중심으로」, 『우리말글』 91, 우리말글학회, 2021.

  ______, 「1950년대 장덕조 소설에 내재된 여성 주체의 정념-『女人哀歌』를 중심으로」, 『인문연구』 102, 2023.
- 김진수, 이윤희, 「신문텍스트로 본 해방공간에서의 상황 인식 연구 -〈광주민보〉와 〈독립신문〉 화자의 어 휘선택을 중심으로」, 『인문학연구』 108, 충남대학교 인문과학 연구소, 2017.

- 남금희, 「1950년대 장덕조 신문소설 연구-『대구매일신문』을 중심으로」, 『현대소설연구』 20, 현대소설학회, 2003.
- 박윤아, 「장덕조 소설에 나타난 '문학소녀'와 '여류' - 「해바라기」(1937)와 「여류 예술가」(1940)를 중심으 로」, 『여성문학연구』 56, 한국여성문학학회, 2022.
- 박정애, 「총동원체제기 식민지 조선에서 정신대와 위안부 개념의 착종 연구: 정신대의 역사적 개념 변천 을 중심으로」, 『아시아여성연구』 59, 2020.
- 박필현, 「국가주의적 젠더정치, 모성의 호명과 주체화의 욕망-해방기 장덕조 소설을 중심으 로」, 『구보학보』 15, 구보학회, 2016.
- 배상미, 「제국과 식민지의 백화점과 여성노동자 -미야모토 유리코(宮本百合子)의 「다루마야 백화점(だるまや百貨店)」과 장덕조의 「저회(低徊)」를 중심으로」, 『비교문학』 68, 비교문학학회, 2016.
- 백 철, 「금년의 여류창작계」, 『여성』, 여성사, 1936.

  ______, 「10월 창작평-금일의 문학적 수준」, 『조선일보』, 1938. 10. 5.
- 소현숙, 「근대 전환기 동아시아에서 이혼법의 변화 - 한중일 비교」, 『역사와 담론』 94, 호서사학회, 2020.
- 신용하, 「일제하의 '토지조사 사업'에 대한 일고찰」, 윤병석 · 신용하 · 안병직 공편, 『한국근대사론 I 』, 지식산업사, 1990.
- 신정은, 「해방기 담론의 확장 연구:해방기 남 · 북한 여성잡지를 중심으로」, 『인문사회 21』 12, 2021.
- 이강언, 「장덕조의 생애와 문학」, 『나랏말쌈』 11, 대구대학교 국어교육과, 1996.
- 이강이, 최혜영, 「신문기사를 통해 본 이혼 양상에 대한 내용분석(1) - 1940~1990년대 조선, 동아일보를 중심으로」, 『HER(Human Ecology Research)』 43, 대한가정학회, 2005.
- 이인수, 「한국 가족문제의 유형과 특성-1940년-1980년대 신문기사를 중심으로」, 『가정과삶의질연구』 21, 가정과삶의질학회, 2003.

- 임경순, 「장덕조(張德祚) 장편소설 『십자로(十字路)』 연구」, 『우리말글』 83, 우리말글학회, 2019.
- 임세화, 「탈식민화와 소유 관념의 재현 - 해방기 문학의 언어, 경제, 도덕을 중심으로」, 동국대학교 박사 학위 논문, 2023.
- 장영은, 「근대 여성 지식인의 자기서사 연구」, 성균관대학교 박사학위 논문, 2017.
- 조 리, 「장덕조 소설 연구」, 전북대학교 박사논문, 2007.
- 진선영, 「부부 역할론과 신가정 윤리의 탄생-장덕조 초기단편소설을 중심으로」, 『여성문학연구』 28, 2012.

  ______, 「장덕조 신문 연재 장편 「은하수」 연구」, 『현대문학이론연구』 56, 현대문학이론학회, 2014.

  ______, 「1950년대 이후 장덕조 대중연애소설의 변화와 관습-『격랑』(1957)을 중심으로」, 『여성문학 연구』 47, 2019.

  ______, 『한국 베스트셀러 여성작가의 러브스토리 코드』, 이화여자대학교출판문화원, 2020.

  ______, 「여성역사소설과 장르믹스물의 기원 - 장덕조의 『벽오동 심은 뜻은』을 중심으로」, 『한중인문학 연구』 76, 한중인문학회, 2022.
- 차희정, 「해방기 장덕조 소설에 나타난 여성성의 위장과 전유 -잡지 게재 소설을 중심으로」, 『한중인문 학연구』 35, 한중인문학회, 2012.
- 채만식, 「장덕조 여사의 진경」, 『조광』, 1939, 3.
- 최미진, 「1950년대 장덕조의 라디오소설 연구 - 〈장미는 슬프다〉를 중심으로」, 『대중서사연구』 22, 2009.

  ______, 「1950년대 장덕조 소설에 나타난 연애와 결혼-『다정(多情)도 병(病)이련가』를 중심으로」, 『현대문학이론연구』 37, 현대문학이론학회, 2009.

  ______, 「『방송』 소재 장덕조의 라디오 단편소설 연구」, 『인문학논총』 30, 경성대학교 인문과학연구소, 2012.

4. 기타
- 여성신문, 「페미니즘은 '우정의 세계' 짓는 운동… 서로 돌보는 '사회적 모성' 키워야」, 2023. 9. 21.

〈해방기 소설이 포착한 도시의 얼굴들 – 손소희 · 윤금숙 단편소설을 중심으로〉

1. 기본자료
- 구명순 외 편, 『해방기 여성 단편소설 I』, 역락, 2011.

2. 단행본
- 이연식, 『다시 조선으로』, 역사비평사, 2024.
  ______, 『조선을 떠나며』, 역사비평사, 2012.
- 장인성, 이은경 외, 『전후 일본의 지식풍경』, 박문사, 2013.
- 조관자 외, 『탈 전후 일본의 사상과 감성』, 박문사, 2017.

3. 논문
- 김익균, 「해방기 사회의 타자와 동아시아의 얼굴 : 해방기 소설에 표상된 상해에서 온 이주자」, 『한국학연구』 38, 고려대학교 한국학연구소, 2011.
- 박용재, 「속물들의 향연, 해방기 소설의 문화소비 : 손소희 「투전」을 중심으로」, 『한국어문학연구』 60, 동악어문학회, 2013.
- 서승희, 「손소희와 해방- 해방기 여성 귀환자의 소설 쓰기와 민족 담론」, 『구보학보』 19, 구보학회, 2018.
- 이지연, 「해방과 귀환-손소희 소설에 나타난 귀환/이주 여성 읽기-」, 『이화어문논집』 61, 이화어문학회, 2023.
- 차희정, 「해방기 소설에 나타난 귀환과 월남 이주민의 '서울' 형성과 그 인

식」, 『춘원연구학보』 14, 춘원연구학회, 2019.

〈해방기 여성 예술가 박노경과 '여인소극장'의 번역극 실험〉

1. 기본자료
• 헬먼 원작, 오화섭 역, 『라인강의 감시』, 문조사, 1950.
• 『국도신문』, 『경향신문』, 『동아일보』, 『부인신문』, 『자유신문』, 『조선일보』, 『한성일보』, 『독립신보』, 『민중일보』, 『세계일보』, 『대구시보』, 『영남일보』, 『부녀일보』(대구), 『민주중보』(부산), 『부산일보』, 『조광』, 『민성(民聲)』, 『위클리서울』, 『중앙SUNDAY』

2. 단행본
• 박용구, 『20세기 예술의 세계』, 지식산업사, 2001.
• 유민영, 『우리시대 연극운동사』, 단국대학교출판부, 1990.
• 이봉구, 『그리운 이름 따라-명동 20년』, 지식을 만드는 지식, 2014.
• 이정식, 『여운형: 시대와 사상을 초월한 융화주의자』, 2008.
• 정진석, 『인물 한국 언론사: 한국 언론을 움직인 사람들』, 나남출판, 1995.
• 차범석, 『한국소극장연극사』, 연극과 인간, 2004.
• 최덕교, 『한국잡지백년』 2, 현암사, 2004.
• 한국근현대연극 100년사 편찬위원회, 『韓國近現代演劇 100年史』, 집문당, 2009.
• Kessler-Harris, Alice, *A Difficult Woman: The Challenging Life and Times of Lillian Hellman*, Bloomsbury Press, 2012.

3. 논문
• 강관수, 「'철의 여인' 릴리안 헬만의 문학세계 : 자유주의와 권력의 정치

학」, 『여성문학연구』 6, 한국여성문학학회, 2001.

_____, 「릴리안 헬만의 연극과 위협의 정치학 서울」, 『영어영문학연구』 30(1), 대한영어영문학회, 2004.

- 김영달, 「Lillian Hellman의 극중인물 연구」, 建國大學校 박사학위논문, 1993.

_____, 「Courage in Watch on the Rhine」, 『인문과학논총』 2, 성결대 인문과학연구소, 1997.

- 김옥란, 「한국현대연극비평의 기원으로서의 오화섭과 여석기 -1950、1960년대 신문비평을 중심으로」, 『민족문학사연구』 42, 민족문학사연구소, 2010.
- 김 진, 「Lillian Hellman의 극 연구 : 유형으로부터의 탈피」, 서울대학교 석사학위논문, 2005.
- 문원립, 「해방직후 한국의 미국영화의 시장규모에 관한 소고」, 『영화연구』 18, 한국영화학회, 2002.
- 윤석중, 「아동문학 주변」, 김동인 외, 『한국문단이면사』, 깊은샘, 1983.
- 이명자, 「미,소 군정기(1945~1948) 서울과 평양의 극장연구」, 『통일과 평화』 1(2), 서울대학교 통일평화연구원, 2009.
- 이승희, 「해방기 우파 연극의 헤게모니 획득과정 연구」, 『한국극예술연구』 21, 한국극예술학회, 2005.
- 이희정, 「릴리안 헬만의 극에 나타난 여성관 연구」, 한국외국어대학교 석사학위논문, 2004.
- 정효숙, 「릴리언 헬먼의 작품에 나타난 젠더 역할 연구」, 숭실대학교 박사학위논문, 2003.

_____, 「릴리언 헬먼의 반파시스트 극 『라인의 감시』와 『스며드는 바람』에 대한 연구 : 여성인물의 도덕적 선택을 중심으로」, 『21세기영어영문학』 34(3), 21세기영어영문학회, 2021.

- 조혜정, 「미군정기의 영화정책에 관한 연구」, 중앙대학교 박사학위논문,

1997.

- 한상철, 「오화섭 교수의 번역문학세계」, 『현대극의 상황과 한국 연극, 1974-2008』, 현대미학사, 2008.
- 한영현, 「해방기 '아메리카 영화론'과 탈식민 문화 기획」, 『대중서사연구』 30, 대중서사학회 2013.

4. 기타

- 서연호, 「이병복, 무대의상의 현대적 개척자」, 『문화예술[ARKO]』, 한국문화예술위원회, 1995. 4.
(https://www.arko.or.kr/zine/artspaper95_04/19950411.htm)
- Crowther, Bosley, "'Watch on the Rhine,' a Fine Screen Version of the Lillian Hellman Play, Opens at the Strand -- New Bill at Rialto", *The New York Times*, Aug. 28, 1943.
- '박노경', '어화', 한국영화데이터베이스(KMDB)
(https://www.kmdb.or.kr/db/per/00041323)
(https://www.kmdb.or.kr/db/kor/detail/movie/K/00132)

〈해방기 김남천 문학의 연속성 – 『대하(大河)』, 『동맥(動脈)』, 「삼일운동(三一運動)」을 중심으로〉

1. 기본자료

- 김남천, 『대하』(인문사, 1939.), 푸른사상, 2013.
______, 「동맥」1회, 『신문예』 1946.7. ; 「동맥」2회, 『신문예』3, 1946.10. ; 「동맥」3회, 『신조선』 1947.2. ; 「동맥」4회, 『신조선』 1947.3. ; 「동맥」 5회, 『신조선』3, 1947.5. ; 「동맥」6회, 『신조선』1947.6.
______, 「삼일운동」, 『삼일운동』, 아문각, 1947.

______, 정호웅 · 손정수 엮음, 『김남천 전집』, 박이정, 2000.

2. 논문

• 김동석, 「해방기 진보적 리얼리즘에 대한 일고(一考)-1930년대 후반 리얼리즘론과의 관련성을 중심으로」, 『한국근대문학연구』11, 한국근대문학회, 2005.
• 김외곤, 「〈대하〉와 〈동맥〉에 나타난 개화 사상과 개화 풍경」, 『한국현대문학연구』1, 한국현대문학회, 1992.
• 김종욱, 「김남천의 『대하』에 나타난 개화풍경과 그 의미」, 김남천, 『대하』, 푸른사상, 2013.
• 박헌호, 「1930년대 후반 가족사연대기 소설의 구조와 의미」, 『식민지 근대성과 소설의 양식』, 소명출판, 2004
• 배준, 「역사를 소설화하는 전향자의 세대론적 시선과 목소리-김남천의 『대하』의 창작배경을 중심으로」, 『현대문학의 연구』52, 한국문학연구학회, 2014.
• 양문규, 「『대하』와 『동맥』의 비교를 통해 본 해방 후 김남천의 문학적 행방」, 『현대문학의 연구』64, 한국문학연구학회, 2018.
• 이도연, 「김남천 비평의 해명과 '리얼리즘'이라는 기표」, 『Journal of Korean Culture』44, 한국어문학국제학술포럼, 2019.
• 이민영, 「기념되는 역사와 부유하는 기억들-3.1운동 서사를 중심으로」, 『한국현대문학연구』58, 한국현대문학회, 2019.
• 이선옥, 「김남천의 〈대하〉, 〈동맥〉 연구」, 『원우론총』11, 숙명여자대학교 대학원원우회, 1993.
• 이행미, 「일제 말기 김남천 문학에 나타난 풍속의 의미」, 『한국근대문학연구』21(2), 한국근대문학회, 2020.
• 장문석, 「한국 근대문학의 알레고리-김남천의 희곡 「삼일운동」에 관한 몇 개의 주석」, 『동방학지』208, 연세대학교 국학연구원, 2024.

- 정하늬, 「1940년 전후 가족사 소설의 세대론적 고찰-한설야의 『탑』과 김사량의 『낙조』를 중심으로」, 『인문과학연구논총』36(4), 명지대학교 인문과학연구소, 2015.
- 조남현, 「『大河』 1, 2부 잇기와 끊기」, 『한국 현대문학사상 연구』, 서울대학교출판부, 1994.

〈1946년 10월 항쟁과 해방기의 소설〉

1. 기본자료

- 『국민신문』, 『동아일보』, 『문학』, 『문학평론』, 『민중조선』, 『백제』, 『서울신문』, 『새한민보』, 『예술조선』, 『조선일보』
- 곽종원, 『신인간형의 탐구』, 동서문화사, 1955.
- 김동리, 『문학과 인간』, 백민문화사, 1948.
- 김동석, 『뿌르조아의 인간상』, 탐구당, 1949.
- 송기한 · 김외곤 편, 『해방공간의 비평문학』3, 태학사, 1991.
- 이무영, 『삼년』, 사상계사, 1956.
- 이무영, 『이무영문학전집』, 국학자료원, 2000.

2. 단행본

- 김상숙, 『10월 항쟁 1946년 대구 봉인된 시간 속으로』, 돌베개, 2016.
- 박명규, 『국민 · 인민 · 시민-개념사로 본 한국의 정치주체』, 소화, 2009.
- 정영진, 『폭풍의 10월』, 한길사, 1991.
- 정해구, 『10월 인민항쟁 연구』, 열음사, 1988.
- 마사 누스바움, 한상연 역, 『역량의 창조』, 돌베개, 2015.
- 미셸 푸코, 오트르망 역, 『안전, 영토, 인구』, 난장, 2011.
- 조르조 아감벤, 조형준 역, 『내전: 스타시스, 정치의 패러다임』, 새물결,

2017.
- 파커 J. 파머, 김찬호 역, 『비통한 자들을 위한 정치학』, 글항아리, 2015.

3. 논문

- 김경민, 「10월 항쟁의 문학적 형상화 연구」, 『우리말글』89, 우리말글학회, 2021.
- 김재훈, 「해방 후 양곡유통체계의 개편」, 『사회경제평론』 26, 한국사회경제학회, 2006.
- 김종욱, 「이무영의 『삼년』에 나타난 죽음의 양상과 의미」, 『우리말글』 50, 우리말글학회, 2010.
- 박지영, 「복수의 '민주주의'들-해방기 인민(시민), 군중(대중) 개념 번역을 중심으로」, 『대동문화연구』 85, 성균관대학교 동아시아학술원, 2014.
- 성한표, 「9월 총파업과 노동운동의 전환」, 강만길 외, 『해방전후사의 인식』 2, 한길사, 2011.
- 손미란, 「'10월 인민항쟁'을 통해 본 '시간의 정치학'」, 『반교어문연구』 38, 반교어문학회, 2014.
- 임세화, 「잊혀진 항쟁: 1946년 10월 항쟁과 냉전기 민중운동사의 궤적」, 『민족문학사연구』86, 민족문학사연구소, 2024.
- 임종명, 「해방 직후 인민의 문제성과 엘리트의 인민 순치」, 『동방학지』 168, 연세대 국학연구원, 2014.

  ______, 「해방 공간과 인민, 그리고 민족주의와 민주주의」, 『한국사연구』 167, 한국사연구회, 2014.
- 장세진, 「치안과 정치 사이에서-해방기 빈곤 대중의 존재론」, 『현대문학의 연구』 56, 현대문학연구학회, 2015.
- 전흥남, 「10월 인민항쟁의 소설적 형상화에 관한 고찰」, 『한국 근 · 현대 소설의 현실 대응력』, 북스힐, 2003.
- 정해구, 「해방 공간에서의 10월 항쟁: 그 의미와 평가」, 『통일문제연구』30,

영남대학교 통일문제연구소, 2011.
- 조은정, 「'10월 항쟁'의 역사화 투쟁과 문학적 표상-조선문학가동맹의 1947년 위기 극복의 방법론」, 『한중인문학연구』 48, 한중인문학회, 2015.
- 홍성식, 「해방기 인민항쟁과 창작실천의 문제」, 『한국문예비평연구』 45, 한국현대문예비평학회, 2014.

〈해방기 소설에 나타난 '몫'과 분배의 정치〉

1. 기본자료
- 김동리, 「혈거부족」, 김승환 · 신범순 편, 『해방공간의 문학-소설2』, 돌베개, 1988.
- 이규원, 「해방공장」, 김승환 · 신범순 편, 『해방공간의 문학-소설2』, 돌베개, 1988.
- 채만식, 「논 이야기」, 김승환 · 신범순 편, 『해방공간의 문학-소설2』, 돌베개, 1988.

  ______, 「미스터방」, 김승환 · 신범순 편, 『해방공간의 문학-소설1』, 돌베개, 1988.
- 황순원, 「술 이야기」, 정현기 외 편, 『별을 헨다 외』, 푸른사상, 2006.
- 허준, 「잔등」, 김승환 · 신범순 편, 『해방공간의 문학-소설2』, 돌베개, 1988.

2. 논문
- 김병구, 「〈잔등〉의 귀환 서사적 특성 연구」, 『대중서사연구』 29(3), 대중서사학회, 2023.
- 김윤진, 「해방기 문학과 어문 공동체의 구상」, 서울대학교 박사논문, 2024.

• 김예림, 「'배반'으로서의 국가 혹은 '난민'으로서의 인민: 해방기 귀환의 지정학과 귀환자의 정치성」, 『상허학보』 29, 상허학회, 2010.
• 김익균, 「해방기 사회의 타자와 동아시아의 얼굴」, 『한국학연구』 38, 고려대학교 한국학연구소, 2011.
• 신병식, 「토지개혁을 통해 본 미군정의 국가성격-'국가주의적 접근'(Statist approach)」, 『역사비평』 3, 역사문제연구소, 1988.
• 신주진, 「'복수 정동'의 이행 구조 연구 – 2000년 이후 한국 TV드라마 '복수극'을 중심으로」, 중앙대학교 박사논문, 2018.
• 신형기, 「허준과 윤리의 문제-「잔등」을 중심으로」, 『상허학보』 17, 상허학회, 2006.
• 오태영, 「두 개의 밀항, 해방과 전쟁 사이의 월경-황순원, 손소희, 박해준 소설의 밀항자 표상을 중심으로」, 『구보학보』 33, 구보학회, 2023.
• 임세화, 「해방기 소설에 나타난 '적산'에 관한 연구」, 동국대학교 석사논문, 2012.
______, 「모리배의 탄생: 해방기 소설에 나타난 '빈자(貧者)'의 도덕과 '경제적 인간'의 정치학」, 『상허학보』 50, 상허학회, 2017.
______, 「불통(不通)의 언어, 번역된 정치 - 해방기 '통역정치'와 문학의 언어를 중심으로 - 」, 『사이』 26, 국제한국문학문화학회, 2019.
______, 「탈식민화와 소유 관념의 재현: 해방기 문학의 언어, 도덕, 경제를 중심으로」, 동국대학교 박사논문, 2023.

3. 단행본
• 강만길 외, 『해방전후사의 인식2』, 한길사, 2021.
• 김윤식, 『김동리와 그의 시대』, 민음사, 1995.
______, 『해방공간 문단의 내면 풍경』, 민음사, 1996.
______, 『해방공간 한국작가의 민족문학 글쓰기론』, 서울대학교 출판부, 2007.

- 김윤식 외, 『해방공간의 문학운동과 문학의 현실인식』, 한울, 1989.1.
- 김윤식 외, 『해방공간의 민족문학연구』, 열음사, 1989.7.
- 김윤식 · 정호웅, 『한국소설사』, 문학동네, 2000.
- 김현경, 『사람, 장소, 환대』, 문학과지성사, 2015.
- 박세길, 『다시 쓰는 한국현대사1』, 돌베개, 2015.
- 박현채 외, 『해방전후사의 인식3』, 한길사, 1987.
- 박태균, 『버치문서와 해방정국-미군정 중위의 눈에 비친 1945~1948년의 한반도』, 역사비평사, 2021.
- 송건호 외, 『해방전후사의 인식1』, 한길사, 2021.
- 신형기, 『해방기 소설 연구』, 태학사, 1992.
- 오태영, 『팰럼시스트 위의 흔적들-식민지 조선문학과 해방기 민족문학의 지층들』, 소명출판, 2018.
- 유선영, 『식민지 트라우마』, 푸른역사, 2017.
- 이병순, 『해방기 소설 연구』, 국학자료원, 1997.
- 이연식, 『조선을 떠나며』, 역사비평사, 2012.

  ______, 『다시 조선으로』, 역사비평사, 2024.
- 이우용 외, 『해방공간의 문학연구 Ⅰ · Ⅱ』, 태학사, 1990.
- 이우용, 『해방직후 한국 소설의 양상』, 고려원, 1993.
- 이제민 외, 『한국의 경제발전 70년』, 한국학중앙연구원출판부, 2015.
- 임헌영, 『분단시대의 문학』, 태학사, 1992.
- 정병준, 『1945년 해방직후사』, 돌베개, 2023.
- 정호웅, 『우리소설이 걸어온 길』, 솔, 1994.
- 조남현, 『한국현대소설사3: 1945-1959』, 문학과지성사, 2016.

  ______, 『소설신론』, 서울대학교출판문화원, 2024.
- 브루스 커밍스, 김범 역, 『한국전쟁의 기원』, 글항아리, 2023.
- 제임스 퍼거슨, 조문영 역, 『분배정치의 시대』, 여문책, 2017.

  ______, 이동구 역, 『지금 여기 함께 있다는 것-분배에 관한 인류학적

사유』, 여문책, 2024.
- 자크 랑시에르, 유재홍 역, 『문학의 정치』, 인간사랑, 2011.

______, 진태원 역, 『불화』, 길, 2015.

발/표/지/목/록

〈강신재 해방기 소설에 나타난 '분노'의 목소리와 여성 창작자의 딜레마〉

- 유상희, 「강신재 해방기 소설에 나타난 '분노'의 목소리와 여성 창작자의 딜레마」, 『구보학보』 40, 구보학회, 2025, 291-329쪽.

〈해방기 장덕조 소설의 발화 욕망과 뒤집힌 주체〉

- 장동숙, 「해방기 장덕조 소설의 발화 욕망과 뒤집힌 주체」, 『한국현대문학연구』 75, 한국현대문학회, 2025, 173-206쪽.

〈해방기 소설이 포착한 도시의 얼굴들-손소희 · 윤금숙 소설을 중심으로〉

- 김도언, 미발표

〈해방기 여성 예술가 박노경과 '여인소극장'의 번역극 실험〉

- 김미지, 「해방기 여성 연출가 박노경과 '여인소극장'의 번역극 실험 - 릴리안 헬먼의 〈라인강의 감시〉 수용을 중심으로」, 『대중서사연구』 31-1, 대중서사학회, 2025, 185-220쪽.

〈해방기 김남천 문학의 연속성〉

- 정하늬, 「해방기 김남천 문학의 연속성-『대하(大河)』, 『동맥(動脈)』, 「삼일운동(三一運動)」을 중심으로」, 『어문론총』 103, 한국문학언어학회, 2025, 235-272쪽.

〈1946년 10월 항쟁과 해방기의 소설〉

- 조윤정, 「1946년 10월 항쟁과 해방기의 소설」, 『구보학보』 21, 구보학회, 2019, 375-409쪽.

〈해방기 소설에 나타난 '몫'과 분배의 정치〉

- 이명준, 「해방기 소설에 나타난 '몫'과 분배의 정치 연구」, 단국대학교 석사논문, 2025.

찾/아/보/기

ㅂ

ㅅ

ㅇ

ㅈ

ㅊ

ㅋ

ㅍ

ㅎ

김미지 단국대학교 국어국문학과 부교수, 현대문학연구소 부소장
김도언 단국대학교 국어국문학과 박사 수료, 현대문학연구소 연구원
김한진 단국대학교 국어국문학과 석사 과정, 현대문학연구소 연구원
유상희 단국대학교 국어국문학과 박사 수료, 현대문학연구소 연구원
이명준 단국대학교 국어국문학과 박사 과정, 현대문학연구소 연구원
장동숙 단국대학교 국어국문학과 박사 수료, 현대문학연구소 연구원
정하늬 홍익대학교 국어교육과 초빙교수
조윤정 국민대학교 교양대학 조교수

해방기 작가의 탄생과 문학의 새 시대

초 판 인 쇄 | 2026년 1월 6일
초 판 발 행 | 2026년 1월 6일

지 은 이 김미지 · 김도언 · 김한진 · 유상희
이명준 · 장동숙 · 정하늬 · 조윤정

책 임 편 집 윤수경

발 행 처 도서출판 지식과교양
등 록 번 호 제2010-19호
주 소 서울시 강북구 삼양로 159나길18 힐파크 103호
전 화 (02) 900-4520 (대표) / 편집부 (02) 996-0041
팩 스 (02) 996-0043
전 자 우 편 kncbook@hanmail.net

© 김미지 외 2026 All rights reserved. Printed in KOREA

ISBN 978-89-6764-219-8 93800 정가 28,000원

저자와 협의하여 인지는 생략합니다. 잘못된 책은 바꾸어 드립니다.
이 책의 무단 전재나 복제 행위는 저작권법 제98조에 따라 처벌받게 됩니다.